ESSAI DE SCIENCE SOCIALE

ou

ÉLÉMENTS D'ÉCONOMIE

POLITIQUE

Notions fondamentales à l'usage des Établissements
d'éducation

Par P. GUILLEMENOT

« Domini est terra et plenitudo ejus,
orbis terrarum et universi qui habitant
in eo. » PSAL. 23.

« Humani generis progressus ex Communi
omnium labore ortus, unius cujusque in-
dustriæ debet esse finis, hoc adjuvando
Dei optimi, Maximi, voluntatem asse-
quimur. »

Palais de Cristal, Londres, 1857.

PARIS

BRAY ET RETAUX, LIBRAIRES-ÉDITEURS
82, RUE BONAPARTE, 82

—

1884

ESSAI DE SCIENCE SOCIALE

ou

ÉLÉMENTS D'ÉCONOMIE POLITIQUE

3122. — ABBEVILLE. — TYP. ET STÉR. A. RETAUX.

ESSAI DE SCIENCE SOCIALE

ou

ÉLÉMENTS D'ÉCONOMIE

POLITIQUE

Notions fondamentales à l'usage des Établissements
d'éducation

Par P. GUILLEMENOT

> « Domini est terra et plenitudo ejus,
> orbis terrarum et universi qui habitant
> in eo. » PSAL. 23.
>
> « Humani generis progressus ex Communi
> omnium labore ortus, unius cujusque in-
> dustriæ debet esse finis, hoc adjuvando
> Dei optimi, Maximi, voluntatem asse-
> quimur. »
>
> *Palais de Cristal*, Londres, 1857.

<hr>

PARIS

BRAY ET RETAUX, LIBRAIRES-ÉDITEURS

82, RUE BONAPARTE, 82

1884

AVERTISSEMENT DE L'AUTEUR

« Je me trouve heureux de pouvoir vous annoncer
« que la science économique est de plus en plus étudiée
« par la jeunesse de ce pays. »

Londres, 8 mai 1821.

Lettre de Riccardo à J.-B. Say.

L'introduction de l'Économie politique dans le programme du baccalauréat constitue une innovation aussi
heureuse que féconde. Elle marque un progrès, réalisé
depuis nombre d'années déjà, en Angleterre, en Belgique, en Italie, et dans plusieurs contrées de l'Allemagne. Dans la sphère naturelle, aucun ordre de connaissances n'est appelé à exercer une influence aussi
salutaire sur le sort des populations et aucun n'est de-
meuré jusqu'ici, en France, plus méconnu du grand
nombre.

Le programme est des plus judicieux et les questions
proposées comprennent les fondements de l'ordre économique.

Répondre à ces exigences, constater les faits, les ramener aux principes providentiels, initier le lecteur aux premières difficultés de la science et le mettre en état de poursuivre seul des études dont l'intérêt et la nécessité se feront de plus en plus sentir, tel est notre but.

Il s'agit d'un ouvrage élémentaire : de là, selon le conseil de Pascal, des définitions multipliées, et le soin avec lequel ont été écartées les distinctions subtiles, les vaines controverses, les querelles de terminologie. Quelques lacunes laissées par le programme ont dû être comblées, afin qu'en restant élémentaire l'ouvrage offri au lecteur un vrai corps de doctrines. Pour plus de clarté, chaque thèse est précédée d'un exposé historique.

Nous n'avons pas la prétention d'exposer aucune vérité qui nous soit propre ; aussi, ne faisons-nous le plus souvent que résumer la pensée des Maîtres, en leur laissant le soin de l'exposer eux-mêmes chaque fois que le permettent les limites du cadre prescrit.

Malgré le peu d'importance de mon travail, j'ose le soumettre aux supérieurs ecclésiastiques que Dieu et l'Église m'ont donnés. Je suis prêt, au premier signal, à retrancher, à ajouter, à modifier tout ce qu'ils estimeront devoir être retranché, ajouté, modifié ; heureux de proclamer très haut que de toutes les sciences, la plus fructueuse, la plus nécessaire est celle qui nous apprend à obéir.

26 juillet 1883.

DIVISION DE L'OUVRAGE

En nous demandant d'expliquer comment se produisent, se distribuent et s'emploient les richesses, le programme officiel nous a tracé la classification des matières. Ce livre se divise en trois chapitres consacrés : le premier à la production de la richesse ; le second à sa répartition ; le troisième à la consommation.

Chaque chapitre contient autant d'articles que compte d'agents ou de moyens le phénomène dont il traite et les articles se subdivisent en autant de paragraphes qu'ils offrent de questions intéressantes à étudier.

Un chapitre préliminaire est consacré aux notions générales et un chapitre additionnel aux questions diverses de l'impôt, de l'emprunt, du budget.

ESSAI DE SCIENCE SOCIALE

ou

ÉLÉMENTS D'ÉCONOMIE POLITIQUE

CHAPITRE PRÉLIMINAIRE

Etymologie. — But. — Noms divers. — Définition de l'Économie politique. Utilité de cette Étude. — Coup d'œil historique.

PARAGRAPHE PREMIER

ÉTYMOLOGIE

Économie vient d'un mot grec οἰκονομία (οἶκος maison, νομος règle, loi de la maison). Ce mot est synonyme de bon ordre et rappelle à l'esprit tout ce qui constitue une sage administration. L'économie privée consiste à régler sagement ses dépenses. On dit de l'avarice qu'elle ne veut rien consommer du tout ; l'Économie ne consomme rien en vain.

Politique : Vient du grec πολις, ville, société, et s'entend par une extension logique des choses publiques. C'est dans ce sens que nous l'emploierons exclusivement et non pas dans celui trop restreint, d'état, de constitution, de formes gouvernementales, de partis dynastiques.

1

PARAGRAPHE II

BUT

Ces trois mots grecs : οἶκος, νόμος, πόλις, font pressentir le but de la science économique. L'homme a été destiné par son créateur à vivre en famille, en société. Ses aptitudes et ses besoins le lui rappelleraient à tout instant, s'il pouvait l'oublier.

L'école philosophique fondée par Rousseau a cru et croit encore qu'il appartient à l'esprit humain d'organiser ces groupes à son gré. Le problème social, à l'entendre, n'est pas, comme on le pensait jusqu'à présent, d'imposer aux sociétés comme à leurs chefs, le respect des institutions qui ont donné aux peuples la plus grande somme de prospérités ; mais de faire litière de toutes ces institutions d'où procède le mal et de rendre à l'homme son état originel de perfection.

C'est une erreur. La famille et la société ont leurs lois providentielles dont l'observance les fait grandir, se développer ; en dehors desquelles elles végètent et disparaissent. Étudier ces lois physiologiques et organiques de la société humaine au point de vue du bien-être, découvrir l'ordre naturel établi par le Créateur, tel est le but de l'économie politique. Elle fait pour l'homme ce que fait l'horticulteur pour la plante confiée à ses soins ; ce que fait le naturaliste vis-à-vis de l'abeille au sein de la ruche. Elle étudie les besoins particuliers et généraux, les moyens de les satisfaire, les maux qui affligent le corps social, leurs causes et leurs remèdes. De là les noms et définitions si divers qui lui ont été donnés.

PARAGRAPHE III

NOMS ET DÉFINITIONS

La science économique s'est appelée tour à tour : Économie politique — Économie sociale — Économie publique — Physiologie sociale — Physiocratie — Économie industrielle.

Ses adversaires la désignent volontiers sous le nom d'*Économisme* à cause de la défaveur qui s'attache aux désinences en isme. Faisant allusion à l'emploi de la science, un illustre professeur, Rossi observe que sauf l'étrangeté du mot, on pourrait appeler les économistes chrysologues, chrématisticiens, divitiaires, etc.

Les définitions de l'Économie politique abondent ; mais aucune n'est acceptée sans conteste et si on considère la difficulté de renfermer en quelques mots un si vaste ensemble d'idées et de faits, on ne sera pas étonné que la vraie formule soit encore à trouver. Donner les principales définitions est un efficace moyen d'en faire comprendre l'objet, l'étendue, les limites, les procédés.

L'Économie politique, a-t-on dit, est : « La science de l'homme et du monde. La science de la richesse et du bien-être » (Rossi).

« La science des lois naturelles et générales du travail et de l'industrie. »

« La science des lois naturelles qui déterminent la prospérité des nations ; c'est-à-dire, leur civilisation et leur richesse. » Storch.

« La constatation des lois ou rapports harmoniques des intérêts. »

« L'Économie politique, observe Adam Smith, se pro-
« pose deux objets distincts : 1° mettre le peuple en état
« de se procurer une subsistance abondante ; 2° pourvoir

« à ce que l'état ait un revenu suffisant pour les charges
« publiques. » *Rich. des Nations*, liv. IV.

Le bien-être physique de l'homme, remarque Sismondi,
autant qu'il peut être l'ouvrage de l'homme, est l'objet de
l'Économie politique.

Une femme d'esprit l'a désignée comme « la serrure de
sûreté du pécule populaire. »

La plupart de ces définitions ont le tort grave d'offrir à
l'esprit des expressions vagues, des idées trop complexes
ou de confondre l'art et la science.

En intitulant un livre : simple exposition de la manière
dont se forment, se distribuent et se consomment les richesses, J.-B. Say a donné naissance à la définition suivante : « L'Économie politique est la science de la production, de la répartition, de la consommation de la
richesse. »

1° Toute science est un ensemble de connaissances déduites de principes certains. Or, la science économique
est fondée sur l'observation, l'expérience et les résultats de
l'observation, de l'expérience groupés méthodiquement
sont devenus ses vérités générales.

Est-ce à dire qu'elle ne soit pas un art ? On ne saurait
le contester. L'homme n'étudie pas pour le plaisir d'étudier ; il assigne un but à ses études, et ce but il le réalise
au moyen de l'art. Tout d'abord, l'Économiste constate ce
qui est, il découvre l'ordre providentiel ; c'est le rôle du
savant. Il déduit ensuite de ses observations scientifiques
les règles à suivre par le commerce et l'industrie ; tout ce
qui concerne l'administration économique des États,
l'impôt, le crédit, les finances — C'est l'art qui entre en
action.

2° Ces trois expressions : production, répartition, consommation de la richesse indiquent le champ où la science
économique étend ses recherches et l'objet qu'elle doit se

proposer. « Elle tient à tout dans la société, elle se trouve
« embrasser le système social tout entier. » J.-B. Say.
Elle a son point de contact avec les sciences naturelles et
elle n'est, à dire vrai, qu'une branche de l'histoire naturelle de l'homme. L'anatomie étudie en l'homme sa constitution physique ; la physiologie, le jeu de ses organes ;
l'histoire naturelle, ses habitudes, ses instincts, ses besoins;
l'Économie politique le suit attentivement dans l'emploi
de son activité et la variété de ses travaux. On lui a reproché, en la voyant porter ses investigations sur certains
ordres de faits appartenant à la politique, à la législation,
de manquer d'un champ circonscrit.

On oubliait le lien étroit qui unit entr'elles les sciences
qui s'appliquent à l'étude de la nature intellectuelle,
morale, sociable de l'homme et des véritables intérêts de
la société. Certains phénomènes sociaux sont si intimement
liés, qu'il est impossible de les séparer d'une manière
absolue. Le moyen, par exemple, de se rendre compte de
l'accroissement ou de la diminution de la richesse au
sein d'un pays, sans examiner les lois relatives au commerce, au crédit, à la monnaie, à l'échange ?

3° L'expression richesse, de rik, reich supériorité, puissance, ne doit pas seulement s'entendre d'un amas de
métal, ni d'un fonds de terre, mais encore de tout ce qui
est propre à procurer le bien-être, à accroître les forces, à
développer la puissance de l'homme. Être riche, c'est
posséder les moyens de pourvoir à ses besoins ; tandis
qu'être pauvre, c'est être dépourvu de ces moyens. La
connaissance d'une loi de la nature, l'habitude d'un procédé technique. l'usage d'une langue sont des éléments
de richesse au même titre qu'une maison, une pierre précieuse, etc., etc.

Adam Smith définit la richesse : « Les choses nécessaires, utiles ou agréables à la vie, »

Et Senior : « Tout ce qui est productif de plaisir ou préventif de peine. »

On ne peut méconnaître ce qu'il y a ici d'impropre dans l'emploi de cette expression : richesse. C'est moins de la richesse qui ne se produit pas seule ou qui n'est que le résultat d'un effort, que de l'effort dont se préoccupe la science économique. Elle traite de l'industrie humaine, c'est-à-dire de l'ensemble des travaux que les hommes accomplissent ou des services mutuels qu'ils se rendent pour la satisfaction de leurs besoins.

Expliquer comment l'industrie ainsi entendue s'organise dans son ensemble et ses parties, décrire l'ordre de ses mouvements, les rapporter à leurs principes et en déduire les conséquences, tel est son véritable objet.

Quoi qu'il en soit, richesse ou industrie, l'objet de la science économique, se trouve suffisamment spécialisé.

Elle se sépare ainsi : du droit qui enseigne à respecter ce qui appartient à autrui ; de l'histoire qui est la recherche du passé ; de la statistique qui est la science numérique des faits sociaux ; de la politique qui a pour objet la situation intérieure, internationale des états et de la technologie puisque, exclusivement préoccupée des lois générales qui régissent l'industrie et des rapports qu'elle engendre à son tour, elle ne tient aucun compte des procédés techniques qu'elle emploie.

PARAGRAPHE IV

RAISONS D'ÉTUDIER L'ÉCONOMIE POLITIQUE

L'utilité de cette étude a été fort contestée. Publicistes, administrateurs, hommes d'État n'ont le plus souvent vu en elle qu'utopies dangereuses ou pures hypothèses sans portée pratique. Les sciences morales et politiques qui vivent de la même vie, souffrent du même esprit de dénigrement que la science économique, ont longtemps refusé, à leur plus jeune sœur, place au foyer et donné à la foule toujours prête à les suivre l'exemple du scepticisme et du mépris.

Il n'y a pas lieu de s'en étonner. Quelle science nouvelle n'a vu, à ses débuts, contester ses principes, mettre en doute ses avantages, qualifier ses servants d'idéologues et de théoriciens ?

Saisir la solidarité des vérités qui ont trait à la nature de l'homme, aux conditions de son existence ; étudier attentivement les institutions, les mœurs industrielles des populations, discerner les phénomènes principaux des influences accidentelles pour déduire de leur constance et de leur régularité la loi sociale, n'est pas chose accessible à tous. Plusieurs répugnent à ces études approfondies, généralisées et s'en éloignent comme d'abstractions que n'anime aucun souffle vivant.

Cet intérêt général auquel l'économie politique se propose de pourvoir est pour d'autres un motif d'indifférence. En France, les questions d'utilité commune ont le privilége de n'intéresser personne.

Il faut en convenir : les économistes ont contribué à propager cette défaveur en multipliant comme à plaisir les classifications et les mots nouveaux, en accentuant les divergences sur les questions secondaires de façon à paraître en désaccord sur les principes. En les voyant gémir sur les infirmités de la science, prendre un si grand soin de se différencier de leurs prédécesseurs, le public en a conclu que l'économie politique n'était pas une science ou n'était qu'une science informe dont il n'avait que faire.

Il importe de rappeler son caractère scientifique et ses avantages manifestes.

I. — *L'économie politique est une science.*

Ces expressions : travail, production, échange, valeur, se retrouvent dans toutes les langues. Elles correspondent à des réalités distinctes de celles dont traitent les branches de connaissances admises jusqu'ici. Absorbés par les idées de force et de conquête, les esprits sont restés inattentifs pendant des siècles à cet ordre de faits. Est-ce une raison d'en méconnaître la réalité et l'importance? Autant vaudrait contester à la géologie, à l'astronomie leur caractère scientifique parce que les hommes pendant des siècles n'ont vu dans la terre qu'une masse informe et confuse, avec des matériaux entassés pêle-mêle, sans ordre et sans lois ; et dans ces étoiles semées au hasard dans la voûte du firmament comme les fleurs dans la plaine, autant d'accidents sans cause spéciale, sans liaison, sans rapports.

Ces faits sont faciles à constater et d'eux-mêmes ils s'offrent à la méthode expérimentale. Comment, après avoir émis la prétention de soumettre à ses investigations l'homme, la nature entière, Dieu lui-même, la science pourrait-elle se démettre devant des questions aussi palpables que celles qui concernent le travail et les conditions qui lui assurent son maximum de puissance; la formation du capital et ses applications les plus fructueuses, les fonctions du crédit, la manière dont se détermine la valeur, se forment les prix, etc., etc. ?

Mais assembler des faits incohérents, étrangers les uns aux autres, effet des caprices du hasard ne suffit pas à constituer une science; il importe de constater les rapports qui les unissent, les lois générales qui les gouvernent. Quelle connexion lie ces faits entr'eux ? Ont-ils des points auxquels ils se rattachent comme à un roc immobile au milieu des flots ?

Le brin d'herbe a sa loi providentielle qui le fait naître, se développer et mourir. Comment des phénomènes d'où dépendent la vie des peuples, l'existence et le bien-être de millions d'hommes ne relèveraient-ils pas d'un ordre assuré ?

Depuis les associations primitives jusqu'à nos sociétés avancées, des faits toujours les mêmes sont reproduits par les mêmes causes. C'est ainsi, par exemple : que les peuples restés fidèles au Décalogue prospèrent ; ceux qui le transgressent déclinent ; ceux qui le renient disparaissent. Partout, la division du travail imprime au capital le développement qu'elle en reçoit. La richesse en tout lieu nait de l'épargne et celle-ci de la liberté sauvegardée, de la propriété en honneur. Pas une seule nation qui n'ait un intermédiaire de son commerce. La liberté de transaction détermine constamment les mêmes relations entre capitalistes et travailleurs, etc., etc.

Impossible de méconnaitre l'existence d'un ordre économique naturel, permanent, inviolable et c'est de cet ordre que la science déduit ses principes essentiels. Ils ne seront pas plus ébranlés par les découvertes de l'avenir que les éléments de géométrie ne l'ont été par celles de tant de savants.

Ces principes, la science économique les emprunte parfois aux plus solides croyances de l'esprit humain. C'est ainsi qu'elle fait du libre arbitre de l'homme le point de départ de la liberté du travail. Commentant le juste par l'utile, elle montre dans le droit de propriété le stimulant de l'épargne, la cause de la richesse.

Quelques auteurs appartenant à l'école de philosophie sensualiste ont assigné à l'économie politique la sensation pour règle et le besoin, la jouissance pour base. La confusion est facile à saisir ; la jouissance et l'utilité sont l'objet, le but de la science et non son principe.

II. — *Des avantages qu'offre l'étude de la science économique.*

Dieu a pétri le cœur de l'homme de deux sentiments : la crainte de la douleur, l'attrait pour la jouissance. Cette dernière expression dans le langage économique indique une satisfaction légitime, dégagée de tout ce qui est violent ou déréglé. L'économie politique va au-devant de ces désirs et de ces répulsions.

Elle n'ignore pas à quels troubles, à quelles déceptions, la condition humaine se trouve exposée, mais elle sait aussi que les peuples comme les individus sont aux mains de leur conseil ; qu'ils ne sont voués fatalement ni au bien ni au mal. Dieu ne livrait-il pas son Eden au premier homme pour qu'il l'exploitât ? Et aujourd'hui encore n'abandonne-t-il pas son œuvre à notre activité ?

S'autorisant de l'œuvre de civilisation accomplie par le christianisme, elle proclame la perfectibilité des sociétés et ce progrès que quelques-uns voudraient réduire au développement des vérités scientifiques, elle l'étend à l'amélioration des diverses conditions sociales. Sans rêver des facultés nouvelles et chimériques, sans illuminisme, elle accepte la lutte inévitable, assure des forces inespérées à l'esprit humain en agrandissant le domaine des sciences physiques, modifie par de nouvelles découvertes les procédés de l'agriculture, du commerce, de l'industrie, réduit les frais de production par une connaissance plus approfondie des faits matériels, augmente la demande de bras, accroît les moyens de bien-être des populations et resserre dans des limites de plus en plus étroites, bien que jamais effacées entièrement, le mal et la souffrance.

En vain, nie-t-on l'existence de la question sociale ; elle est partout, à tous les degrés de la société. L'antagonisme se retrouve entre le propriétaire et le prolétaire, le capital et le travail, l'agriculture et l'industrie, le producteur et le consommateur, désorganisant la vie privée aussi bien que la vie publique. Croyant à l'existence d'intérêts opposés, chacun à l'envi perd le sentiment de la solidarité commune et s'affranchit des devoirs d'affection, d'assistance. L'antagonisme emprunte à l'affaiblissement des croyances re i-gieuses, des espérances surnaturelles, un caractère de vio-lence qu'il n'a jamais eu.

Aux maux qu'il signale le *contrat social* n'offre qu'un remède : La transformation de la constitution physique et morale de l'homme, le renouvellement de la société opé-rée, s'il le faut, à l'aide de moyens violents et d'anarchies calculées. De dangereux sectaires s'efforcent de persuader ces sophismes aux multitudes émues, souffrantes et déjà les idées les plus naturelles; les plus évidentes, les plus universellement reconnues sont mises en doute ou niées audacieusement. Les faits les plus simples, les plus légi-times, les plus inévitables, les moins susceptibles de con-testation deviennent des actes d'usurpation et d'insuppor-table tyrannie. Il s'agit moins aujourd'hui d'embellir le toit qu'on tient du travail de ses ancêtres, que de le dé-fendre de la ruine.

A la force sans doute de repousser les tentatives armées; mais à la science aussi de réfuter les doctrines filles de l'ignorance et de l'ambition ; de veiller aux fondements sur lesquels repose la société. A elle de raffermir les con-victions ébranlées en justifiant les principes les plus élé-mentaires par une démonstration lente, méthodique des vérités les plus reconnues.

Elle combat la jalousie individuelle en proclamant l'har-monie de l'œuvre de Dieu, la solidarité, l'identité des in-térêts. On imagine volontiers que « le dommage de l'un fait forcément le profit de l'autre ». C'est méconnaître les lois du travail. La masse des richesses n'est pas dans le monde une quantité fixe où l'un ne puise qu'aux dépens d'autrui ; mais bien une table offerte à tous. Son Tout-Puissant Structeur l'a pourvue de qualités merveilleuses, en particulier de la faculté de s'élargir à mesure qu'augmente le nombre des convives. Ce que prend celui-ci ne coûte rien à personne, mais qu'il le veuille ou non, est ramené providentiellement à l'utilité de tous. Ce qui nuit à l'un nuit fatalement à l'autre et le bien général résulte des efforts légitimes de chacun pour réaliser son intérêt personnel bien compris.

Ce qui est vrai pour les individus ne l'est pas moins pour les peuples. Ici encore la prospérité de l'un est celle de l'autre ; il est donné à tous de s'enrichir simultanément et le niveau du bien-être peut augmenter pour tous. Plus une nation produit et plus elle offre de débouchés certains aux productions des pays d'alentour.

L'importation exprime ordinairement la quantité de produits consommés par un pays et indique non moins sûrement que l'exportation son degré de richesse et de bien-être. C'est donc à réaliser leur prospérité réciproque et non pas à accélérer leur ruine que les nations doivent travailler.

III. — On objecte l'influence funeste qu'exerce sur les populations cette richesse dont la science économique se fait la propagatrice à tout prix. L'observation démontre en effet, que si les sociétés ont une pente à la corruption, sous l'impulsion de causes inhérentes à l'humanité, ce péril augmente aux époques de richesse et de bien-être.

On ne saurait le méconnaître, la richesse a des effets désastreux. Elle permet de négliger l'obligation du travail, elle multiplie les suggestions de l'oisiveté, de l'égoïsme ; favorise la satisfaction des passions brutales, des appétits sensuels, surexcite l'antagonisme entre des classes dont les

unes semblent vouées à la misère, les autres aux jouissances d'un luxe exagéré et prépare la chûte des sociétés
comme celle des individus. En fait, l'histoire ne cite pas
un seul peuple qui en s'enrichissant rapidement ait conservé à la vertu une action souveraine sur ses institutions
et ses mœurs. L'Évangile devançait les ˙leçons de l'expérience lorsqu'il proclamait pour la richesse la difficulté
d'entrer au royaume des cieux.

L'économie politique ne méconnait pas ces écueils que
lui rappellent la Sainte-Écriture, l'histoire et les événements contemporains. Aussi n'est-ce pas toute richesse
qu'elle vante, mais la richesse fruit du travail et de la
tempérance, respectueuse de ses devoirs, unie aux croyances religieuses et à la vertu. Celle-là est pour tous un
élément de bien-être et de prospérité. Elle développe chez
l'homme de nouvelles aptitudes, lui donne de nouvelles
forces pour soumettre le monde physique à son empire,
exerce sur lui une vertu moralisatrice. Ainsi comprise, la
richesse demeure un des caractères les plus apparents
d'une société perfectionnée et devient promptement pour
elle une cause de supériorité. La France compte actuellement quinze millions de propriétaires. Qu'on calcule, s'il
est possible, la somme d'efforts, d'épargnes de toute sorte,
d'esprit de conduite que suppose cette accession du plus
grand nombre à l'aisance sinon à la richesse !

PARAGRAPHE V

COUP D'ŒIL HISTORIQUE

On retrouve dans l'histoire de l'Économie politique les
trois périodes qu'offre l'étude de toute science au sein de
l'humanité déchue. Dès l'abord, l'homme agit, dirigé par la
voix du besoin et sans se rendre un compte réfléchi de ce
qu'il fait. Il a bâti des huttes, il s'est disposé des cavernes

avant de formuler aucune règle de construction. Instruit par l'expérience, guidé par l'idéal plus ou moins développé qu'il porte au dedans de lui, il corrige les défauts et les excès de son œuvre, se crée des règles générales. C'est l'art qui succède à la pratique. Enfin, l'heure arrive où ces règles traditionnelles se discutent, s'épurent, la science intervient.

Les sociétés payennes de l'antiquité ne connurent d'autre économie que l'économie pratique; et quelle pratique que celle de peuples où le travail est en mépris, l'esclavage en honneur ! On retrouve cependant quelques parcelles de vérités économiques chez les disciples de Socrate, Xenophon, Platon. Au christianisme revient l'honneur d'avoir proclamé pour la première fois les principes, vraie base de la science, en revendiquant les droits de la propriété individuelle et du travail.

A une époque où la loi faisait d'un homme la propriété d'un autre homme; où la tradition livrait au souverain les possessions de ses sujets, les interprètes les plus autorisés des croyances chrétiennes confessent eux aussi un maître suprême de toutes choses; mais ce maître, ce n'est ni la communauté, ni la nation, ni l'état, ni le genre humain, c'est Dieu seul. Ils reconnaissent un droit d'appropriation conféré par l'ordre providentiel à l'aide de certains moyens tels que le travail et l'hérédité. Anathème à ceux qui, comme l'hérétique Eusthate, font sous prétexte de perfection, révolter le serviteur contre le maître, le fils contre le père, la femme contre le mari. Anathème à ceux qui, à l'instar de la secte des apoclatiques, imposent à tous, les renoncements et les privations du cloître; comme si les richesses étaient mauvaises en elles-mêmes et non pas un bienfait de la bonté divine.

Le voyageur instruit ne s'arrête jamais à contempler les monuments de l'Égypte, de Rome, de la Grèce sans éprouver les étreintes d'une poignante tristesse. Il croit voir sous ces pierres un amas de douleurs sans nom ; il entend les plaintes des victimes travaillant sous les coups du fouet ; il lui semble que la poussière qui tombe de ces ruines est de l'âme humaine broyée. Travailler était alors une honte interdite à l'homme libre, imposée comme châtiment à l'esclave.

Le premier soin du chistianisme fut de proclamer bien-heureux ceux qui travaillent parce que le Christ est des leurs. Joignant le précepte à l'exemple, il ordonne au prêtre, au moine, à la vierge consacrée à Dieu de travailler parce que heureux est celui qui se suffit à lui-même. L'évêque doit faire apprendre un métier aux orphelins dont il est chargé, afin qu'ils ne diminuent pas les ressources réservées aux invalides du travail. Les fruits du travail sont chose sacrée autant que les facultés qui les ont produits ; car : « qui donc plante la vigne et n'en recueille pas les grappes ? Il faut que celui qui laboure, laboure avec espérance. »

Au milieu des populations abâtardies par le joug impérial, les ordres religieux représentent la liberté, la dignité, l'activité et le travail. Ainsi se prépare pour le monde cette nouveauté sublime, la joie et les bénéfices d'un travail libre.

Le moyen-âge trop souvent livré aux idées de force ne sait pas assez tirer les conséquences de ces principes et ne semble pas même, on dirait parfois, soupçonner que dans ce monde industriel qui s'ouvre devant lui et où il sème dans d'autres ordres sa route de chefs-d'œuvre, il y a des faits, des rapports, un ordre divin à étudier. Faut-il s'en étonner ? non : puisqu'aujourd'hui encore, des hommes instruits et nos écoles socialistes en particulier s'obstinent à ne voir dans l'industrie qu'anarchie et désordre. On voit à cette époque se multiplier les règlements, les taxes ou droits de péage nuisibles au développement de l'agriculture, de l'industrie et du commerce.

C'est au xvie siècle que commencent à se débattre en France les intérêts économiques et les écrits de Montaigne offrent des traces multiples de ces débats.

Le premier « Traité d'économie politique » parut en 1615 ; mais on ignore si ce mot existait déjà dans la langue ou si Montchrétien auteur du traité en question, l'imagina au moment de publier son livre.

Sully (1560-1641) se montra économiste habile autant que financier intègre. Ses mémoires ou *économies royales* attestent les progrès accomplis par la science. Ils attribuent la ruine des gouvernements : aux subsides outrés, aux monopoles, au *négligement* du commerce, des trafics, des arts et métiers, à la confusion des conditions, aux variations des monnaies, au despotisme des souverains, à la multiplicité des édits embarrassants et des réglements inutiles. Sully s'exagéra le rôle de l'agriculture en la considérant comme l'unique source de richesses et, fidèle aux préjugés de son temps, il renforça les réglements restrictifs des corporations : il frémissait à l'idée de voir se développer la fabrication des soieries et refusa d'abolir la douane de Valence qui arrêtait le commerce de la France avec l'Italie.

C'est l'honneur de Colbert (1617-1683) observe M. Blanqui, d'avoir eu le premier un système économique arrêté, complet, conséquent dans toutes ses parties et de l'avoir fait triompher en dépit des obstacles. Il s'efforça d'ouvrir à la production des voies plus fécondes par des subventions aux manufactures, à la navigation ; la création de voies de communication, d'entrepôts ; le dessèchement de marais, ses encouragements au commerce maritime, ses essais de colonisation. Il supprima les droits d'entrée et de sortie les plus onéreux, abaissa les autres et s'efforça d'en atténuer les effets désastreux. Grâce à lui la France devint un pays manufacturier, agricole, colonisateur. Il avait pour maxime, « qu'avec les gens de commerce, il fallait être plutôt dupe qu'incommode, afin de ne pas gêner la production. » Pour le juger avec équité, il faut se reporter aux idées admises et aux règles en vigueur à son époque. Un an avant son arrivée au ministère, une ordonnance royale (12 octobre 1660), défendait à toutes personnes d'entreprendre aucuns bâtiments, tant dans Paris qu'à dix lieues à la ronde sans la permission de Sa Majesté et ce pour achever les bâtiments du Louvre et du palais des Tuileries. Aux commissaires qu'il envoya dans les provinces, avant de formuler de nouveaux réglements sur les corps de métier ; maires, intendants, prévots des marchants, syndics demandaient des réglements sévères. Il n'y a donc pas lieu de s'étonner si les quatre ordonnances de 1669 réglementent la fabrication des tissus, réglent dans toute l'étendue de la France, la juridiction, la fabrication des étoffes, la teinture des draps et des fils. Le 24 septembre 1670, Colbert fit rendre un édit qui condamnait à deux heures de carcan des industriels coupables d'avoir fabriqué des étoffes conformes au goût des acheteurs.

On confondrait à tort les idées de Colbert avec le système de prohibition appelé depuis *Colbertisme*. Dans un but d'intérêt général et pour favoriser les approvisionnements de la France en matières premières, Colbert, après avoir aboli les barrières provinciales, maintint les douanes à l'extrême frontière et prit des mesures excessives contre les manufactures de l'étranger ; mais il y a loin de ces erreurs de conduite aux privilèges, aux théories prohibitionnistes et protectionnistes qui s'abritent sous son nom. Chacun sait comment l'exclusion des marchandises hollandaises du marché français amena la guerre de 1672 et fit frapper d'interdiction nos produits en Hollande d'abord et peu après en Angleterre.

Vauban, 1633, surnommé le premier ingénieur de l'Europe et le plus honnête homme du royaume, tout en creusant le port de Dunkerque, en construisant trente-trois places fortes, en réparant trois cents places anciennes, en conduisant cinquante-trois sièges, et en prenant part à cent quarante actions de guerre, demeurait un des penseurs sociaux les plus remarquables de son époque. Le temps qu'il n'employait pas au service de l'État, il le consacrait à parcourir la France, à étudier de près les faits, à recueillir des renseignements. Il publia divers mémoires concernant la guerre, la marine, la religion, les monnaies, l'agriculture, le commerce et les colonies. Il n'en reste qu'un seul, où sous le titre *de dîme royale*, il traite : » Du « droit égal des sujets à la protection royale — du travail « principe de toute richesse et du travail par excellence « qui est l'agriculture — de la liberté indispensable au « commerce et à l'industrie — des inconvénients du luxe « et des emprunts — de l'appui principal que prête le « menu peuple à l'État — enfin de la substitution du « dixième du revenu aux impôts dits tailles, aides, douanes « provinciales et de la réduction des frais de perception. » Ce dernier point souleva contre le réformateur la colère de tous ceux qui vivaient de cette perception. Il sapait par le fondement nombre de fortunes scandaleuses et bien qu'augmentant les revenus royaux, il lui valut la disgrâce du maître. Vauban en mourut, dit-on, de chagrin ; il avait mieux à faire.

Ses idées sur la population comme celles de Colbert sont erronées ; il se plaint du développement des classes improductives, sans considérer si elles méritent réellement cette qualification.

De nombreux ouvrages sur ces questions paraissent

alors en France, et surtout en Espagne, en Italie, on Angleterre. Ils ont cela de commun qu'ils se bornent à prescrire les procédés propres à faire la fortune des peuples et appartiennent tous à la période de l'art. Vers la fin du XVIIe siècle cependant on commence à constater la régularité de certains faits ; on entrevoit l'existence des lois qui les déterminent, et les observations scientifiques viennent se mêler aux moyens et aux combinaisons artificiels.

Au milieu du XVIIIe siècle, les esprits se portent de toutes parts à cet ordre de connaissances. L'abbé Génovesi fonde à l'Université de Naples une chaire de mécanique et de commerce, 1754. Beccaria professe l'économie politique à l'école palatine de Milan. Hutchesson, le père de la philosophie écossaise, donne en Angleterre des leçons de science sociale qui ouvrent la voie à un économiste illustre entre tous, Adam Smith.

En France, deux hommes se rangent à juste titre parmi les principaux fondateurs de la science, Gournay et Quesnay. — Gournay, fils d'un négociant, négociant lui-même est enlevé à l'âge de 47 ans par une mort prématurée 1712-1759. — Quesnay, né le 4 juin 1604 mourut à Versailles en 1774 et put avant de mourir poursuivre son œuvre, en contempler le succès. Il était fils d'un avocat de Monfort-l'Amaury et d'une femme de distinction qui cultivait elle-même le domaine dont la famille vivait.

Observateurs judicieux et profonds; mus, l'un et l'autre, par le généreux désir d'ajouter au bonheur des nations, d'accroître la population, la richesse publique, ils ne peuvent admettre que l'activité humaine ne connaisse d'autres lois dans ses luttes contre la matière que des forces incohérentes. Ils se livrent à l'étude des principes qui régissent les intérêts matériels des sociétés, scrutent attentivement la nature des choses, celle de l'homme et ses rapports nécessaires avec ce qui lui est extérieur. Bien qu'étudiant ces diverses questions, sous des aspects opposés, ils arrivent aux mêmes conclusions. constatent l'étroite liaison de l'ordre physique et de l'ordre moral, démontrent les avantages temporels des maximes de droit, de paix, de fraternité proclamées par l'Évangile, et formulent de la façon la plus nette et la plus scientifique les premiers principes de la production et de la répartition des biens de ce monde.

La devise de l'école fondée par eux, fut de : *laisser faire, laisser passer*, indiquant qu'il fallait ne plus demander désormais aux mesures législatives la création de la richesse, mais l'attendre de l'industrie individuelle livrée à elle-même et dégagée d'entraves.

On doit à cette école dite tour à tour des physiocrates (de φύσις nature κρατείν commander... ordre naturel des sociétés) et des économistes, de solides notions sur les monnaies, sur l'impôt qu'elle voulait être exclusivement foncier, sur la liberté de travail et de commerce Elle combattit énergiquement la routine administrative, les réglements, prohibitions, douanes provinciales et corvées qui pesaient si lourdement sur toutes les branches de l'activité humaine, poursuivit avec plus de succès que de réflexion, la chute des corporations, jurandes et maitrises, qu'il eut mieux valu réformer que détruire et provoqua la plupart des mesures de la constituante. Elle eut voulu, affirment ses panégyristes, que la réforme politique, financière, économique de la France s'accomplit pacifiquement. Avec le besoin de tout renverser et de tout renouveler, l'œuvre semblait au moins difficile.

Deux erreurs considérables sont à signaler dans l'enseignement de l'école physiocratique. Là première consiste à n'admettre que la propriété foncière comme source de revenu et de là une prééminence accordée aux propriétaires sur toutes les autres classes de citoyens. La seconde confondant à tort l'ordre politique avec l'ordre économique faisait de l'économie une branche de l'art de gouverner et laissait un champ plus libre que de raison, sinon à l'arbitraire du souverain, du moins au despotisme légal.

Parmi les disciples marquants de cette école, on peut citer : de Malesherbes, le cardinal de Boisgelin, de Cicé archevêque d'Aix, l'abbé Morellet, les deux Mirabeau, le Trosne, l'abbé Roubaud, le Margrave de Bade, l'archiduc depuis empereur Léopold, Turgot et Adam Smith, ces deux derniers avec des dissidences considérables.

L'influence des économistes fut tout d'abord prépondérante à l'assemblée constituante de 1789 ; mais les passions mises en jeu firent promptement litière des vérités économiques. A l'heure même où l'on déclarait vouloir établir l'existence de l'homme et du peuple sur le travail libre, on s'éprenait, comme d'un idéal, de l'état de sociétés fondées sur la guerre et l'esclavage, on multipliait les lois de spoliation, de maximum, on étendait démesurément les attributions de l'autorité publique au mépris de la puissance et de l'initiative individuelles.

Le plus grand nom de la science économique est incontestablement celui d'Adam Smith né en Écosse le 5 juin 1723 et mort à Édimbourg en 1790. Il dut à sa mère le développement de ses rares aptitudes. Esprit studieux et méditatif, doué d'une mémoire prodigieuse, d'une ferme et pénétrante justesse de vue, il fut promptement admis à enseigner à l'université de Glasgow et fit de la science à la mode l'objet de son cours. Ce cours comprenait la théologie naturelle, la morale, les institutions politiques dans leurs rapports avec la richesse, la prospérité publique, le commerce, les finances, les établissements ecclésiastiques et militaires. Il vint à Paris en 1763 et se lia étroitement avec les maîtres de l'école physiocratique. En 1777 il publia l'ouvrage qui l'a rendu immortel. « *Recherches sur la nature et les causes de la richesse des nations* ». Il donne, dans les deux volumes qui le composent, à la science économique un caractère de certitude qu'elle n'avait pas encore eu et l'assied sur une base que les progrès de l'esprit humain pourront élargir, mais qu'ils ne déplaceront jamais. « Le travail annuel d'une nation, observe-t-il, « est le fond primitif qui fournit à sa consommation « annuelle toutes les choses nécessaires ou commodes à la « vie, et ces choses sont toujours ou le produit immédiat « du travail ou achetées des autres nations avec ce pro-« duit. »

En parlant de la sorte, Adam Smith rompait avec toutes les idées reçues de son temps, se séparait des systèmes prohibitifs qui faisaient consister la richesse d'un pays dans les métaux précieux ; des théories des physiocrates qui en considéraient la terre comme la source unique. A la place de l'or et de l'argent, il met l'homme ; l'homme avec son travail ; l'homme avec ses facultés productives que décuplent la division des industries et l'accumulation des capitaux. Toutes ces classes de producteurs que la physiocratie constituait dans la dépendance de la propriété foncière sont élevées par lui au rang où leurs services les classent dans la société et deviennent utiles, respectables au même titre. Il les convie tous, sous l'empire de la loi du travail, à l'exploitation du monde matériel, à l'enrichissement des individus et des nations, à la fusion des intérêts ; et en les soumettant aux mêmes obligations envers l'État, il revendique pour eux la liberté dans le choix de leur travail, dans le mouvement des capitaux et la mobilisation des produits.

Nul n'avait avant Smith montré avec plus de clairvoyance et de netteté les avantages de la liberté de commerce et du travail au point de vue de la conciliation de l'intérêt individuel et de l'intérêt général.

Il se sépare ici encore de l'école physiocratique en ce qu'il se borne à justifier par la convenance et l'utilité, ce que celle-ci réclamait comme un droit et présentait comme l'expression de la justice.

XIXᵉ SIÈCLE.

La science économique compte au XIXᵉ siècle de nombreux adhérents qui contribuent à agrandir son domaine. Il faut citer parmi eux plusieurs disciples d'Adam Smith.

Malthus l'un d'eux naquit à Londres en 1766 et mourut à Bath en 1804. Ministre évangélique et professeur d'économie politique au collège de la compagnie des Indes, il publia divers mémoires sur les céréales, la rente, les principes et les définitions en économie politique et des considérations sur la multiplication trop rapide des populations relativement aux subsistances. Ces considérations l'ont fait accuser d'immoralité, mais peut-être a-t-on travesti sa pensée.

Riccardo né de parents portugais en Angleterre 1772, mort en 1823 fit ses débuts comme économiste en 1810 à l'aide de tracts. Ils traitent de la liberté commerciale, de la rente, de la circulation monétaire, des principes de l'économie publique, de l'impôt, de l'emprunt, des profits et des salaires.

J.-B. Say né en 1769 à Lyon d'une famille protestante que la révocation de l'édit de Nantes avait chassé de Nîmes fit une grande partie de ses études et son noviciat commercial en Angleterre. La lecture du livre *Richesse des Nations* d'Adam Smith lui révéla sa vocation d'économiste. — Rédacteur en chef de la décade philosophique, littéraire, politique que publiait une société de républicains, il fit paraître des articles d'économie politique fort remarqués. Son ouvrage principal est un cours complet où il coordonne et explique avec un ordre logique, les vérités entrevues par les économistes du siècle précédent, et confirmées par les démonstrations de Smith. Il démontre l'intérêt de chaque nation à la prospérité des nations voisines et à propos de répartition, de débouchés, met à la portée de tous des principes qui jusque là n'étaient pas connus ou ne l'étaient que confusément. Il établit que les produits de toute nature consistent dans une utilité nouvelle ou dans une addition d'utilité donnée par le travail soit aux choses, soit aux hommes ; que tous les travaux utiles sont productifs, que le progrès industriel consiste dans l'accroissement du concours prêté par les agents naturels.

L'indépendance de J.-B. Say, certaines assertions sur les charges publiques qui semblèrent à Napoléon autant de critiques, son refus de mettre sa plume au service du régime, lui valurent son exclusion du Tribunat. Il se vit obligé de recourir au travail de ses mains pour vivre. A force d'énergie, de persévérance, en se faisant tour à tour architecte, mécanicien, ingénieur, il parvint à établir en Artois une filature de coton qui occupa jusqu'à cinq cents ouvriers.

La Restauration fut plus juste envers lui. Elle le chargea de diverses missions ; notamment de celle d'étudier l'état économique de l'Angleterre et d'en rapporter des informations pratiques. Il obtint de professer l'économie politique pendant les deux dernières années de sa vie au Collége de France. Ces expressions, économie politique, effarouchaient certains esprits et avaient fait retarder jusque-là l'autorisation. Il mourut en 1832.

Parmi les économistes qui se sont fait un nom à notre époque, on peut encore citer : en Angleterre : Robert Peel,

Cobden, Gladstone; en Italie : Rossi et Cavour; en France : Dupont de Nemours, Destutt de Tracy, Garnier, Bastiat, et surtout Leplay. Citer ces noms, c'est faire acte d'historien et non apprécier et moins encore approuver les doctrines.

M. Leplay est un fondateur d'école. Sa gloire égalera, si elle ne la dépasse point, celle des Say, des Smith, des Quesnay.

Il part de ce principe qu'en science sociale, rien n'est à inventer. L'ardeur avec laquelle se propagent les doctrines du saint Simonisme le frappe à sa sortie du collége. Ne pouvant ni partager les opinions de ses amis, ni démontrer l'erreur dans laquelle ils s'engagent ; persuadé que les écoles ne lui donneront aucune méthode pour l'aider à distinguer le vrai d'avec le faux, il se résout à faire table rase de toute opinion. Certaines convictions le pressent intérieurement ; il cherche avec sollicitude les moyens de les combattre, fréquente assidûment les hommes de bien, imbus de convictions contraires, et ne veut adopter comme démontré d'autre axiôme que le devoir d'aimer ses semblables, d'être utile à son pays. A l'exemple de Descartes, il consacre trente années de sa vie à voyager, parcourt trois fois l'Europe, une fois l'Asie, observant les diverses formes de la vie publique et de la vie privée, comparant les institutions de la France avec celles de toutes les nations Européennes, demandant l'exemple aux peuples libres, prospères, chez lesquels les classes diverses travaillent avec union, dévouement au maintien de la paix publique. Il ne laisse rien d'inexploré, d'étudié à demi ; il vérifie sur les lieux les procédés d'exploitation et d'élaboration, multiplie les enquêtes, accumule les observations et les faits.

Il nous indique lui-même les principaux peuples et chez chaque peuple les catégories sociales qui ont le plus contribué à produire en son esprit la lumière et la vérité. C'est en Angleterre qu'il a trouvé le plus d'idées justes, le moins de préjugés, l'appréciation la plus exacte des faits sociaux. Ses entretiens avec des Américains éminents lui ont fait entrevoir les principaux vices de nos institutions civiles, de celles en particulier qui concernent la condition de la femme et la transmission des biens. Les peuples allemands lui ont offert d'admirables modèles de pratique religieuse, de travail, d'enseignement, de vie privée. Il a trouvé dans les États Scandinaves la meilleure organisation de la famille. La commune rurale et la famille patriarcale chez les peuples slaves rappellent les institutions du moyen âge et donnent une vue plus nette de celles qui commencent au temps présent. Les races établies dans les montagnes qui s'étendent au midi de l'Europe, des Balkans aux Pyrénées, sont remarquables par l'énergie des croyances, la frugalité des mœurs, le respect du pouvoir paternel, la fermeté de l'éducation domestique et l'étendue des libertés locales.

Quant à l'appui que lui ont prêté dans ses observations et pour le succès de ses études, les personnes, il a été fort inégal.

Les sceptiques lui ont été de peu de secours ; leurs actes, on le sait, moins encore que leurs pensées ne prennent point pour but le bonheur de leurs semblables. Il a trouvé un concours aussi efficace qu'éclairé auprès des clercs qui après avoir fait le sacrifice de leurs intérêts personnels, ne se laissaient pas aveugler par l'esprit de prosélytisme, ou les intérêts collectifs de la corporation et chez les laïques chrétiens qui joignaient à une croyance sincère la modération des sentiments, le respect de la liberté d'autrui, l'observation des devoirs de profession, de famille.

Les classes moyennes où le sentiment de l'intérêt public est étouffé par la préoccupation du gain, les riches oisifs, les lettrés, les légistes, les artistes, les savants voués exclusivement à l'étude de certaines questions, ou dont la spécialité touche peu aux intérêts usuels de la société ne lui ont fait éprouver que déceptions. De grandes célébrités ignoraient les premiers mots des matières qui faisaient l'objet de ses enquêtes. Au contraire la connaissance du vrai, l'amour des réformes lui ont toujours paru exister à un haut degré chez ceux qui se livrent au travail, sans en attendre la satisfaction des premières nécessités, qui se chargent bénévolement du bien-être de leurs subordonnés, de l'assistance des pauvres, des intérêts publics ; avec cette persuasion, que les avantages dûs à la naissance doivent être contrebalancés par un surcroit d'obligations envers les déshérités de ce monde.

Les grandes entreprises agricoles, commerciales, industrielles restent à ses yeux la meilleure école de l'économie sociale. Il dirigea lui-même jusqu'à quarante-cinq mille ouvriers dans les usines de l'Oural et put étudier de très près les rapports entre ouvriers et patrons. Les grands propriétaires fonciers, résidant sur leurs terres, dévoués, à tous les intérêts locaux, entourés de serviteurs groupés autour d'eux par les liens de l'affection ont constamment fait preuve d'une sagacité et d'un désintéressement qu'il ne se lasse pas de louer.

Rentré à Paris pendant les saisons d'hiver il se préoccupait de déduire les doctrines de l'étude des hommes et des choses qu'il venait de faire. Après avoir observé par la méthode de Bacon, de Descartes, des naturalistes, il concluait à la façon des gouvernements représentatifs et des tribunaux, passant au creuset de son rigoureux esprit les notes amassées, remontant par déduction aux principes de la vie sociale et aux explications qu'il convient d'en faire, discutant contradictoirement les opinions qu'il avait le plus à cœur avec ceux dont la vie publique lui signalait la compétence. Maître absolu de ses impressions, il aimait à ce point la vérité qu'il éprouvait plus de joie à découvrir ses erreurs qu'il n'en ressentait à se trouver en possession du vrai.

Une telle préparation fait aisément prévoir le caractère de ses ouvrages. Pas de dogmatisme hautain ; aucune de ces théories enfantines, mal digérées et pressées cependant d'improviser le bonheur de l'humanité par des transformations sociales ; mais toujours et constamment l'expérience interrogée avec méthode et répondant par des faits aussi constants que réguliers.

Dès 1864, en pleine prospérité, alors que personne ne songeait au péril, il prédit à la France une catastrophe prochaine et en donne pour causes : L'oubli du respect envers Dieu source de toute autorité, envers le père son délégué dans la famille, envers la femme lien d'union entre les membres de la communauté ; l'éducation vicieuse et sceptique de la jeunesse ; les fausses idées sur le régime du travail ; enfin une phraséologie abrutissante dont les mots liberté, égalité, fraternité, démocratie, progrès, civilisation, science, esprit moderne font tous les frais, et ne servant aux journalistes, aux orateurs de nos cinq cent mille cabarets qu'à exploiter les aspirations des classes ignorantes, souffrantes ou dégradées.

Le remède n'est pas dans les changements de gouvernement, ni dans les révolutions nécessairement violentes ; mais dans une étude sérieuse des vraies traditions du pays ; dans un retour énergique, incessant au décalogue interprété par l'Évangile et aux pratiques essentielles de la coutume concernant la permanence des engagements, l'entente sur les salaires, l'alliance des travaux de l'atelier et de l'industrie domestique, l'épargne, l'union entre la famille et son foyer, enfin dans la protection accordée à la femme.

Ces idées sont développées avec preuves et faits à l'appui

dans une suite d'ouvrages dont la clarté et l'exposition laissent parfois à désirer.

Dans les *ouvriers Européens* et les *ouvriers des Deux-Mondes*, l'auteur décrit sa méthode d'observation, présente quelques-unes des applications faites aux principaux régimes du travail, fournit des conclusions pratiques.

La *Réforme sociale* est un ensemble des déductions à tirer des faits observés dans toutes les conditions de l'ordre moral, politique, économique et civil.

Dans son volume de l'*Organisation du travail*, M. Leplay applique la doctrine des autorités sociales au problème du travail posé par la Révolution en termes insolubles.

Enfin, on trouve dans l'*organisation de la famille* une exposition des lois salutaires de l'atelier, se complétant elles-mêmes et s'affermissant par le seul régime où la famille réunit les garanties qui font d'elle, au sein du corps social, la source de la moralité, de l'activité libre et prospère.

On ne saurait trop recommander l'étude des ouvrages de M. Leplay à quiconque se préoccupe du bien-être public, du relèvement de la France, à ceux notamment qui ont mission de les procurer.

PARAGRAPHE VII

DES RAPPORTS DE L'ÉCONOMIE POLITIQUE AVEC LA RELIGION

L'économie politique se fondant au milieu d'un siècle habitué à rire des ridicules dont Voltaire couvrait les croyances religieuses, imbu des maximes de Rousseau sur la perfection originelle et la possibilité pour l'homme de s'élever par lui-même aux lois les plus élevées de la morale ; devait méconnaître le rôle d'une religion dont le but semblait si différent du sien, et ne rien comprendre au secours qu'individus et peuples en retiraient pour l'établissement d'un bon ordre social.

« Qu'avaient de commun le bien-être et le malaise des
« sociétés humaines avec des croyances préoccupées sur-
« tout des intérêts de la vie future ? Pour l'homme comme
« pour le reste des êtres organisés, ils ne pouvaient être
« que la conséquence des lois du monde matériel.
« L'homme est destiné à vivre en société, sa moralité
« doit être conforme à ce but et le sens moral lui vient
« comme ses jambes et ses bras ; tout au plus, fallait-il
« lui laisser le soin de s'en occuper quand il serait en
« état de se guider lui-même par les lumières de sa
« raison. »

On eût aussi justement dit en affirmant que chacun doit spontanément s'élever à la connaissance des sciences physiques et des métiers manuels ou intellectuels. Parvenu, en effet, à l'âge de raison, le jeune homme n'a aucun intérêt à repousser ces dernières connaissances, tandis qu'il est fortement excité à repousser les lois de la morale et de la religion. La lutte ici, selon l'observation de Bossuet, est d'autant plus difficile qu'il est lui-même l'ennemi qu'il faut combattre.

De l'inutilité prétendue de la religion pour le bonheur terrestre des peuples à ne voir en elle qu'obstacle et danger, il n'y avait qu'un pas ; et en France surtout il devait être promptement franchi. Analysant l'influence qu'elle a exercée jusqu'ici dans l'éducation, un économiste conclut :
« Donc la religion, de quelqu'espèce qu'on la fasse, natu-
« relle ou surnaturelle, positive ou mystique, n'ajoute rien.
« La moralité de l'homme, est inutile à l'éducation. Loin
« de la servir, elle ne peut que la fausser en chargeant la
« conscience de motifs impurs, en entretenant la lâcheté,
« principe de toute dégradation ».

En parlant ainsi, on méconnaît toutes les pentes de la nature humaine autant que la loi de l'histoire. « C'est par « une espèce d'aberration de l'intelligence » observe de Tocqueville « et à l'aide d'une sorte de violence morale « exercée sur leur propre nature que les hommes s'é- « loignent des croyances religieuses; une pente invincible « les y ramène. L'incrédulité est un accident, la foi seule « est l'état permanent de l'humanité ». De la démocratie en Amérique. — Des sceptiques après avoir répudié le principe de toute religion s'accordent à reconnaître l'ex- cellence de la doctrine chrétienne. Montesquieu pro- clame son utilité sociale et l'efficacité merveilleuse de sa pratique pour préserver l'humanité des maux qui la frappent.

C'est en s'appuyant sur les perfectionnements sociaux accomplis par le Christianisme, que Turgot établissait la perfectibilité sociale, en fixait l'objet et les conditions. Pré- ludant dans sa généralité de Limoges à ses futures ré- formes, il multipliait ses demandes de renseignements aux curés de campagne. « Vous seuls, leur écrivait-il en « 1762, en possession de la confiance des peuples, pouvez « bien connaître leur situation et les moyens de les rendre « meilleurs. Votre vie embrasse tout ce qui peut tendre « au bien public et tous les services rendus aux hommes « sont du ressort de votre charité. » Il les priait de lui transmettre leurs observations, précisant lui-même les dé- tails les plus minutieux : « Au nom d'une religion pour « qui rien n'est petit ni méprisable de ce qui intéresse le « pauvre. »

Une fois de plus, M. Leplay a proclamé au nom de la science économique l'accord de la foi et de la raison en démontrant à l'aide des faits les propositions suivantes :

Les croyances religieuses sont le premier besoin et le fondement des sociétés.

La meilleure expression de la loi morale, est le décalogue de Moïse, complété par l'Évangile.

Les populations qui en respectent le mieux les commar-
dements sont précisément celles qui jouissent au plus haut
degré du bien-être, de la stabilité, et de l'harmonie.

L'ensemble des pratiques établies sous cette influence,
dans l'exercice des professions usuelles, constitue partout
la meilleure organisation du travail.

C'est à leurs croyances religieuses, que trois grands
peuples ont dû et doivent encore leur supériorité réelle et
constante dans le monde.

CHAPITRE PREMIER

DE LA PRODUCTION

> « Il ne faut pas faire la guerre à mes expressions
> » du moment que je les explique ; c'est l'idée
> » qu'il faut attaquer, si elle ne représente
> » pas fidèlement les faits. »
>
> J.-B. Say.

ARTICLE PREMIER

Pour se faire une idée vraie de la production, l'économiste doit avoir une notion exacte de certains mots usités dans le langage économique ; étudier les travaux productifs de toute sorte, ceux qui agissent sur la nature matérielle, comme ceux qui s'appliquent à l'homme et au développement de ses aptitudes. Il doit savoir à quels concours de moyens le succès de ces deux sortes de travaux est subordonné.

§ I. **Définition.** — § II. **Travaux productifs.**
§ III. **Moyens généraux de production.**

PARAGRAPHE PREMIER

DÉFINITION

Dans le langage ordinaire, production s'entend de l'action de donner naissance à un objet, sans tenir compte

de son utilité, ni des frais qu'il coûte. En économie politique, cette expression a un sens spécial, plus précis,
plus rigoureux. Elle ne s'applique qu'à l'œuvre dont les
résultats égalent ou dépassent en avantages les dépenses
ou services qu'ils exigent. La science estime, non sans
motifs, que l'œuvre qui se solde par une perte ou un sacrifice est une œuvre non de production, mais de destruction. C'est cette appréciation sévère des conséquences
en perte ou profits de nos travaux qui donne à l'économie
politique son caractère scientifique et lui a suscité de
nombreux adversaires.

On définit la production : la création de l'utilité et de la
valeur. L'utilité est cette qualité par laquelle un objet satisfait nos besoins. La valeur est son aptitude à être
échangé ; c'est cette qualité des choses qui les fait estimer
autant que d'autres ; leur confère la faculté d'achat.

Elle résulte de divers éléments tels que l'utilité, la
rareté, le travail, la difficulté de la production, le
besoin.

Utilité, valeur, richesse ne sont pas des mots synonymes.
La richesse est à l'utilité, à la valeur ce que la substance
est aux qualités ; c'est l'objet dans lequel elles résident.
L'utilité existe sans la valeur ; c'est ainsi que dans les conditions ordinaires de la vie, l'eau et l'air quoique très
utiles ne se cotent à aucun prix.

L'utilité, peut se considérer sous divers aspects :

1° Elle est naturelle ou produite ; selon qu'elle est le
résultat de la nature ou du travail humain.

2° Elle est *gratuite* ou *non gratuite* : *Gratuite* si elle
est le produit exclusif de la nature ou si les objets qui
en sont doués ne sont pas susceptibles d'appropriations,
ou si capables d'appropriations, ils le sont également pour
tous.

Non gratuite si elle est due au travail humain ou si

elle se trouve dans un objet appropriable alliée à la rareté.

3º Elle est *directe* ou *indirecte* selon qu'elle s'applique *immédiatement* à nos besoins ; ou *indirectement*, en nous servant à acquérir les objets d'utilité directe. Telle est l'utilité de la monnaie.

Les objets auxquels la production donne de l'*utilité* ou de la *valeur* s'appellent *produits*.

On distingue : 1º Le *produit brut* qui est le résultat du travail, frais non déduits et le *produit net* duquel les frais d'entreprise et d'exécution ont été déduits.

2º Les *produits matériels* ou *immatériels*. A dire vrai, tous les produits sont immatériels puisque l'utilité est une qualité, une propriété qui n'a d'existence que par ses relations avec nos besoins. On est convenu d'appeler produits *matériels* les utilités qui se trouvent dans les objets, dans la matière, et produits *immatériels* celles qui s'attachent à l'homme comme la science, le talent.

PARAGRAPHE II

NOMENCLATURE DES TRAVAUX PRODUCTIFS

Cette nomenclature a donné lieu à de graves controverses qui n'ont été trop souvent que des disputes de mots.

C'est ainsi que tout en constatant le concours qu'ils prêtaient à la production et le mode de ce concours, on négligeait de ranger au nombre des travaux productifs les industries extractives (mines et carrières), on rattachait au commerce l'industrie des transports, comme s'il n'y avait pas là un art essentiellement productif consistant dans un judicieux déplacement des objets de consommation pour les mettre à la portée des besoins.

Les discussions se sont élevées plus nombreuses et plus ardentes encore sur la question de savoir si le travail

qui avait pour objet la développement des facultés intellectuelles, morales, physiques de l'homme participait à la
production de la richesse et comment il y participait.

La négative a prévalu jusqu'ici et les auteurs les plus
en renom, Smith, J.-B. Say, Rossi, n'hésitent pas à déclarer qu'il n'y a de richesses et de valeurs vraiment susceptibles de ce nom que dans la matière travaillée. Ils
qualifient de stériles, au sein de la société, les fonctions du
professeur, du prêtre, du magistrat.

Il est vrai que tout aussitôt ils semblent revenir sur ces
assertions en déclarant que « les talents des gens de
lettres, des savants, etc.. constituent un produit fixe,
réalisé dans les personnes qui les possèdent et qu'ils forment une partie essentielle du fonds général de la société,
une partie de son capital fixe. »

Pour mettre fin à ces controverses et à ces contradic-
tions, il eût suffi de distinguer entre le travail et ses résultats ; et les différences prétendues entre les deux ordres
de travaux eussent disparu pour ne laisser place qu'aux
équivalences.

Il est de la nature de tout travail de s'évanouir à mesure
qu'il se produit : seule l'utilité enfantée par lui subsiste
et demeure.

Pourquoi objecter la matière ? La forme, la couleur que
l'artisan se dispose à lui imprimer sont aussi immatérielles
que la science et l'art puisés à l'atelier ou aux leçons du
professeur.

Si les unes se vendent en nature, les autres se vendent
sous formes de services et sont susceptibles d'échange, de
paiement, comme tout travail, tout service humain.

Les arts qui agissent sur l'homme exigent pour se développer l'effort et la peine, et leurs résultats servent les
intérêts de la nation non moins que ceux des particuliers.
Un peuple ne vit pas seulement de pain, il a des besoins

moraux, intellectuels, et si intime que soit son degré de civilisation, il place le goût, la vertu, l'instruction au rang des plus précieux trésors.

Qui ne voit au reste que perfectionner l'homme, c'est perfectionner la force par excellence, c'est-à-dire la force qui dirige toutes les autres ? quelle richesse est plus apte à en faire valoir d'autres ?

On peut donc avec raison considérer le prêtre, le magistrat, le médecin, l'artiste, le professeur comme des producteurs dans toute l'exactitude et la sévérité du mot. Ils produisent la vertu, la moralité, le respect, la justice, la santé, le goût, l'instruction. Ils rendent des services très appréciables, dont le prix peut se coter et que l'on considère justement comme la partie la plus précieuse des forces vives d'une nation.

En résumé, toutes les branches du travail humain se peuvent ranger en deux divisions principales, qui elles-mêmes se subdivisent en plusieurs classes.

Première division

Travail ayant la nature pour objet et constituant les arts appelés matériels, ou l'industrie dite matérielle.

L'industrie extractive.
L'industrie voiturière.
L'industrie manufacturière.
L'industrie constructive.
L'industrie agricole.
L'industrie commerciale.

Deuxième division

Travaux agissant sur les hommes et constituant les arts immatériels ou l'industrie immatérielle.

Les arts ayant pour objet le physique de l'homme.

Les arts ayant pour objet l'intelligence de l'homme.

Les arts ayant pour objet la moralité de l'homme.

Les arts dits d'agrément.

Les arts ayant pour objet la sécurité et la garantie de la justice.

On reprocherait à tort à l'économiste de revendiquer comme étant de son domaine, les industries de la deuxième division. L'expérience démontre que tous ces arts dont le but est d'agir sur l'homme et de perfectionner ses facultés n'ont pas pour les régir d'autres lois que celles des industries appartenant à la première division et laissant aux sciences morales le soin de juger les questions doctrinales, il ne se préoccupe que des avantages qu'en retire la société et ne les considère qu'au point de vue de la productivité, de l'échange et de la rémunération.

PARAGRAPHE III

ANALYSE DES MOYENS DE PRODUCTION

Les causes originaires de la production ont donné lieu comme la classification des travaux productifs à de longues controverses.

Les uns distinguent trois agents principaux : le travail, la nature, le capital. A les entendre, l'industrie humaine ne figure jamais qu'en tiers dans l'œuvre de la production; il y a une partie de l'effet obtenu qui vient de la nature et un autre qui vient des capitaux.

D'autres, comme Adam Smith, ne reconnaissent qu'une seule cause génératrice, le travail et font tout découler de l'activité de l'homme agissant tout à la fois sur les choses et sur lui-même.

Il nous semble plus rationnel de réduire les sources de la production à deux et de ne voir en elle que la coopération de l'homme avec la nature. Impossible de le méconnaître, l'activité de l'homme n'est pas la seule force existante ; il y en a d'autres qu'il n'a pas créées, qu'il ne peut anéantir et dont l'existence est distincte. Il y a des forces inertes, telles que la dureté, la résistance, la ductilité des métaux ; il y a des forces vives : le soleil, les éléments, la force négative du sol, la force vitale des animaux.

Le capital nous semble à tort mis au rang des moyens primordiaux de production. Ou il existe sans l'action de l'homme et il doit être rangé parmi les forces vives de la nature ; ou il est de création humaine, alors, il ressort du travail. Pour s'approprier à son usage les richesses répandues dans la création, l'homme, depuis sa déchéance n'a que ses facultés natives, c'est-à-dire ses instincts, son intelligence, ses bras. A l'aide de ces premiers leviers, il se procurera d'autres instruments, des outils d'abord, des machines ensuite.

Parlant de la première source de production, nous traiterons : 1º de la terre, 2º des matières premières, 3º de la propriété. La deuxième source nous amènera à parler : 1º du travail, 2º du capital 3º de l'épargne.

ARTICLE II

DE LA TERRE

« De tous les industriels, les cultivateurs sont ceux
« qui ont le plus besoin de réunir les connaissances les
« plus nombreuses et les plus variées, de combiner le plus
« d'idées et de notions dans l'emploi de leurs facultés
« productives. » (H. N. PASSY.)

§ *I. Ce qu'il faut entendre par ces expressions :* TERRE, INDUSTRIE AGRICOLE.

§ *II. Caractères économiques particuliers à la terre.*

§ *III. De divers emplois productifs du sol.*

§ *IV. De l'appropriation du sol.*
§ *V. De sa division et de sa transmission.*
§ *VI. De la liberté testamentaire.*

PARAGRAPHE PREMIER

CE QU'IL FAUT ENTENDRE PAR CES EXPRESSIONS : TERRE, INDUSTRIE AGRICOLE

Cette expression *terre* ne s'applique pas seulement au sol cultivable mais à toutes les richesses qu'il renferme ou qui se développent à sa surface ; comme les pâturages, les forêts, les chûtes ou cours d'eau, les lacs ou marais salants, les emplacements privilégiés où certaines industries s'exercent, les mines métalliques ou de combustibles, les carrières, etc..

L'industrie agricole comprend donc tout à la fois : l'ensemble des travaux nécessaires à la mise en culture du sol, à la conservation ou exploitation des récoltes ; ceux qui concernent l'élève, la multiplication du bétail, la préparation de ses produits ; enfin, la plantation, l'aménagement, l'exploitation des forêts, les industries extractives. On évalue à 20 millions le nombre des personnes qui en France, vivent de cette industrie.

L'économie politique se préoccupe surtout des conditions qui rendent le travail et le capital appliqués, à ces industries diverses, plus productifs ; elle renvoie à l'agronomie ou économie rurale toutes les autres questions.

PARAGRAPHE II

CARACTÈRES ÉCONOMIQUES SPECIAUX A LA TERRE

La terre offre avec l'intérêt cette opposition que son prix s'élève lorsque baisse le taux de l'intérêt ; il diminue lorsque le taux est plus élevé. La raison en est que la terre ne s'acquiert que pour être employée à la production et elle ne s'échange que contre des capitaux que leur propriétaire destine à la reproduction.

Le revenu des fonds de terre est toujours inférieur au revenu des placements fiduciaires et cependant il est plus recherché : 1° parce que le capital est moins exposé, 2° le premier est succeptible d'accroissement, tandis que le second tend à baisser, enfin la terre est la propriété matérielle, visible, nobiliaire par excellence.

La terre est comme une machine ou mieux comme une collection de machines. Il faut l'alimenter, lui rendre sous une forme ce qu'on lui prend sous une autre, ses produits spontanés sont nuls si on les compare à ceux qu'un travail éclairé, aidé de solides instruments, en obtient.

L'inégalité qui se remarque entre les facultés naturelles de l'homme existe entre les parcelles foncières ; et la terre emprunte à sa fertilité naturelle, à sa position climatérique, à sa proximité de grands centres etc., des valeurs plus ou moins considérables.

Toutes les richesses que l'on a coutume de comprendre sous le nom de terre sont, comme le sol lui-même, en quantité mesurée et, arrivé à de certaines limites, le produit n'est plus en rapport avec le travail et le capital dépensés. D'où la nécessité pour l'industriel intelligent de se rendre compte non-seulement de ses avances et de ses produits en général, mais encore des résultats de chaque qualité de terre et de chaque partie de travail ou de capital avancé à chaque terre.

PARAGRAPHE III
DU MEILLEUR EMPLOI DE LA TERRE

Le meilleur profit à tirer de la terre entraîne l'examen de la grande, de la moyenne, de la petite culture ; des diverses espèces d'amodiation ; de l'exploitation par l'État lui-même.

Grande propriété et grande culture ne sont pas nécessairement corrélatives et parfois des propriétés considérables se subdivisent en d'infimes cultures, comme par exemple en Irlande.

On appelle *petite*, une culture qui s'étend à 15 hectares environ ; *moyenne*, celle qui va de 15 à 30 hectares.

Tout ce qui dépasse ces quantités appartient à la grande culture.

La grande culture dispose de plus de capitaux et pour l'ordinaire de plus de procédés intelligents.

Elle peut, à l'aide des machines, de la division du travail, économiser les frais de production, élever plus de bétail, créer des prairies, des forêts, tirer avantage des moindres éléments.

Il est hors de doute que le petit cultivateur refait en peu de temps le sol confié à ses soins ; il surveille lui-même, travaille de ses mains, fait travailler sa famille, sait tirer profit des moindres parcelles, des plus menus avantages forcément négligés ailleurs.

La valeur productive du sol étant en raison du travail et du capital avancés, on comprend aisément que toute culture vraiment productive doit exiger une certaine étendue. Fixer la mesure exacte nous semble toutefois impossible. Cette mesure varie forcément avec les pays, les climats, les caractères et les habitudes des ouvriers, le degré de culture et autres conditions économiques.

En France, la valeur des terres a crû avec beaucoup de rapidité. En 1790, l'assemblée constituante évaluait le revenu net imposable des biens fonciers tant bâtis que non bâtis à 1,440 millions. Il arrivait à 1,581 millions en 1821, à 2,045 en 1852, à 3,216 en 1862, à 3,959 millions en 1874. Les propriétés bâties représentant environ 25 0/0 de la valeur totale des immeubles, on peut estimer que le revenu net des propriétés non bâties a passé en France par les chiffres suivants : 1,080 millions en 1790, 1,180 en 1821, 1,705, en 1851, 2,120 en 1852, 2,460 en 1874. En 1882 il atteint 2,534 millions, ayant ainsi augmenté de 134 %, en quatre-vingt-dix-neuf ans.

On distingue trois modes d'exploitation : 1° Le faire valoir ; 2° le métayage ; 3° le fermage.

Nous ne parlerons ni de l'esclavage, ni même du servage. Il n'est pas bon à l'homme de vivre sans famille, sans propriété, sans liberté, sans responsabilité. Tout ce qui porte atteinte à ces divers apanages du roi de la création altère sa valeur personnelle, diminue les fruits de son travail.

1° Le faire valoir n'est autre chose que la culture du sol par le propriétaire foncier lui-même, soit qu'il travaille de ses mains avec sa famille, soit qu'il dirige un personnel plus ou moins nombreux.

2° Le métayage consiste dans la fourniture au cultivateur par le propriétaire tout à la fois du sol et des capitaux d'exploitation et dans le partage entre l'un et l'autre des récoltes et des produits. Cette association des capitaux et du travail est une des plus heureuses inventions du moyen-âge; elle convient aux époques de transition. En dépit de ses succès et des louanges que lui donnent certains auteurs, nous ne la considérons que comme un état inférieur au *fermage*.

3° Le fermage est la location de terres moyennant un

prix. On distingue : 1° le fermage fixe, payable en espèces;
2° le fermage mobile, basé sur le prix des grains, auquel
l'Écosse doit, dit-on, sa prospérité agricole ; 3° le fermage
par intermédiaire, principale cause de la misère de l'Irlande, qui consiste à sous-louer d'un spéculateur avide
des lots de terre (cottages) morcelés au-delà des limites
tracées par les convenances de l'agriculture et par l'intérêt
soit du propriétaire, soit surtout du cottager ; 4° le fermage emphytéotique de εὐφυτεία plantation. On donne ce
nom à tout bail dont la durée dépasse vingt ou trente
ans.

Au point de vue de la production et de la meilleure répartition, on ne peut établir une thèse trop absolue :
cependant, il semble hors de doute que la culture par le
propriétaire est de toutes la plus avantageuse lorsqu'au
capital, il joint les aptitudes et l'instruction. La présence
du propriétaire cultivateur sert puissamment les, intérêts
du voisinage en y développant le progrès, les bonnes méthodes, le bien-être, la moralité. On sait combien l'absen-
teisme des maitres du sol et le défaut de patronage
ont été nuisibles depuis deux siècles à l'agriculture
française.

Après le faire valoir, vient immédiatement le fermage,
si surtout il est à long bail. Les baux à long terme permettent l'application des découvertes de la science, les
avances qui amendent le sol, sans l'épuiser. Ils inspirent
au fermier un réel intérêt pour la propriété en lui assurant
sa participation à la plus value. C'est à ses baux de vingt-
sept ans qu'on attribue la prospérité agricole de l'Angleterre.

PARAGRAPHE IV

DE L'APPROPRIATION DU SOL.

Il est impossible que la question ouvrière si fréquemment posée depuis un demi siècle en France, en Allemagne, ne donne pas naissance à la question agraire, et déjà celle-ci a fait son apparition en Irlande, en Italie, en Espagne.

On dit : le sol appartient à tous. L'état représentant de la société en est l'administrateur légitime. A lui d'abolir la possession individuelle, d'organiser, d'exploiter ou d'amodier en percevant le prix au profit de tous et de faire rentrer le sol dans la propriété collective.

Nous établirons dans un prochain article le droit de propriété; qu'il nous suffise d'observer ici que l'appropriation individuelle du sol est nécessaire à la paix et à la culture.

1° Nécessaire à la paix. Supprimez la propriété du sol, il faudra en venir aux mains pour la possession d'un champ à cultiver, ou le champ restera en friche.

2° Nécessaire à la culture. C'est de l'appropriation individuelle que naît le progrès de la culture, ce grand intérêt de l'humanité. Sans elle il faudrait s'en tenir au droit de cueillette, de chasse, de pêche, de pâture. En pays de civilisation, une lieu carrée de terre appropriée peut nourrir douze cents individus, elle n'en nourrirait pas un seul en terre sauvage. Dans les plaines de Tartarie, d'Arabie, cinq cents nomades promènent leurs troupeaux sur un espace de terrain qui, cultivé comme on le fait en France, assurerait un revenu suffisant à 50,000 ouvriers agricoles.

Comment l'état interviendrait-il ? Va-t-il diviser le sol en parties égales et en attribuer une à chacun ? chaque part sera réduite au point de ne plus servir et si c'est un malheur d'être pauvre, le malheur est bien plus grand lorsqu'on est entouré de pauvres comme soi. Avant d'en arriver là, il faudra exproprier les possesseurs ; mais comment et à l'aide de quels moyens les indemniser. Quant à l'expropriation sans indemnité, c'est la spoliation qu'aucun motif n'empêchera d'étendre aux capitaux de toute sorte.

Dira-t-on que l'État va exploiter lui-même ? c'est la vie et le travail en commun, c'est-à-dire le rêve de l'impossible. Comment se ferait la division du travail ? Pourquoi attribuer à l'un un sol dur et pierreux, à l'autre une terre douce et légère ? — Ne pouvant ni partager, ni exploiter, l'État ne pourrait pas davantage recourir à la location. On sait dans quel état d'infériorité restent les propriétés collectives (1).

L'action administrative chargée de contracter et de surveiller l'exécution des baux ne remplacera jamais l'initiative privée pourvue surtout de l'énergie que donne le sentiment de la propriété.

C'est une erreur et un danger de ne voir dans la propriété de la terre qu'un principe d'utilité publique ; il s'agit d'un principe de justice. Lorsqu'une société se forme, les terres n'appartiennent à personne, il est vrai, mais aussi qu'elle peut être leur valeur ? Elles ne deviennent aptes à la production que par le travail. Pour utiliser le sol il faut que

(1). En 1842 le maréchal Bugeaud établit trois villages en Algérie où il plaça des soldats avec des terres à cultiver. Chacun avait en propre un petit champ à la culture duquel il pouvait consacrer un jour de la semaine. Le reste des terres devait se cultiver en commun au profit de tous. L'État continuait de leur fournir une solde et des vivres.
Après deux ans d'expérience on constata que seule la propriété particulière avait acquis de la valeur ; la terre commune restait en friche. Le travail à accomplir en commun donnait naissance à des discussions sans fin et c'est aux applaudissements de tous que se prononça la dissolution de la communauté.

chacun choisisse sa part, abatte, déracine, coupe, brûle, cultive. Lorsqu'il l'aura ainsi transformée devra-t-il l'abandonner au premier venu et la conserver sera-ce un privilège ? Non ce sera un droit et en sanctionnant ce droit la loi ne raisonne pas utilité, mais justice.

PARAGRAPHE V

DE LA DIVISION ET DE LA TRANSMISSION DU SOL.

Diverses institutions féodales, telles que : Droit d'aînesse, substitutions, majorats, destinés à maintenir la grande propriété et l'éclat des familles, ont été longtemps en France et sont encore en certains pays un obstacle au bon emploi de la terre. Elles paralysent l'énergie des cultivateurs propriétaires les plus aptes et les plus intéressés au progrès de l'industrie agricole. Elles réduisent le propriétaire au rôle de l'usufruitier qui ne pouvant disposer de son bien se désintéresse de sa propriété et de tout perfectionnement.

Les lois des 15 mars 1790 et 8 avril 1791, ont mis fin à l'exercice du droit d'aînesse. Les substitutions abolies d'abord par la loi de 1792, permises ensuite par celle de 1826 jusqu'au 10ᵉ degré ont complétement disparu de nos codes en 1849. La loi du 12 mai 1835 a définitivement aboli les majorats ou constitutions d'immeubles inaliénables que le décret impérial de 1808 avait rattachés à certains titres de noblesse.

On ne saurait nier certains bons résultats de ces réformes et d'une libre division de l'héritage entre les enfants. La France a augmenté considérablement ses productions agricoles. Elle ne cultivait en 1815 que 4 millions et demi d'hectares en blé, et l'hectare ne produisait que neuf à onze hectolitres. Elle cultive aujourd'hui, en blé seulement, sept millions d'hectares produisant année commune de 13 à 15 hectolitres l'hectare. Nul doute que le progrès eût été plus étendu encore si l'industrie agricole n'eut été paralysée par nos nombreuses révolutions politiques, par les guerres qui lui ont pris son meilleur sang et font peser sur elle les plus lourdes charges.

On peut craindre qu'une application trop rigoureuse de ces réformes détermine le fractionnement et comme une pulvérisation du sol.

Jusqu'ici cependant, la statistique démontre que le nombre des propriétaires ne s'est pas accru proportionnellement au chiffre de la population. On comptait en France au commencement du siècle 29,000,000 d'habitants, 10,000,000 de cotes foncières et 6,000,000 de propriétaires. En 1882, il y avait en France 37,000,000 d'habitants, 14,000,000 de cotes foncières et 8,500,000 propriétaires. On sait que le nombre de cotes foncières ne représente pas exactement le nombre des propriétaires ; chaque propriétaire payant autant de cotes foncières qu'il possède de parcelles en des communes différentes. Il est hors de doute que le mariage recompose en partie ce que la division décompose.

C'est une erreur au reste d'attribuer au mouvement de 1789 l'accessibilité du peuple à la propriété foncière. Il a provoqué l'abolition de coutumes surannées, d'institutions féodales qui n'avaient plus de raison d'être, de certains abus, mais rien de plus. Le droit d'acquérir et de posséder le sol était ouvert à tous depuis longtemps et chacun en usait à son gré.

PARAGRAPHE VI

DE LA LIBERTÉ TESTAMENTAIRE

Il ne s'agit pas ici de retour au droit d'aînesse, ni à aucune des institutions aristocratiques du temps passé, mais de la liberté de tester à son gré.

Cette question mettant en face la liberté du donateur et les droits des enfants ou héritiers naturels devait donner et a donné lieu à de sérieux débats. Obéissant à des considérations d'ordre politique ou religieux, à la pression des mœurs et des préjugés, le législateur français a mis des entraves à la liberté de tester du père de famille. Il a stipulé un partage forcé et égalitaire sauf une quotité disponible à sa volonté. Cette quotité est du quart, du tiers, de la moitié selon qu'il laisse un, deux, trois ou un plus grand nombre d'enfants ; de la moitié ou des trois quarts selon qu'à défaut d'enfants il laisse des ascendants dans les deux lignes ou dans une seule.

Ces restrictions apportées par nos lois successorales à la liberté du père de famille sont devenues l'objet de l'attention des publicistes et des hommes d'État. On se préoccupe de leurs conséquences et il est impossible de ne pas être frappé de la tendance des esprits à soumettre, à un nouvel examen, un état de choses qui semblait acquis définitivement.

La liberté de tester paraît être aux esprits les plus graves :

1° Une conséquence directe et absolue du droit de propriété. Si le père peut user et abuser de son vivant du fruit de son travail, pourquoi n'en disposerait-il pas à son gré au lit de mort ? Le droit à l'héritage entraîne le droit à la jouissance pendant la vie du père.

2° Une fonction de l'autorité paternelle, un moyen, le seul efficace, pour régir la famille, réformer certains écarts. L'enfant se soumettra volontiers à de pénibles efforts, quand il saura que le bien-être de toute sa vie dépend de son travail, de sa soumission, de sa vertu. Il s'en ira de lui-même à l'oisiveté et aux désordres qui en sont la conséquence, s'il est convaincu qu'en dépit de ses démérites il jouira du patrimoine amassé par ses aïeux. En fait, seule aujourd'hui la jeunesse pauvre se voue aux rudes labeurs, l'autre ne s'emploie guère qu'à la décadence du pays.

3° Le moyen de procéder à des partages non-seulement équitables, mais éclairés, avantageux aux enfants. Elle permet d'établir au foyer, en qualité d'héritier associé, celui des enfants qui est le plus apte à continuer l'œuvre paternelle et de lui inculquer les traditions causes du succès.

Elle prévient la désorganisation des familles de tout rang et de toute condition, de celles surtout qu'on se propose de protéger. Le morcellement des patrimoines a pu être au début de notre nouveau régime successoral un élément de prospérité, mais il devient un péril. Le partage forcé détruit chez les petits propriétaires les premiers fruits du travail et de l'épargne, la possession du foyer domestique en particulier. Il dépouille les héritiers et les mineurs notamment, au profit des gens d'affaires. — Les Anglo-Saxons des deux hémisphères considèrent la liberté testamentaire comme la cause principale, après la religion, de leurs succès. Aussi non contents de la conserver, dans leurs métropoles, ils l'étendent aux innombrables colonies qu'ils fondent dans toutes les parties de l'univers.

On objecte :

1° Le droit égal qu'ont les enfants à l'affection, partant à l'héritage de leurs parents ?

« La loi naturelle », observe judicieusement Montesquieu « ordonne aux pères de nourrir leurs enfants, mais elle ne les oblige pas de les faire héritiers. » Esprit des lois xxvii-6. Ils ont accompli leur tâche stricte lorsque l'enfant *« honestement nourri et endoctriné »* devenu adulte peut subsister par son travail et fonder à son tour une famille.

2° Le partage forcé est un des principes de 1789 ?

C'est une erreur. On ne trouve dans les écrits du philosophisme aucune objection contre la liberté testamentaire. Les cahiers des États-Généraux n'en font pas mention. La loi du partage forcé ne fut proclamée que le 7 mars 1793, par un gouvernement jaloux de faire pénétrer l'État dans tous les détails de la vie privée, avec le but hautement proclamé de révolutionner le foyer domestique et d'étouffer dans le pays tout esprit de tradition.

Le premier empire conserva le partage forcé à titre d'instrument politique; mais comme s'il en eût pressenti les effets désastreux, il eut hâte de rétablir les majorats.

3" Ne sera-ce point ouvrir la porte aux manœuvres spoliatrices des familles en faveur du vice ou de la religion ?

1° Pourquoi le père de famille ferait-il au lit de mort, à cette heure suprême de redressement pour les natures les plus perverses ce qu'il aurait pu faire si librement et ce qu'il n'a pas fait durant sa vie? C'est une erreur de supposer la société absolument remplie de pères injustes : la nature réclame contre cette hypothèse, l'expérience la contredit et la loi aurait grand tort de s'y arrêter.

L'exemple des peuples qui pratiquent la liberté testamentaire, et qui de l'aveu de tous, offrent les meilleurs modèles d'organisation sociale, proteste suffisamment contre le succès prétendu de ces manœuvres en faveur du vice.

2° Quant aux captations faites au nom de la religion, on

ne voit nulle part sous le régime de la liberté testamentaire, les familles vouées au travail exagérer leurs dons et legs au point de compromettre la prospérité du foyer. Partout, au reste, l'État soumet à son contrôle ces sortes de dons et legs, refusant l'autorisation, lorsqu'une coutume respectable se trouve violée, réprimant l'abus lorsque la corporation donataire ne répond plus à l'esprit de son institution. On peut citer quelques cas de désordre, mais ce sont de ces faits isolés que ne conjurent jamais les meilleures institutions sociales, et qui ne peuvent faire obstacle à la justice, au droit commun et à la liberté.

ARTICLE II

LES MATIÈRES PREMIÈRES

1º Selon la rigueur de l'expression, *matière première* dévrait signifier des objets vierges de tout travail humain. Il n'y aurait dans ce sens, d'autres matières premières que l'air, l'eau, la chaleur, la lumière, les sels qui entrent dans la composition des divers produits. L'homme ne crée rien, tous ses efforts n'aboutissent qu'à des changements de forme, de lieu ou de place.

2º Dans le langage ordinaire on appelle *matières premières* les produits destinés à être l'objet d'un travail industriel avant d'être livrés à la consommation. Cette signification n'a rien d'absolu et tel produit propre à la consommation après des transformations diverses, redevient matière première en raison de l'usage qu'on en fera. C'est ainsi que certaines étoffes en blanc sont *matières premières* pour l'imprimeur sur étoffes; les fils de chanvre et de coton le sont pour le tisserand.

3º Dans le sens strictement économique, et lorsqu'il s'agit de tarifs et de douanes, on désigne surtout de ce nom les produits livrés par l'agriculture à l'industrie manufacturière. Au nombre des *matières premières* principales, on peut citer : le fer, la houille, la laine, les peaux, le coton, la soie, le chanvre, les articles de teinture.

La *matière* dite *première* constitue avec la main-d'œuvre, l'intérêt du capital engagé et le bénéfice de l'entrepreneur d'industrie, un élément du prix des choses. Il importe que ce prix ne dépasse pas les limites naturelles et la première réforme à opérer pour passer du régime protecteur au libre échange, est la diminution ou la suppression des droits sur les *matières premières* destinées à l'industrie. Il est facile de comprendre que des droits trop élevés sur les matières premières renchérissent les produits manufacturés au point de les rendre inacceptables au commerce étranger et partant à l'exportation. — On a imaginé, pour y remédier, le système des Primes et Draubachs qui consiste à rendre à la sortie de la frontière, le droit perçu à l'entrée. Mais les transformations subies rendent malaisée l'appréciation des droits à rembourser. Souvent l'État rembourse plus qu'il n'a reçu, d'autres fois la somme restituée est insuffisante et l'exportation gênée. On supprimerait ces graves inconvénients par la réforme des tarifs douaniers. Les primes payées de ce chef s'élèvent annuellement à environ 30,000,000 de francs. Les principaux articles qui bénéficient de ces remboursements sont les sucres, les savons, les tissus et fils de laine, les fils et tissus de coton.

ARTICLE III

LE TRAVAIL

« Dieu en donnant à l'homme des besoins, en lui rendant nécessaire la ressource du travail a fait du droit de travailler la ressource de tout homme, et cette propriété

est de toutes la plus sacrée, la plus imprescriptible. »
(Turgot. Édit qui abolit les corporations.)

§ *I. Définition et Division.*
§ *II. Obligation du travail.*
§ *III. Liberté du travail.*
§ *IV. Corporations.*
§ *V. Division du travail.*
§ *VI. Droit au travail.*

PARAGRAPHE PREMIER

DÉFINITION ET DIVISION

Travail est ordinairement synonyme de labeur, peine,
fatigue entrepris ou supportés avec le dessein d'en tirer
avantage. On peut définir le travail : *l'ensemble des aptitudes de l'homme en action;* ou mieux dans le sens
économique : *la faculté donnée à l'homme de pourvoir
à ses besoins en s'appropriant et en façonnant la matière par son action morale ou physique.* Cette définition
indique tout à la fois l'origine du travail, son but, son
moyen, ses instruments. — Le travail est une faculté
donné à l'homme, mais par qui ? « Posuit in paradiso
ut operaretur. » Genes. II-15, raconte le texte biblique.
— A quelle fin ? Pour subvenir à ses besoins. « In sudore vultus tui vesceris pane. » Genes. III-19. « Si quis
non vult operari, nec manducet. » II Thess. Comment
travailler ? En cultivant la terre, remarque le texte sacré,
ou ce qui revient au même « en façonnant et en s'appropriant la matière », observe la science économique. Enfin
les instruments ne sont autres que l'action physique, intellectuelle et morale.

Division.

On distingue : 1° Le travail intellectuel, moral, muscu-
laire, selon qu'il est le résultat des facultés intellectuelles,
morales ou des muscles de l'homme. A mesure que le progrès
se fait sentir dans chaque industrie, le travail tend à changer de nature, de corporel il devient de plus en plus intellectuel. C'est ainsi que dans l'industrie des transports, l'intelligence des chauffeurs et des mécaniciens remplace les bras
et les épaules des coolies et des portefaix. 2° Le travail à
faire et le travail fait ou incorporé. Un vêtement représente
le travail de l'éleveur incorporé dans la laine des moutons ;
le travail du fabricant qui a mis la laine en œuvre ; le travail du tailleur, etc. 3° Le travail rationnel ou productif,
et le travail irrationnel ou improductif, selon qu'on retire
ou qu'on ne retire pas de son travail des avantages équi-
valents au moins aux frais de production.

« Tout travail qui concourt à la création d'une valeur
« est productif, observe'J.-B. Say, quelle que soit l'opération
« à laquelle il s'applique. Ainsi le travail du savant qui
« fait des livres et des expériences est productif ; le travail
« de l'entrepreneur, bien qu'il ne mette pas immédiate-
« ment la main à l'œuvre est productif. Enfin le travail
« du manœuvre, depuis le journalier qui bêche la terre jus-
« qu'au matelot qui manœuvre un navire est productif.
« (Traité d'écon. polit. Livre I. Chap. VII.) »

On doit regarder au contraire comme irrationnel et in-
productif, le travail de celui qui emploierait ses forces à
produire de l'eau en combinant de l'hydrogène et de l'oxy-
gène, c'est ce que ne comprennent pas certains auteurs
qui confondent l'instrument avec l'effet, estimant que travail est synonyme de richesse. Les flammes dévorent un
édifice. Pourquoi se plaindre, demandent-ils ? C'est du

travail en perspective, partant, de la richesse pour le pays ; certaines industries vont redevenir prospères. Ils ne comprennent pas qu'il y a là tout d'abord une perte sèche et sans compensation. Puis, si certaines industries doivent retrouver un appui dans la reconstruction, d'autres auront à souffrir du déplacement de fonds qu'elle nécessitera.

PARAGRAPHE II

OBLIGATION DU TRAVAIL

Le travail est pour l'homme une loi providentielle, une nécessité sociale et privée qu'attestent ses facultés comme ses besoins.

Que deviennent les facultés dont Dieu l'a pourvu, au contact du désœuvrement, elles s'énervent, s'engourdissent, finissent par disparaître ; l'intelligence la plus perspicace s'émousse, la mémoire s'éteint, les sens s'efféminent. L'exercice au contraire les développe, les fortifie. Par la mise en œuvre, les organes s'entretiennent, l'esprit se calme de ses agitations, le cœur se réjouit de la difficulté vaincue, de l'effort tenté, du progrès obtenu. Quelle qu'en soit la nature, le travail demeure un des plus efficaces moyens de moralisation, lorsqu'on s'y livre persévéramment. « Le travail mène au vrai bonheur. (Adam Smith.) « Rien ne vaut et n'égale cette joie honnête et « calme, ce légitime contentement de soi-même que le tra- « vail donne à l'homme laborieux comme un premier sa- « laire. Sais-tu ce qui te rend heureux malgré la pauvreté « demandait un lacédémonien à Cléanthe, disciple de Zé- « non ? La sagesse ? Non, le travail. » (HENRY MURGER).

A qui méconnaîtrait la loi de l'humanité, la nécessité la rappellerait promptement. Quelle preuve plus convaincante de l'obligation du travail, quel plus efficace stimulant que nos besoins ? Besoigneux, riche d'indigences, aucun être ne peut devenir utile à l'homme sans action de sa part. L'application de ses forces à tout ce qui l'entoure est la cause exclusive de la valeur qu'il en pourra retirer. C'est à la peine, à des efforts d'esprit et de corps qu'il devra cette nourriture, ces vêtements, cet abri sans lesquels il ne peut vivre.

« Notre destin, c'est le travail. C'est lui qui nous modère dans la prospérité et qui nous console dans la misère. Aujourd'hui comme au temps de Virgile, la fortune n'aime que les audacieux et pour les moins ambitieux à qui suffisent encore l'honneur et la paix de l'âme, il n'est qu'un moyen de conquérir un bien si doux, c'est un labeur opiniâtre. (LABOULAYE.)

Le sentiment de la solitude s'adoucit aussi par le travail. L'homme qui travaille n'est jamais complétement malheureux. » Xavier de Maistre.

On reproche au catholicisme de ne voir dans le travail qu'un châtiment de Dieu. C'est à tort. Il nous le représente comme l'un de ses plus grands bienfaits, et le premier homme sortant plein d'innocence des mains de son créateur, fut placé dans le Paradis terrestre, pour y travailler. Ce qui constitua plus tard le caractère expiatoire du travail, ce furent la répugnance intérieure, les difficultés du dehors que l'homme coupable eut à surmonter pour s'y livrer. « In sudore vultus tui vesceris pane. Genes. III-19. » La loi du travail imposée à l'homme après la chute ne se borne pas à un passe-temps qui amuse ; elle prescrit une pénitence qui gêne, qui fatigue, qui fait couler la sueur.

Une école socialiste, celle de Fourier, a cru être en possession de combinaisons propres à rendre le travail positivement et directement attrayant à l'aide de séances courtes, de travaux variés et du *jeu intégral des passions*. La science dirige, redresse la nature, mais elle ne la détruit pas, et vouloir faire disparaître de ce monde toutes les peines et en particuler celles attachées au travail c'est renouveler l'entreprise de Babel, s'exposer à toutes les déceptions, y compris la confusion des langues.

PARAGRAPHE III

LIBERTÉ DU TRAVAIL. — MONOPOLES

Par *liberté du travail*, on entend pour chaque membre de la famille humaine, la faculté d'exercer la profession qu'il veut, d'en exercer une ou plusieurs, de fixer à son gré le prix ou le produit de son travail ou de ses services ; en un mot, d'employer son activité, comme il l'entend.

Qui dit *liberté du travail* dit concurrence des professions, non intervention de l'autorité par voie de réglementation préventive, exclusion des monopoles.

Monopole. — Monopole, selon son étymologie : μόνος seul πωλεω je vends, exprime le privilége accordé à un seul. En économie politique, cette expression s'étend à toute limitation naturelle ou artificielle de la faculté ou des moyens de travail.

On distingue :

Les *monopoles naturels* qui résultent de la nature des choses, de circonstances naturelles, ou d'efforts libres.

Les *monopoles artificiels* qui résultent de l'intervention de l'autorité publique dans l'activité sociale. Ils se traduisent par un ensemble de dispositions prohibitives ou restrictives du travail et de la production. C'est ce qu'on appelle encore : monopole légal, réglementation, système réglementaire, organisation du travail.

Les monopoles naturels se subdivisent en : 1° monopoles personnels, fruit de la diversité ou de l'inégalité des facultés individuelles. On trouve dans toutes les industries des particuliers placés au-dessus de toute concurrence par la supériorité de leurs talents, de leur habileté, de leurs découvertes, la persévérance de leurs efforts. A ce genre de monopoles se rapporte le monopole des brevets. 2° Monopoles fonciers qui résultent de l'appropriation privée de certains agents naturels, tels que mines, fonds de terre. Lorsqu'une population s'est multipliée à ce point que toutes les parties utilisables du territoire sont exploitées, chaque parcelle possède une valeur au moins supérieure à celle du travail engagé. Celle même qui n'aurait reçu aucun travail ne se céderait pas gratuitement. Ce sont ces excédants de valeur qui caractérisent le monopole foncier. A ce genre de monopole se rattache le monopole de *situation* résultant d'une situation exceptionnelle. 3° Monopoles de concentration qui résultent d'efforts associés, coalisés, par exemple lorsque certaines branches d'industrie sont organisées de manière à rendre impossible la concurrence de petits établissements.

L'influence de ces *monopoles naturels*, légitime d'ailleurs tant qu'ils ne sortent pas de leur cadre, est combattue, affaiblie, détruite par le progrès et le travail libre ; c'est-à-dire, par la découverte et l'application de meilleurs procédés, l'usage plus éclairé des facultés, le perfectionnement des voies de communication.

Les monopoles artificiels ou légaux se subdivisent en :

1° Monopoles exploités au nom du gouvernement et dans un intérêt fiscal, par exemple : Fabrication et vente de tabacs, de cartes à jouer. C'est un impôt déguisé.

2° Monopoles exploités au nom du gouvernement dans un intérêt fiscal et de sécurité ; tels que la fabrication et la vente de la poudre, le transport des lettres, la fabrication de la monnaie.

3° Monopoles exploités aux frais de l'État et par des agents de l'État, dans un prétendu intérêt d'ordre public et dans le but rarement atteint d'offrir à la société plus de garantie, de sécurité, plus d'économie, de moralité, de perfection, tels que enseignement, travaux publics, bienfaisance etc. etc.

4° Monopoles établis au profit de certains individus ou de certaines classes d'individus ; tels que concession privilégiée de travaux, autorisation d'exploiter, subvention, exemption d'impôts, interdiction d'exercer certaines professions dites : charges, offices, sans autorisation préalable ; corporations professionnelles spécialement réglementées etc., etc.

Les monopoles naturels sont légitimes et tout ce qui leur porte atteinte altère le droit de propriété. Si dans la répartition du produit général, les travailleurs pourvus de monopoles personnels reçoivent plus que les autres, c'est parce qu'ils ont plus contribué à la formation de ce produit. Ils reprennent dans le résultat de tous les travaux une part équivalente à la valeur des services qu'ils ont fournis. C'est ce que méconnaissent les sectes socialistes qui préconisent l'égalité des rémunérations.

Les monopoles fonciers sont d'autant plus légitimes que là où comme en France la propriété foncière est très divisée et facilement transmissible, les avantages qu'ils confèrent sont fractionnés à l'infini et se répartissent successivement entre toutes les classes de la population. L'appropriation individuelle des terres comme on l'a vu est une nécessité de notre nature et d'intérêt public.

Les monopoles de concentration permettent un emploi plus puissant de l'action des machines et d'importantes réductions dans les frais de production. Cependant au delà de certaines limites, les grandes entreprises n'offrent plus d'avantages ; les progrès industriels se ralentissent ou s'arrêtent par défaut de stimulant, le capital s'accumule entre les mains d'un petit nombre de familles au détriment des autres classes réduites forcément au salariat. Est-ce à dire que l'autorité devrait intervenir pour empêcher la concentration des grandes entreprises? Non; mais elle pourrait faire obstacle à certaines réductions temporaires de prix qui ont moins pour objet l'avantage du consommateur que la ruine de petits établissements rivaux et l'anéantissement de toute concurrence.

Les monopoles qui ont un intérêt fiscal sont à conserver chaque fois qu'il est démontré que c'est le moyen de rendre l'impôt productif, et que ce mode n'est pas plus onéreux qu'un autre.

De tous les monopoles artificiels, le plus justifié est celui qui concerne la fabrication des monnaies. Il est de l'intérêt de tous que l'instrument le plus général des échanges soit affiné à un degré uniforme, d'un poids égal, marqué d'une empreinte qui offre toute garantie et propre à sa valeur à première vue.

Nous en dirons autant du monopole concernant des travaux d'utilité collective et dont l'initiative et la direction appartiennent forcément à l'autorité publique centrale, provinciale ou communale; par exemple: travaux de fortifications, de ports de mer, de navigation fluviale etc.

Le moins justifié et le plus condamnable est le monopole concernant l'enseignement.

Les peuples prospères, aptes à servir de modèles, interdisent, comme nous le verrons, aux gouvernements la direction des établissements d'instruction primaire, secondaire, supérieure, aussi bien que toute immixtion dans les intérêts de la paroisse, de l'atelier, de la famille. Ils tiennent en méfiance les écoles professionnelles chargées de délivrer des diplômes d'aptitude sous la direction d'officiers publics et de diriger vers les fonctions publiques une jeunesse inexpérimentée. Si l'État possède des établissements scientifiques c'est dans l'intérêt exclusif de la science.

Quant aux autres monopoles l'appréciation qu'on doit

en faire dépend de la solution de cette question : le travail doit-il être libre ?

I. Pour les uns la liberté du travail serait :

1° La ruine de l'ouvrier livré à l'isolement, devenu l'esclave du salaire, obligé de travailler ou de vendre à perte parce que les fripons, les maladroits, les gâte-métier embrassent le premier état venu sans le connaître et abaissent le prix de leurs services. Eux ne savent point compter ou sont victimes de leur besoin continu d'argent.

2° La ruine des consommateurs qui seront forcément trompés sur la qualité et la quantité des objets. Les laboratoires d'analyse peuvent attester la quantité de marchandises frelatées ou dangereuses que la liberté du travail jette chaque jour sur le marché.

3° La lutte éternisée. D'un côté le despotisme du capital, de l'autre la coalition de la main d'œuvre et les grèves. La grande industrie absorbe la petite industrie, quelques privilégiés s'enrichissent tandis que le grand nombre végète et souffre dans l'indigence.

II. Pour d'autres au contraire, la liberté du travail serait :

1° Avantageuse aux ouvriers : 1° En dehors d'elle, quelle différence entre l'homme et la machine ? 2° Si l'homme est libre dans sa personne, dans ses facultés, comme l'attestent le sens intime, le témoignage du genre humain et la foi, pourquoi ne le serait-il pas dans son travail qui n'est autre chose que ses facultés en action ? 3° Cette liberté est le vrai moyen de mettre en évidence l'ouvrier de mérite et la qualité de ses produits.

2° Aux consommateurs. La liberté du travail, c'est la libre concurrence, partant l'abolition des monopoles, la production sur une plus large échelle, avec des conditions plus économiques, c'est-à-dire la consommation à meilleur compte.

3° C'est la condition du progrès. De la libre concurrence

naît une gêne pour les ouvriers qui suivent la même carrière, pour les maîtres qui exploitent la même industrie ; mais la gêne appelle l'émulation et l'effort, et, l'émulation, l'effort provoquent les recherches, rendent le travail plus intelligent, plus actif, plus productif. Il faut à tout prix faire plus, faire mieux, et de fait « les procédés avantageux de l'industrie ont été inventés par des hommes libres. »

Un des principaux motifs qui font repousser la liberté de travail ou la libre concurrence c'est qu'on s'obstine à ne voir d'elle qu'un seul aspect, celui qui est défavorable. Le fabricant la hait, parce qu'elle le contraint à vendre sa laine à bas prix ; il ne réfléchit pas qu'il lui doit d'avoir payé moins cher ses ouvriers. L'ouvrier lui reproche d'avoir fait baisser les salaires, mais il devrait la bénir d'avoir rendu accessibles, pour tous, tant de choses de première nécessité et de lui permettre d'acquérir avec le prix de sa journée cinq fois plus de commodités qu'il ne l'aurait pu il y a un siècle.

On ne saurait objecter que telle ou telle classe de la société aura plus à souffrir qu'une autre de cette libre concurrence ; car le jour où elle pèsera d'un poids trop lourd sur une profession quelconque, on s'en détournera. Aussitôt la concurrence commencera à diminuer et l'équilibre ne tardera pas à se rétablir.

Fruit de l'intérêt individuel, c'est-à-dire du plus grand mobile humain, la liberté de travail assure le bien de tous, ne permet à aucun intérêt de prédominer au détriment des autres, empêche les prix exagérés au préjudice des consommateurs ; prévient les trop bas prix que souhaiteraient les consommateurs au détriment des producteurs. Elle porte partout ses compensations, faisant que si on gagne moitié moins sur chaque objet, on produit et on vend six fois plus. C'est la plus démocratique et la plus égalitaire des lois.

C'est à ce système que se rangent aujourd'hui les esprits éclairés, avec cette réserve cependant, qu'en industrie pas plus qu'en aucune autre chose il ne pourrait y avoir de liberté illimitée, et que la liberté de chacun doit s'arrêter devant le droit d'autrui. On ne saurait avoir la liberté d'empoisonner le public pas plus avec des chocolats falsifiés qu'avec des produits de pharmacie. De là, la nécesssité d'un système de répression condamnant et punissant par voie de justice ce qui est blâmable aux yeux de la morale et prononçant des dommages intérêts en cas de nuisance à autrui.

PARAGRAPHE IV

DES CORPORATIONS

Le rôle que ce monopole a joué dans le passé, les rapports étroits qui existent entre son histoire et celle de notre industrie nationale méritent une attention particulière. Que sont au reste ces priviléges accordés à certains corps d'état fermés à la concurrence soit par des usages locaux, soit par des réglements de police, avoués, notaires, huissiers, sinon les vestiges du monopole accordé autrefois aux bourgeois des métiers incorporés ?

L'esprit d'association dérive de la nature même et si haut qu'on remonte on trouve au milieu de la société générale des sociétés particulières qu'unissent le travail, l'intérêt, les croyances, les passions.

La Grèce avait ses hétaïres. Rome eut dès les temps de Numa ses colléges d'artisans, avec leurs patrons, leurs statuts. leurs syndics, leur police et leurs dévotions. « Aux corporations, disait la loi des Douze tables, le pouvoir est laissé de faire telle organisation qu'elles voudront, pourvu qu'elles n'altèrent en rien la paix publique. » Les colléges ouvriers sont supprimés sous la gestion de Cicéron, rétablis par Clodius. Des édits de Jules César, des empereurs Auguste et Claude les suppriment de nouveau, mais Néron se fait nommer prêtre de toutes les corporations tolérées à Rome. Trajan essaie, en vain, de faire revivre les anciennes interdictions. Hadrien prend le parti d'organiser autoritairement comme institutions officielles, les colléges ouvriers et cette organisation subsiste jusqu'au ve siècle. Chez les peuples du Nord on retrouve de temps immémorial au sein de chaque tribu, les Ghildes ou associations particulières avec leurs réunions, leurs banquets, leurs pratiques religieuses.

La France ne fit donc qu'obéir aux traditions romaines et germaniques en établissant ses confréries et déjà ses corporations s'étaient multipliées lorsque commença à se former son unité nationale. A mesure que les travailleurs des communes s'émancipent, ils se réunissent par profession, moins dans un but industriel, il est vrai, que dans celui de trouver la sécurité. On l'a observé justement : ces hommes nés d'hier à la liberté étaient à travers les lances féodales comme des herbes et des fleurs tendres parmi les ronces et les épines. De là cet empressement à arborer les images de la Vierge et des Saints; à se grouper autour des Temples et des monastères ; à demander à l'Église de les couvrir de ses priviléges et de ses immunités, de créer en leur faveur un prolongement de la vie religieuse.

Imbus de ce préjugé païen qui faisait des princes les maîtres du travail de leurs sujets, les seigneurs féodaux et plus tard les rois de France revendiquèrent parmi leurs principaux droits utiles celui d'exercer une juridiction sur les corporations de marchands et d'artisans, d'en percevoir des redevances et peu à peu de disposer à leur gré des ollices et dignités. Les corporations acceptèrent d'autant plus aisément cette sujétion qu'elles en étaient payées par des priviléges qui supprimaient en leur faveur toute concurrence et leur donnaient le droit d'exclure de l'exploitation d'une industrie quiconque n'était pas agrégé à la corporation qui la représentait.

On peut reprocher à la royauté d'avoir trop longtemps conservé le monopole comme moyen de police et ressource fiscale ; d'avoir en particulier pour ce dernier motif exagéré la création des offices à ce point que de 1691 à 1709 on en créa quarante mille qui furent tous vendus au profit du Trésor public. Son joug cependant, il faut en convenir, pesa moins durement sur les travailleurs que celui de tous les pouvoirs qu'elle avait successivement absorbés. Elle réprimait les exactions, se prêtait chaque fois que l'intérêt public le demandait au renouvellement des statuts et ne cessa d'entretenir avec les intérêts individuels cette étroite union qu'on remarque ailleurs et qui est un des traits dominants de la monarchie française.

La corporation du Moyen-Age comprenait trois sortes de personnes : les maîtres, les ouvriers appelés aussi valets au XIIIe siècle et les apprentis. Il y avait, pour l'administration de la communauté, dans chaque corps de métier des maîtres Gardes, syndics ou Prud'hommes, appelés aussi Conseils dans quelques villes du Midi. Pourvus de la mission de faire observer les réglements et de défendre les intérêts de la communauté, ils avaient le droit de faire des visites, à toute heure, chez les membres de la corporation.

Les ressources des communautés d'artisans se composaient : 1° des droits de confrérie ou cotisations annuelles. À Lyon, elles étaient de 2 ou 3 livres par membre. 2° Des droits perçus pour l'admission des apprentis, des ouvriers et des maîtres. 3° Des amendes. 4° Des donations et legs. Le corps de métier ainsi constitué était une commune au petit pied, ou pour dire plus vrai, une famille. Surveillance mutuelle, protection mutuelle, assistance mutuelle ce fut l'œuvre triple des membres de chacune de ces corporations. L'apprenti ne pouvait être employé à vendre et à débiter des marchandises par la ville « parce que c'est une perdition ». Le valet n'était pas congédié avant que les motifs de son renvoi ne fussent agréés par deux valets et par les quatre maîtres-gardes du quartier. Les artisans pauvres recevaient des secours sur les fonds de la communauté. Les orphelins fils de maîtres, leurs filles et leurs veuves jouissaient de faveurs exceptionnelles.

Pour devenir maître, l'ouvrier devait remplir les conditions suivantes : 1° Être catholique et n'avoir encouru aucune condamnation. 2° Présenter avec les brevets d'apprentissage et de compagnonnage les quittances des maîtres. 3° Prouver son aptitude à exercer le métier par l'exécution d'un chef-d'œuvre. 4° Payer un droit qui variait de 100 à 300 livres. 5° Prêter serment d'accomplir consciencieusement les obligations du métier.

Seuls les membres qui faisaient partie d'une corporation pouvaient, à l'exclusion de tous autres, fabriquer ou vendre les objets du commerce particulier dont la corporation avait le privilége. Un fait économique à observer, c'est que les produits fabriqués par les corporations d'autrefois qui sont parvenus jusqu'à nous ont un rare caractère de solidité et d'élégance, témoignent d'une grande conscience professionnelle. L'honneur du métier était un des principaux soucis du métier et si un maître venait à y manquer, les syndics ou gardes-maîtres de la communauté en poursuivaient la répression parfois jusqu'à la cruauté. En 1351, un maître boucher, du nom de Bandel ayant été convaincu de vendre de la viande suspecte rue Baudet-Saint-Antoine, fut assimilé à un empoisonneur et comme tel condamné à être conduit au pilori des halles et à y mourir de la main du bourreau. Les cent vingt-cinq bouchers de Paris assistèrent, tête nue, à son exécution.

On a représenté, mais à tort, saint Louis comme législateur des corporations. En 1358, à son retour de sa croisade, il nomma un bourgeois notable Étienne Boileau à la Prévôté de Paris et le chargea d'enregistrer les coutumes des communautés. Celui-ci ouvrit une enquête, au Châtelet, où comparurent les maîtres-jurés ou prud'hommes des cent métiers connus. Le prince et son prévôt eurent ainsi le mérite incontestable de rassembler les us et coutumes des métiers tels qu'on les suivait à Paris, et tels qu'ils leur étaient déclarés par les notables de la communauté. Ils donnèrent un corps, une existence matérielle à des règles qui n'avaient jamais été recueillies. Le *livre des métiers* d'Étienne Boileau est le document le plus complet qu'on possède sur les corporations du moyen-âge, en France et en Europe.

Les Croisades vinrent en aide à l'organisation des corporations ouvrières, en même temps qu'elles secondaient le mouvement communal. Pressés par le besoin d'argent, les seigneurs s'estimaient heureux de transiger, moyennant des taxes précises, avec les communes et les corps de métiers dont ils reconnaissaient l'existence. Ceux-ci trouvaient dans le développement du commerce et de la vie industrielle auquel ces expéditions lointaines donnaient lieu, de faciles moyens de se libérer. A cette époque, du reste, bourgeoisie et gens de métier ne faisaient qu'un.

Ce n'est pas seulement à Paris, mais dans toutes les villes du royaume que les métiers développent leur organisation sous les noms divers de : chandeliers, savetiers, baudroiers, sueurs, mégissiers et boursiers, etc. A Lyon, une lutte contre l'archevêque éclate en 1195 ; elle est suivie d'un traité où les corporations apparaissent tout organisées. En moins de deux siècles, la population lyonnaise avait subi la plus heureuse des transformations. Esclaves sous les invasions, serfs sous le régime féodal, les artisans de

Lyon avaient enfin conquis par l'association, la libre jouissance du fruit de leur travail, l'indépendance de leur personne, et l'affranchissement de leur cité.

Un fait économique à signaler à cette époque, c'est le développement des sociétés de compagnonnage qui subsistent encore aujourd'hui. En raison des difficultés que présentait déjà l'obtention de la maitrise, apprentis et compagnons se séparaient de leurs maîtres, formaient entr'eux des associations distinctes du corps de métier et s'en allaient de ville en ville chercher du travail. Ces sortes d'associations eurent lieu surtout parmi les maçons, spécialement obligés de se porter aux lieux où le travail appelle les bras. De là, la *franc-maçonnerie* dont on attribue l'origine aux ouvriers qui bâtirent, vers la fin des Croisades, les cathédrales de Strasbourg et de Cologne. La maçonnerie primitive n'a rien de commun, on le comprend, avec l'association aujourd'hui connue sous ce nom.

Louis XI favorisa les corporations par de nombreuses ordonnances ; son édit de 1481 leur donna la vie et l'étendue d'une institution nationale. Tout artisan fut autorisé à se faire admettre à la fois dans deux métiers du même genre, en faisant deux chefs-d'œuvre. Henri IV par son ordonnance de 1590, mit fin à la turbulence des artisans, soumit les marchands aux mêmes obligations que ceux-ci et préleva un droit royal sur toutes les maitrises.

On ne saurait nier les services rendus par les corporations. La loi divine sur laquelle elles s'appuyaient, ennoblissait le travail. Elles veillaient aux intérêts communs du patron et de l'ouvrier, leur servaient de lien, les unissaient dans une hiérarchie fondée sur le mérite plus encore que sur la fortune et faisaient régner une harmonie salutaire dans le réglement toujours difficile du salaire et de la main d'œuvre. C'est grâce à elles, que pendant des siècles la paix s'est maintenue dans le régime du travail.

Leur patriotisme se montra, à diverses reprises à la hauteur des plus difficiles épreuves ; enfin, elles ont donné naissance à la bourgeoise et à une partie de la noblesse.

On se tromperait étrangement si l'on pensait que tout était caprice dans le droit des anciennes corporations et dans leurs délimitations respectives. Elles avaient, suivant une extrême probabilité, leur fondement dans l'ancienneté de possession. Le droit de premier occupant a toujours créé la propriété et bien que moins en vue dans la société moderne, il constitue encore dans le monde du travail et du négoce une prise de possession reconnue légitime par la loi et la jurisprudence.

Peu à peu cependant de graves abus se glissèrent dans l'institution corporative, son histoire forme un des plus importants chapitres des annales de notre Tiers-État ; elle en offre tous les caractères généraux. Dès l'abord, les droits presqu'inaperçus ne se font jour que péniblement. Humbles et silencieux, ils acceptent les affronts, mendient les patronages ; puis ils marchandent, parlementent, transigent, combattent. Enfin ils lèvent la tête, grandissent, stipulent en leur nom, renversent et se font dominateurs à leur tour. Les priviléges locaux se multiplient dans un intérêt fiscal, entravent le commerce, constituent les industries diverses dans un état d'isolement, d'immobilité, rendent impossible l'abaissement des prix.

Certaines corporations limitaient le nombre des apprentis et des compagnons. L'esprit commun était de restreindre le nombre des maîtres et de rendre la maîtrise inaccessible à tout autre qu'à certains privilégiés, par exemple aux nouveaux maris des veuves de maîtres décédés.

De là, des frais et des formalités de réception ; des difficultés accumulées pour la confection du *chef-d'œuvre*, la cherté et la longueur inutiles de l'apprentissage, la servitude prolongée du compagnonnage au profit des maîtres.

Le pauvre artisan n'avait d'autre alternative que de rester au service du maître, de languir dans l'indigence ou de s'expatrier.

On éloignait impitoyablement du territoire les marchandises des forains. Les inventeurs devaient laisser la communauté exploiter leur découverte, ou se voyaient systématiquement repoussés. C'est ainsi que la tôle vernie trouvée en 1761 ne put revenir en France qu'en 1793. Pour nous faire jouir de sa lampe à double courant d'air, Ami Argant dut lutter avec les lampistes, les potiers, les serruriers de fer, les serruriers de laiton, etc.

Les femmes étaient exclues des métiers les plus convenables à leur sexe, et ne pouvaient par exemple broder que pour leur compte.

On ne pouvait exécuter l'ouvrage le plus simple sans recourir à plusieurs ouvriers ou marchands de communautés différentes. C'est ainsi que le bouquiniste ne pouvait vendre un livre neuf ; le serrurier ne pouvait fabriquer les clous qui lui étaient nécessaires.

La délimitation de professions souvent indélimitables, les questions de préséance et d'intérêt donnaient lieu à des procès interminables, dispendieux, où le ridicule ne le cédait le plus souvent qu'à l'odieux. Les procès intentés aux fripiers par les tailleurs, pour établir la ligne de démarcation entre un habit neuf et un vieil habit dura de 1530 à 1770. Il fallut deux siècles d'instances et d'appels réitérés aux apothicaires pour s'affranchir de la suzeraineté de l'épicerie ; cent ans de plus aux chandeliers, aux vinaigriers pour secouer le même joug. On évalue à un million la somme dépensée annuellement de ce chef à Paris par les corporations.

La mutualité de l'assistance n'avait qu'un rôle secondaire, l'autorité publique n'intervenait trop souvent que pour ajouter, grâce à des besoins continus d'argent, au désordre. Aussi les réclamations se faisaient-elles entendre et depuis longtemps. L'édit de 1581 après avoir exposé l'utilité de l'extension des maîtrises à tout le royaume, se plaint avec amertume : « des vexations, violences des « maîtres, des extorsions d'argent. » Un édit de Henri IV promulgué en 1608 blâme de nouveau les abus et malversations qui ont cours dans les maîtrises. Un premier cri de liberté est poussé aux États-Généraux de 1614. Le Tiers-État demande « que toutes maîtrises de métiers « soient éteintes, sans que par ci-après, elles puissent « être remises ni aucunes autres de nouvel, être réta- « blies. »

Peut-être eût-il été sage de corriger les abus, en laissant subsister les corporations : on préféra les abolir étourdiment. L'édit de février 1776 enregistré le 12 mars au parlement sous le ministère de Turgot supprima les jurandes et maîtrises. En dépit des éloges sans restriction qui lui ont été donnés, nous lui trouvons entre plusieurs autres, deux torts graves. Le premier, c'est d'avoir supprimé les corporations anciennes, sans rien mettre à leur place. En abolissant les anciens corps de métier fondés sur le privilége, le devoir de l'homme d'état économiste n'était-il pas de tolérer et de permettre des corporations ouvertes, fondées sur le régime de la liberté ? Non content de violer ce grand principe de la liberté du travail au nom duquel, il supprimait les corporations ; Turgot violait encore la justice en détruisant sans compensation une propriété respectable, puisqu'elle avait été acquise à beaux deniers comptants. Le privilége dont jouissaient les possesseurs de maîtrise avait été acheté par eux au pouvoir régulier existant et constituait une propriété dont la suppression méritait indemnité.

L'édit qui abolissait les corporations est de février 1776 ; Turgot quittait le ministère le 12 mai suivant et trois mois après paraissait un nouvel édit qui créait de nouveau six corps de marchands et quarante-quatre communautés d'arts et métiers. Bien que le régime inauguré par cet acte royal fut préférable au point de vue de la liberté à celui des corporations anciennes, il offrait l'inconvénient d'admettre la liberté pour certaines industries, tandis que pour d'autres plus importantes, il rétablissait les corpora- tions fermées.

Toutes les corporations d'arts et métiers sont enfin défi- nitivement abolies par les articles 2 et 7 de la loi du 2 mars 1791, sur la demande des cahiers des trois ordres. — Art. 2. Les offices, les brevets et les lettres de maîtrises et tous priviléges de profession sous quelque dénomination que ce soit sont supprimés. — Art. 7. Il devient libre à toute personne de faire tel négoce ou d'exercer telle pro- fession qu'elle trouvera bon. La loi stipulait ensuite que l'État se chargerait des dettes des corporations et que les particuliers ayant acheté des maîtrises seraient remboursés. A quelques exceptions près, l'assemblée s'en tint à ses bonnes intentions.

En droit, la loi, art. 2 et 5, s'applique à tous *ouvriers et compagnons*; en fait, les associations ouvrières connues sous le nom de *compagnonnage* continuèrent à subsister.

La Constituante s'en prit ensuite aux *Chambres de com- merce*. On appelle de ce nom des réunions de personnes exerçant ou ayant exercé l'industrie, le commerce et char- gées de donner des avis ou renseignements sur les intérêts industriels et commerciaux. Inoffensives et très utiles, les Chambres de commerce étaient anciennes en France. Celle de Marseille datait de novembre 1650; celle de Dunkerque de 1700; celles de Lyon, de Rouen, de Toulouse de 1702, 1703. Abusivement supprimées, les Chambres de commerce furent rétablies par l'arrêté consulaire du 3 nivôse an XI et tous les gouvernements qui se sont succédé en France ont reconnu les services rendus par elles en tout ce qui intéresse le commerce et l'industrie. Elles sont devenues fréquemment un intermédiaire administratif et leur avis est obligatoire lorsqu'il s'agit d'établir les tarifs des voies ferrées. Un arrêté consulaire du 10 thermidor de la même année constitua une nouvelle association de patrons dite : Chambre consultative de manufactures, arts et métiers ; à défaut de Chambres de commerce, on peut utilement la consulter. Enfin la loi du 18 mars 1806 conféra la juridiction pour certaines affaires et la police des ateliers, sous le nom de Conseil de prud'hommes, à un Conseil mixte formé de patrons et d'ouvriers.

Parmi les tentatives de régénération sociale en faveur au XIX° siècle, figure le retour aux corporations d'arts et métiers. Partisans de la refonte sociale, conciliateurs du progrès avec la tradition, tous proposent de les rétablir en les perfectionnant. De nombreux essais ont été pratiqués en 1848 avec l'appui pécuniaire du gouvernement et l'assentiment de l'opinion générale. Le succès était escompté à l'avance, riches et patrons parasites de l'ordre social, disparaissaient comme jadis avaient disparu la noblesse et le clergé. Les ouvriers, jusque là annihilés, prenaient la direction des travaux usuels, conquéraient définitivement l'influence, le bien-être, toutes les satisfactions que donne l'esprit de caste. L'œuvre de 89 allait se compléter. On en fut pour ces espérances. Les communautés créées échouèrent misérablement par manque de chefs capables, par défaut d'obéissance à ceux qui étaient constitués et à la suite de partages prématurés. Dès le premier jour, les ouvriers pourvus de qualités sérieuses avaient compris qu'ils trouveraient dans leur travail individuel plus d'indépendance, de profits matériels et de garanties d'avenir.

Si quelques rares établissements ont subsisté jusqu'à nos jours, c'est en réagissant contre les idées de leurs fondateurs. Ils se sont hâtés de recourir à une réglementation sévère ; ils ont établi l'inégalité des salaires, soustrait les gérants aux caprices de l'élection, et à l'humeur de leurs pairs, interdit de nouvelles admissions, comblé les vides opérés par la mort à l'aide d'auxiliaires simplement salariés.

Diverses sectes socialistes, celles de Fourier, de Saint-Simon, d'Owen, de Cabet ont essayé de réaliser l'association dans la vie domestique. Il ne s'agissait, à les entendre que de savoir « grouper les sentiments, les propensions, « les intérêts dans un harmonieux ensemble, » ou si l'on aime mieux refaire la nature humaine. L'œuvre était plus malaisée qu'on ne le supposait, car elle a promptement abouti à la ruine et au ridicule.

Seules quelques communautés ayant pour l'objet l'association des capitaux et dites actions à responsabilité limitée ont prospéré. Elles doivent leurs succès à la nature des travaux entrepris, aux qualités personnelles des actionnaires, et peut-être aux conséquences *du partage forcé* qu'elles permettent d'éviter. A la mort du père, les établissements de famille sont soumis à une liquidation fatale, les établissements de sociétés commerciales en sont exempts.

Quoiqu'il en soit des efforts et des intentions, représenter l'association comme le principe de tout travail et vouloir l'appliquer à tous les modes d'activité paraît à de judicieux esprits une dangereuse erreur. La principale force réside dans l'initiative individuelle et le développement de cette initiative restera toujours la force productive par excellence, le criterium d'un peuple prospère. La communauté développe peu chez les individus l'énergie qui accroît la production, la sollicitude qui restreint les dépenses. Tout effort extraordinaire de zèle ou d'habileté est à la charge exclusivement de l'ouvrier qui l'accomplit tandis que les associés bénéficient du produit obtenu ; par contre l'individu profite exclusivement des satisfactions que lui procurent son indolence et son inattention, tandis que la communauté entière en subit les conséquences.

Les Associations demeureront donc désormais à l'état exceptionnel. Elles ne conviennent ni aux agglomérations dépourvues des qualités morales nécessaires à toute action collective, ni aux individualités qui peuvent prospérer par leurs propres efforts. Elles répondent seulement aux propensions de cette minime catégorie ; qui, par leurs sentiments se prêtent aux exigences du travail en commun : sans avoir les ressources, les talents, l'initiative, aptes aux succès sous le régime de la liberté de travail.

Quant aux associations que nécessitent les entreprises dépassant les forces individuelles, elles ne subsisteront qu'en subordonnant les intérêts des associés à de hautes influences morales, en conservant avec soin les traditions, . les croyances qui enseignent les obligations de la vie commune. Leur devoir sera de se borner strictement aux œuvres que la famille ne peut aborder.

On a essayé en ces derniers temps de reconstituer la famille industrielle à l'aide des syndicats professionnels et mixtes. La loi de 1884 permet aux associations d'ouvriers, même de plus de 20 personnes, exerçant la même profession, des métiers similaires ou connexes, de se constituer librement pour l'étude et la défense des intérêts économiques, industriels, commerciaux, agricoles. — Art. 2 et 3. — Les divers syndicats peuvent se fédérer, art. 5. — L'art. 416 du Code pénal qui punissait toute atteinte concertée à la liberté de l'industrie et du travail est aboli. Les pénalités portées contre les syndicats qui ne seraient pas constitués conformément à la loi ou qui commettraient des contraventions se réduisent de 200 fr. à 16 fr. d'amende.

Cette loi admet le système de la mise à l'index, transforme la grève en guerre, facilite le préjudice aux patrons, livre les ouvriers laborieux aux injures, à la domination oppressive des syndicats révolutionnaires et prépare l'avènement du parti ouvrier, *du quatrième État*. Admis à délibérer sur les réformes économiques, les syndicats aborderont toutes les questions, décideront de tous les droits : religion, justice, impôt, gouvernement, etc.

Le syndicat mixte est une association de patrons et d'ouvriers fondés sur la pratique du Décalogue et de l'Évangile. Le maître donne une direction bienfaisante à l'association, s'entend avec d'autres chefs d'industrie pour combattre la concurrence étrangère. Il exerce un vrai patronnage sur les familles qui relèvent de son industrie, aide la jeunesse entreprenante à chercher fortune ailleurs, recrute son personnel parmi ceux qui ne se sentant pas capables de s'élever au rang de chefs d'industrie, aiment à s'appuyer au lieu natal sur un patronage bienveillant. Il n'attache à son atelier que les ouvriers auxquels il peut assurer un travail permanent et garantit leurs familles contre les éventualités qui naissent de l'imprévoyance, des accidents, de la mort et des calamités publiques.

De son côté l'ouvrier donne son concours permanent sans céder à l'appel de la concurrence, aux attraits de l'émigration, aux charmes de la petite industrie. Il se soumet à l'obtention de certificats professionnels qui relèveraient sa dignité et institueraient entre les ouvriers une certaine hiérarchie.

Des délégués des syndicats, ouvriers et patrons seraient revêtus d'une juridiction arbitrale, chargés de délivrer les certificats et administreraient le patrimoine corporatif. L'État donnerait à ces syndicats une existence légale et les subventionnerait, en cas de nécessité. Quelques-uns ont imaginé de compléter cette sorte d'association par un comité d'honneur composé de personnes n'appartenant pas au monde du travail, étrangères aux luttes, aux intérêts des ouvriers et des patrons, et dont la mission serait de maintenir la paix entr'eux.

Ce qui importe, avec ou sans l'association, c'est de ramener l'ouvrier aux principes d'épargne, de permanence des engagements, d'obéissance, aux croyances religieuses qui lui en faciliteront la pratique, en l'armant d'abnégation et de fidélité à observer, à faire observer les lois divines et naturelles; le maître aux habitudes de solidarité, d'exemple, et de patronage. « Ce but atteint, tous « les ouvriers deviendront aisément propriétaires; ils « posséderont au moins en propre le foyer domestique « avec ce que le moyen âge jugeait indispensable à un « chef de maison. C'est le minimum du bien-être qui se « retrouve chez des races inférieures à la nôtre. » Leplay. Ouvriers Europ. p. 50, 87, 104, 106.

Le maître deviendra l'autorité par excellence et malgré les tyrannies révolutionnaires qui veulent le faire passer pour un priviligié, un accapareur, les gens de sa maison le considéreront comme un père, les employés et les ouvriers le respecteront comme un modèle, les habitants du pays chercheront à l'imiter et l'estimeront comme leur protecteur naturel. Loin de le haïr à cause de ses richesses, tous tireront gloire de sa haute position.

A quoi bon proposer aux ouvriers de prendre devant les classes dirigeantes actuelles, la situation que la bourgeoisie riche, intelligente s'est donnée à la fin du siècle dernier en face de la noblesse ébranlée, appauvrie? Le roturier encore à cette époque ne pouvait que difficilement se faire au sein de la noblesse une situation en rapport avec ses vertus et ses talents. Aujourd'hui, au contraire, tout ouvrier de mérite arrive, sans entraves de la loi et de la coutume, au premier rang de la bourgeoisie. Ceux-là seulement sont retenus aux derniers rangs qui sont dépourvus des aptitudes ou des qualités propres à assurer le succès.

PARAGRAPHE V

DIVISION DU TRAVAIL ; SES AVANTAGES

On entend par division du travail : 1º le partage des professions au sein de la société. 2º La spécialisation des industries selon les localités, 3º la subdivision des tâches dans chaque profession, subdivision en vertu de laquelle chaque particulier fait toujours la même opération ou du moins un petit nombre d'opérations. C'est ainsi que dans la fabrication du chocolat, l'un aura mission de triller les grains de cacao, l'autre de griller ; celui-ci d'écraser ; celui-là de pétrir ; un cinquième ouvrier devra sucrer et aromatiser ; un sixième mouler et sécher les tablettes etc...

Au foyer domestique le plus pauvre, là où commence à peine l'œuvre industrielle, c'est-à-dire la lutte héroïque, incessante contre la nature, la division du travail nous apparaît tout aussitôt avec la réciprocité des services. La sagesse du père s'aide au dehors de la force de ses fils, tandis que la mère vaque avec ses filles aux soins de l'intérieur et prépare les aliments.

Avec la tribu, la division du travail s'accentue sous la pression du besoin. La chasse, la pêche, la cueillette sont l'état de l'humanité ; mais tous ne peuvent pas s'y livrer ou du moins ne s'y livrent pas avec le même degré d'application.

Ainsi qu'on l'a observé, il y a des hommes qui croient entendre la voix de l'infini et qui se considèrent comme chargés de la transmettre, ce sont les prophètes et les prêtres.

D'autres sont portés à étudier l'influence des plantes sur le corps de l'homme et leur efficacité contre la souffrance et la mort ; ce sont les médecins.

Ceux-ci ont reçu cette rectitude de raison, cette droiture de cœur qui constituent les sages et les justiciers. On les consulte, on les prend pour arbitres.

Ceux-là manquent du coup-d'œil ou de la force qui font le chasseur heureux ; mais ils sont pourvus d'adresse et ils excellent à la confection des armes et des outils en usage ; on le sait et tous recourent à leur habileté, moyennant tribut. C'est ainsi que les aptitudes se classent d'elles-mêmes dès que les hommes se trouvent réunis ensemble.

A mesure que les peuples deviennent plus nombreux, plus éclairés, la division du travail s'accentue de plus en plus. Dans chacune des branches de la production, le partage des attributions s'étend et se ramifie ; les cultures s'adaptent à la nature du sol et aux conditions atmosphériques. Là se cultivent les céréales, ici la vigne ; ailleurs on se livre à l'élève des bestiaux et tous ces produits s'é-changent entr'eux, et contre les articles fabriqués.

Dans les industries qui transforment les matières premières en produits manufacturés, la division et la subdivision des occupations est poussée plus loin encore. L'un travaille le fer, les métaux, et chaque transformation, si peu importante qu'elle paraisse, a son ouvrier spécial ; l'autre le bois ; ceux-ci le lin, le chanvre, le coton, etc ; ceux-là se chargent de transporter les produits à la portée des consommateurs. Chaque mode de transport a ses représentants et chaque produit son vendeur avec intermédiaires, courtiers et agents de change. Tous les économistes qui ont examiné avec l'esprit d'analyse ce grand phénomène de la division du travail ont été frappés de ses merveilleux résultats quant à l'augmentation des valeurs produites. « Les plus grandes améliorations dans la puissance pro-« ductive du travail, et la plus grande partie de l'habileté, « de l'adresse, de l'intelligence avec laquelle il est dirigé « ou appliqué sont dues, à ce qu'il semble, à la division

« du travail ». Adam Smith. Recherches sur les causes de la richesse.

L'expérience démontre que dans toutes les branches d'industrie, là où les opérations diverses d'un même produit sont réparties entre un plus grand nombre d'ouvriers, cette répartition engendre les résultats suivants : simplification, abréviation, vitesse, quantité, perfectionnement, économie dans les frais de production.

Adam Smith cite le fait suivant, emprunté à une manufacture d'épingles peu importante et fort mal outillée de son temps : « La confection d'une épingle demande dix-huit opérations successives. Dix ouvriers se partageant ces dix-huit opérations diverses arrivent à produire journellement 48,000 épingles, soit pour chacun 4,800. Si un seul ouvrier se trouve chargé tour à tour de dresser le fil, de le couper, de faire la pointe, la tête ; de blanchir, en un mot de confectionner à lui seul toute l'épingle, il pourrait à peine en achever vingt par jour. Que serait-ce s'il lui avait fallu extraire le minerai de cuivre, puis le minerai d'étain nécessaire à l'alliage et au blanchiment, les transporter de l'Inde ou d'ailleurs à la fabrique ? »

J. B. Say cite l'exemple d'une fabrique de cartes à jouer. Un paquet de cartes à jouer demande, comme on le sait, soixante-dix opérations, avant d'être livré au commerce. Trente ouvriers se partageant ces soixante-dix opérations produisent quotidiennement quinze mille cinq cents cartes à jouer, soit cinq cents par ouvrier. L'ouvrier qui voudrait à lui seul confectionner les cartes n'en achèverait pas deux par jour. Il n'est aucune branche de l'industrie où l'on ne puisse ainsi constater l'immense accroissement de productions qui résulte de la mise en commun des efforts individuels par la division des occupations et nous citerons encore le trait suivant.

On venait d'adopter le système métrique et le savant

mathématicien de Prony avait été chargé de dresser des tables logarithmiques et trigonométriques pour la nouvelle division centésimale du cercle, plus une table des logarithmes des nombres 1 à 200,000. La tâche était immense et bien qu'aidé de savants coopérateurs, de Prony désespérait d'achever son œuvre. Se promenant un jour dans les rues de Londres, il aperçut à la vitrine d'un libraire le livre de Smith avec le titre du premier chapitre: « Division du travail ». Ce fut pour le savant français un trait de lumière. Les épingles et leurs opérations diverses lui suggèrent l'idée de sections de savants destinées à lui venir en aide. Une première section devra rechercher les nouvelles formules, une deuxième section mettre les formules en chiffres, d'autres avoir mission d'additionner, de soustraire, de faire les preuves. Grâce à ces concours si opportunément divisés, le grand géomètre put en quelques années manufacturer dix-sept gros in-folios de chiffres. Mais comment expliquer cette merveilleuse efficacité de la division du travail ?

Elle résulte de trois causes :

1° *De l'économie de temps*; l'ouvrier ne perd aucun instant à changer de lieu, de position, d'occupation ; à faire des préparatifs, comme il arriverait s'il devait être tour à tour laboureur, boulanger, forgeron, menuisier, tisserand, cordonnier, maçon, etc. L'attention toujours paresseuse n'a pas à faire d'efforts pour se remettre à l'œuvre, les muscles pour se plier à ce qu'on exige d'eux et il est à remarquer que l'économie de temps ne porte pas seulement sur le travail individuel de l'ouvrier, mais sur les capitaux employés dans l'entreprise. Les intérêts en sont moins lourds, lorsque la rentrée est plus prompte.

2° De *l'habileté extraordinaire que confère* à l'esprit et au corps *l'habitude d'un même travail:* En veut-on un exemple? Un forgeron mal formé à faire des clous en fera trois cents par jours. Un forgeron habile, mais qui n'a pas l'habitude de ce genre de travail, en fera de huit cents à mille. Sait-on ce que produira un jeune homme âgé de moins de vingt ans mais qui fait de la clouterie sa spécialité? Deux mille cinq cents clous.

Tel est le résultat de l'habitude, que deux enfants habitués à percer des aiguilles percent rapidement le cheveu le plus fin et font passer par cette ouverture un autre cheveu avec une adresse extrême.

3° *De la facilité de perfectionner ses instruments et ses procédés de travail.* L'attention d'un homme, sans cesse dirigée vers le même objet, a plus d'aptitude à découvrir les lois de la nature et la combinaison des moyens à employer pour en faire l'application au service de l'homme. En fait, la plus grande partie des mécanismes employés dans les métiers où le travail est le plus subdivisé ont été trouvés par de simples ouvriers dont la pensée était sans cesse préoccupée d'alléger leur tâche. On raconte qu'un enfant chargé dans l'origine de tourner au moment voulu, un robinet d'une des premières machines à vapeur mise en mouvement, s'aperçut bien vite qu'une ficelle attachée à un certain bras du mécanisme le remplaçait avantageusement; il en avait profité pour aller jouer aux billes, et le mécanicien avait immédiatement tiré profit de la découverte.

Faut-il ajouter que cette division du travail permet d'employer chacun selon ses forces et ses aptitudes? Sans elle, tous devraient se livrer aux mêmes occupations, et des hommes, comme Pascal, Newton, Watt, Davy, Vaucanson, Jacquart, Pasteur absorberaient leurs puissantes facultés dans la pratique d'opérations mécaniques.

On signale divers inconvénients qu'entraîne la division du travail. Fussent-ils fondés autant qu'on le croit, que pourrait-on en conclure? C'est le propre de toutes les choses humaines d'avoir ainsi un revers. Ce revers s'oublie vite en considérant le dénûment auquel nous serions livrés, si depuis des siècles, la division du travail n'avait permis d'accumuler à la surface du sol les produits et les ressources que nous y trouvons en naissant.

Le plus grave de ces inconvénients est l'effet que peut avoir pour le développement moral de l'ouvrier, cette attribution d'un travail simple, toujours le même et incessamment répété. Se peut-il une destinée plus triste que de passer sa vie à faire des têtes ou des pointes d'épingles ?

L'expérience dément ces craintes. Parmi *ces articles* dits *de Paris*, que de petits objets sont le produit de la coopération successive de plusieurs entrepreneurs ! Il est difficile par exemple de morceler les attributions des ouvriers, plus qu'on ne le fait dans la fabrication des nécessaires à ouvrage pour femmes, des fleurs artificielles ; or qu'elle n'est pas la vivacité d'esprit et d'intelligence de cette population ouvrière de Paris à attribution de travail si peu étendue ?

C'est une erreur grave au reste de vouloir personnifier ainsi l'homme dans le seul travail, objet de sa profession. En même temps qu'il est ouvrier, il est membre d'une famille, il est citoyen. En dehors du labeur qu'il donne en échange des services qu'il reçoit, il bénéficie de tous les avantages de la société au milieu de laquelle il vit, il profite de tous les progrès qui s'accomplissent autour de lui. Il a des instants de repos et c'est surtout par l'emploi qu'il sait donner à ses moindres moments de loisir que l'homme se perfectionne et arrive à jouir des avantages que lui offrent la famille et la société.

Ici apparaît clairement l'utilité sociale du repos et de la sanctification du dimanche destiné à arracher un jour sur six l'ouvrier au règne de ses instincts, à la domination de la matière ; à être pour lui un jour de lumière, de liberté, d'aspirations célestes, d'immortelles espérances ; à empêcher enfin que son âme ne soit qu'une simple machine à travers ces machines qui semblent prendre des âmes.

PARAGRAPHE VI

DU DROIT AU TRAVAIL

Il ne faut pas confondre le droit de travailler ou les droits du travail avec le droit au travail. Le droit de travailler est la liberté pour chacun de faire de son intelligence, de ses bras et de son temps l'usage qu'il juge convenable. Les droits du travail ne sont autre chose que le droit au fruit de sa peine. Il y a dans l'un et l'autre cas une propriété, « la première, la plus sacrée et la plus impres-« criptible de toutes » disait Turgot.

Le droit au travail, prétention des écoles socialistes, est une action que l'on donne à l'individu contre la société ou contre une partie de cette société. C'est le droit pour quiconque n'a pas su ou n'a pas voulu se faire des moyens d'existence de dire aux dépositaires du pouvoir : « Chargez-vous de m'occuper, car vous êtes tenus de me nourrir.» Le projet de constitution lu à la tribune le 20 juin 1848 disait en termes explicites : « Le droit au travail est celui qu'a tout homme de vivre en travaillant. La société doit par tous les moyens productifs et généraux dont elle dispose fournir du travail aux hommes valides qui ne peuvent s'en procurer autrement. Art. 7. — Le droit à l'assistance est celui qui appartient aux enfants abandonnés, aux infirmes et aux vieillards de recevoir de l'État des moyens d'exister. » Art. 9.

Cette hérésie de la science sociale ne date pas, comme plusieurs le supposent de la Révolution de 1848. Elle est la conséquence de tous ces systèmes rigoureux, historiques, indûment appelés de charité publique et on la retrouve presque partout à l'origine du protestantisme.

Des lois d'Henri VIII, roi d'Angleterre, renouvelées par Élisabeth, obligent sous peine d'amende « les administra-« teurs des paroisses à faire travailler les enfants que leurs « parents ne pourront pas entretenir, ainsi que toutes les « personnes mariées ou non mariées qui n'auront ni « moyens d'existence, ni industrie ; à secourir les boiteux, « les infirmes, les vieillards et tout autre malheureux qui « sera hors d'état de travailler ; enfin à mettre les enfants « pauvres en apprentissage. » Ils avaient en retour le droit d'élever des taxes à supporter par la paroisse et au besoin par le district et le comté.

La constitution française de 1791 ordonne de « créer « des établissements de *secours publics* pour, élever les « enfants abandonnés, soulager les pauvres infirmes et « fournir du travail aux pauvres valides qui n'auraient pu « s'en procurer ». « Celle de 1797 proclame que la société « doit la subsistance aux citoyens malheureux, soit en leur « procurant du travail, soit en assurant les moyens « d'exister à ceux qui sont hors d'état de travailler. » Art. 21.

Nos diverses écoles socialistes se sont toutes inspirées de ces constitutions. Après avoir rappelé que Dieu condamna le premier homme et sa postérité à travailler à la sueur de son front, Fourier observe qu'il ne nous a pas condamnés à être privés du travail d'où dépend notre subsistance et il ajoute : « Nous pouvons donc en fait de droits « de l'homme inviter la philosophie et la civilisation à ne « pas nous frustrer de la ressource que Dieu nous a laissée « comme pis aller et à nous garantir au moins le droit au « genre de travail auquel nous avons été élevés, » Théorie de l'Unité universelle, 1819,

Louis Blanc considérait le droit au travail comme un droit nouveau. Proud'hon voulait s'en servir pour tuer la société ; Victor Considérant pour la légitimer. Si l'on en croit ce dernier, la terre est la propriété de l'espèce humaine puisqu'elle y est placée pour vivre, se développer et chaque membre a droit à une part d'usufruit. Les derniers arrivés de l'espèce ont trouvé tout le fonds terrestre occupé, soigneusement gardé. Qui les mettra en possession de leur part d'usufruit ? Le droit au travail. C'est au gouvernement représentant de la société qu'il appartient de leur départir cette compensation.

M. de Lamartine et M. Thiers après avoir réfuté par de solides arguments l'utopie socialiste, lui ont fait de regrettables concessions. Le premier proclame qu'il n'y a d'autre organisation du travail que sa liberté, d'autre distribution de salaires que le travail lui-même se rétribuant par les œuvres et ajoute néanmoins : « En résumé, nous voulons « que la société reconnaisse le droit au travail pour les « cas extrêmes et dans des conditions définies. » M. Thiers admet que l'État tienne en réserve pour les moments de chômage, pour les temps de crise, indépendamment des grands travaux d'ordre public, une certaine somme de commandes à distribuer à l'industrie. Ils n'ont pas vu que le socialisme s'armerait vite de ces concessions et en concluerait non sans logique à l'organisation du travail qu'ils combattent.

La Révolution de février 1848 proclama le droit au travail en ces termes :

« Le Gouvernement provisoire s'engage à garantir l'existence de l'ouvrier par le travail.

« Il s'engage à garantir du travail à tous les citoyens.

« Il reconnaît que les ouvriers doivent s'associer entre eux pour jouir du bénéfice légitime de leur travail.—Décret du 26 février 1848.

Ce décret fut imposé par des milliers de travailleurs qui, noirs encore de la poussière des barricades, envahirent la place de Grève avec des étendards sur lesquels on lisait : *Organisation du travail.* Un ouvrier « à l'œil étincelant, « au front pâle, entrant brusquement dans la salle du « Conseil en faisant retentir sur le parquet la crosse de son « fusil » vint demander qu'on cédât aux exigences du peuple. On a affirmé que toute cette mise en scène était l'œuvre préparée à l'avance d'un membre du gouvernement provisoire.

Une commission permanente dite *Commission du Gouvernement pour les travailleurs* fut aussitôt nommée et ses conclusions furent : l'abolition de la tâche à la journée comme mesure des salaires ; la fixation à dix heures de la journée de travail, dans toutes les industries et dans toute la France ; enfin l'expropriation pour le compte de l'État, des usines, des établissements de crédit, des compagnies d'assurance, des chemins de fer. Plusieurs maisons furent mises sous le séquestre; d'autres frappées d'une dépréciation absolue attendirent vainement une indemnité dérisoire.

Ces mesures n'eurent d'autre résultat que de jeter le trouble dans les affaires et au trouble succédèrent un arrêt, un chômage complets. Il fallut ouvrir des chantiers où toutes les professions passèrent sous le même niveau, où tous les ouvriers reçurent le même salaire. Ces chantiers, entrepôts secourables de la population de Paris, selon l'expression de M. de Lamartine, comptaient 6,000 hommes en mars 1848, en réunissaient 87,942 deux mois après. C'était une armée toute prête pour l'émeute ; on le vit bien quelques jours plus tard dans les rues de Paris.

Oublieuse des événements, la Constituante à peine réunie, se remet à discuter le droit au travail. De part et d'autre on épilogua avec éloquence sur des mots et la discussion dégénéra en une vaine passe d'armes. Après avoir rejeté successivement cet amendement de M. Mathieu de la Drôme : La République reconnait le droit de tous les ci- « toyens à l'instruction, au travail, à l'assistance » et cet autre de M. Glais-Bizoin : « La République reconnait le « le droit de tous les citoyens à l'existence par le travail. » La Constituante adoptait la résolution suivante : « La Ré- « publique doit par une assistance fraternelle assurer « l'existence des citoyens nécessiteux, soit en leur procu- « rant du travail dans les limites de ses ressources, soit en « donnant, à défaut de la famille, des secours à ceux qui « sont hors d'état de travailler. » (2ᵉ paragraphe de l'art. VIII du Préambule de la Constitution.)

Faux dans son principe, dangereux, ridicule, impraticable dans son exercice, tel est le droit au travail.

1º *Faux dans son principe.* On suppose un état de nature préexistant à la société et un contrat par lequel les hommes en fondant l'ordre social auraient réservé certains droits inhérents et essentiels à l'existence. C'est une pure fiction qui ne repose sur aucun monument et qui est démentie par les faits. L'homme et la société ont la même date ainsi que la même origine et en dehors de la société, l'existence de l'homme est impossible comme l'attestent ses aptitudes, ses penchants, ses besoins.

2º *Dangereux dans son application.* Si l'État accepte l'obligation de donner du travail, c'est la ruine pour lui à brève échéance, c'est la ruine pour tous les producteurs auxquels il fait une concurrence d'autant plus déloyale qu'il leur en fait supporter les frais par l'impôt. Si l'État refuse au contraire d'accomplir son obligation, c'est la guerre civile. Armé de son titre absolu, l'ouvrier, comme les insurgés de Lyon en 1832, inscrira sur son drapeau : Vivre en travaillant, ou mourir en combattant. Pas un atelier communal en France qui n'ait engendré au moins une émeute, tout en épuisant les ressources produites par les contributions volontaires ou forcées.

L'Angleterre, après avoir réuni jusqu'à 800,000 ouvriers sur les chantiers en Irlande, se vit contrainte de recourir à la violence pour disperser ces troupes de mendiants.

3° *Ridicule*. Admettre le droit au travail, c'est établir l'État pourvoyeur de toutes les existences, assureur de toutes les fortunes, entrepreneur de toutes les industries. Le droit est ou n'est pas. S'il est, il existe pour tous sans exception. Ce n'est donc pas seulement au terrassier, au maçon qu'il devra du travail, mais au prêtre, au médecin, à l'avocat. Tout individu sollicitant de l'État un emploi aura droit au genre d'emploi auquel il est apte.

4° Enfin *il est impraticable*. C'est surtout aux jours de crise et de chômage que l'État serait mis en demeure de remplir ses obligations, c'est-à-dire qu'on l'appellerait à faire les plus grands efforts et les plus grands sacrifices aux heures où ses ressources diminueraient le plus. Il devrait ajouter des centaines de millions au budget de ses dépenses alors que l'impôt direct s'affaiblirait de non-valeurs sans nombre, que les revenus indirects se réduiraient chaque jour et qu'en payant les intérêts les plus élevés il ne trouverait pas à emprunter. « Suivant la judicieuse ob- « servation de M. Thiers, on demanderait les largesses « du riche à un trésor qui ne serait plus que le trésor du « pauvre. »

Ajoutons que le droit au travail une fois admis 1° détruit l'émulation entre les travailleurs c'est-à-dire ce qui porte chacun à faire mieux qu'un autre, le principe de tout progrès, de toute richesse ; 2° il annihile la prévoyance, c'est-à-dire la base sur laquelle repose l'avenir de l'individu, de la famille, de la société.

« Quand l'ouvrier aura pris l'habitude de travailler « comme on travaille pour l'État », observait M. Dufaure,

avec un salaire assuré, infaillible, « le goût du travail s'en
« ira peu à peu. Il tombera dans l'indolence, dans l'oisi-
« veté et dans tous les vices qui en sont la conséquence. Il
« y a plus, il donnera cet exemple à ses enfants. Vous au-
« rez dans le pays une aristocratie de familles indolentes
« que l'État salariera, qui augmentera chaque jour, qui
« ira croissant, qui d'un côté ruinera la société, et d'un
« autre côté verra peu à peu amortir son courage, énerver
« toutes ses forces viriles, corrompre ses meilleurs instincts;
« en un mot, qui cessera bientôt d'être digne de porter ce
« beau nom de Français qu'il vaut mieux lui laisser avec
« tout son honneur. » (DUFAURE.)

« Quand on proclame le droit au travail et à l'assistance,
« que veut-on faire? » demande Léon Faucher. « On espère
« sans doute au moyen de cette main mise sur les résul-
« tats accumulés de la production, sur les capitaux de
« toute nature, détruire, extirper et rendre à jamais im-
« possible la pauvreté..... C'est en quelque sorte condam-
« ner la Providence. Le mal existe sur la terre, il est en
« quelque sorte la conséquence de la liberté humaine.
« L'homme peut se tromper dans ses calculs, négliger ses
« devoirs, se relâcher de ses efforts, méconnaitre ses inté-
« rêts véritables; il faut qu'au bout de toutes ces fautes
« apparaisse le châtiment, et le châtiment dans ce monde,
« c'est matériellement la perte de la richesse, c'est au mo-
« ral la perte de l'estime de ses concitoyens. La crainte de
« perdre des biens aussi précieux, est le seul frein humain
« qui retient l'homme sur la pente ; le désir de les acqué-
« rir est le véritable stimulant qui réveille et qui développe
« son énergie. Le progrès naît des difficultés ; la civilisa-
« tion est sortie comme la Hollande du sein des flots. En
« retranchant la pauvreté de ce monde, on retrancherait
« le travail, et la loi du travail est la loi même de l'exis-
« tence. » (Léon FAUCHER.)

PARAGRAPHE VII

DES MACHINES

Par machines, il faut entendre en langue économique tout appareil susceptible d'augmenter la puissance productive de l'homme.

On comprend donc sous ce nom, non-seulement les machines proprement dites, mais les découvertes et inventions mécaniques, chimiques ou physiques, les innovations industrielles, les procédés, les déplacements de travail, en un mot tout ce qui utilise d'une façon nouvelle les forces de la nature, tire un meilleur parti des hommes et des capitaux.

La puissance productive n'est autre chose que la faculté de produire davantage, plus vite, à meilleur compte.

Le droit d'invention, de perfectionnement est en dehors de toute discussion ; demander si l'homme peut augmenter sa production, produire avec le moins de peine possible toutes choses à meilleur marché, c'est demander s'il a le droit au progrès, s'il a le droit d'obéir à la loi providentielle, aux plus imprescriptibles besoins de sa nature. Qui donc l'ignore ? Seul entre tous les êtres, l'homme a été créé avec une intelligence perfectible et la mission de tout perfectionner autour de lui.

Docile à cette mission, il n'a cessé de faire appel aux forces de la nature pour suppléer au travail de ses bras. Il a multiplié les inventions, découvert des outils, des instruments perfectionnés, et de toutes les histoires une des plus intéressantes est celle des efforts et des succès qui lui ont permis d'améliorer sa condition, en remédiant à sa faiblesse native sur les champs divers où il est appelé à exister. Plus qu'aucune autre, notre époque brille par ses multiples découvertes.

A dire vrai, c'est moins le droit que l'utilité de ces découvertes qui est contestée. Quelques-uns se sont fait les adversaires des machines dans un but plus politique qu'économique. C'est un parti pris chez eux de tout blâmer dans la société actuelle, afin d'obtenir licence de la refondre en entier. D'autres y ont vu de bonne foi un danger sérieux pour l'avenir des classes ouvrières. Aussi l'apparition de machines au sein d'industries où le travail mécanique était inconnu, a-t-elle été parfois accueillie par de vives répulsions ou par des violences. C'est méconnaitre l'influence économique et morale des machines.

1° Les inventions mécaniques et scientifiques ont affranchi l'homme de travaux durs et pénibles, abrutissants ou dangereux, c'est ainsi que les nouveaux procédés de dorure suppriment l'intervention dangereuse du mercure. Elles contribuent efficacement à ramener et à maintenir la femme au foyer domestique.

2° La société retire de toute amélioration rationnelle plus de satisfactions pour moins d'efforts. C'est l'abondance et le bas prix remplaçant la rareté et la cherté des produits, la possibilité partant pour les multitudes de jouir du bien-être, l'accessibilité pour tous aux avantages intellectuels, moraux qu'offre la civilisation (1).

3° Les progrès industriels remédient promptement aux inconvénients qu'ils peuvent causer à quelques individus. Les machines peuvent déterminer un déplacement de travail, mais elles n'en suppriment point; elles peuvent con-

---

1. Jadis en Angleterre, les fabriques de coton ne produisaient en moyenne qu'un décimètre d'étoffe par individu. Aujourd'hui, elles en fournissent 16 à 18 mètres et elles en exportent des quantités considérables. Qu'est-il arrivé? C'est que les prix sont cinq fois moindres qu'il y a vingt-cinq ans et douze fois moindres qu'il y a cinquante ans. Il est arrivé que ce tissu doux, commode, élégant, naguère si cher et si rare, est aujourd'hui à la portée de tout le monde. (Michel Chevalier). Or ce que dit M. Chevalier des étoffes de coton se pourrait dire de vingt autres produits.

traindre certains ouvriers à chercher un autre genre d'occupations, mais elles n'en diminuent pas la quantité; elles l'augmentent au contraire, car, plus il y a de richesses dans un pays, plus il y a de besoins à satisfaire, et par conséquent d'appels à l'activité publique. Toutes les industries sont solidaires, ce qui est économisé par l'une, va à l'autre ; elles forment un vaste ensemble dont toutes les parties communiquent par des canaux secrets, et les économies produites par l'emploi de machines ou de nouvelles inventions n'ont jamais lieu aux dépens du travail et des salaires.

On soulève contre cette thèse diverses objections qui toutes peuvent se résoudre.

1° En distinguant entre ouvrage et travail. Il est dans l'intérêt des patrons et des ouvriers d'avoir beaucoup d'ouvrage, et d'en avoir toujours; mais, on ne saurait en conclure qu'ils trouvent leur avantage à avoir beaucoup de peine ; autrement, il faudrait dire que le progrès consiste à produire avec le plus de peine possible.

2° En rappelant que si quelques dommages individuels subsistent, ils ne sauraient entrer en ligne de compte avec les avantages sociaux qui les contrebalancent.

3° En observant que décréter la suppression d'une seule machine par ce motif qu'elle permet de réaliser un produit avec deux ou trois fois moins de travail, c'est les supprimer toutes sans exception, c'est détruire les outils et les instruments qui ont été autant d'allégements au travail de l'homme. Si l'on répudie la vapeur, pourquoi non la force du vent et de l'eau? À quoi bon des meules pour broyer le blé, à quoi bon la charrue qui laboure comme dix hommes à la bêche?

ARTICLE IV

DE LA PROPRIÉTÉ

« Le principe du droit de propriété est en nous : il
« n'est point le résultat d'une convention humaine ou
« d'une loi positive. Il est dans la constitution même de
« notre être et dans nos différentes relations avec les
« objets qui nous environnent. » (PORTALIS.)

La propriété est à l'ordre économique ce que le soleil
est au monde que nous habitons ; c'est la question vitale
par excellence et la clef de voûte de l'ordre social.

Jusqu'ici l'économie politique n'avait vu dans la propriété qu'un agent de la richesse, sans se préoccuper des
questions de principe, de droit et de forme. L'existence de
la propriété ne pouvait, pensait-elle, offrir matière à la
controverse. C'était là une de ces vérités premières qui se
manifestent dès l'origine des sociétés, que l'on trouve
partout marquées du sceau du consentement universel, et
que l'on accepte comme des nécessités de l'ordre civil et
de la nature humaine sans songer à les discuter. A la
faveur des révolutions politiques, de funestes doctrines
se sont répandues, remettant en question les vérités les
plus évidentes, ébranlant les faits les plus simples, les
plus légitimes, les moins susceptibles de contestation,
sapant les bases de l'ordre social ; et si on ne veut pas que
la société périsse, il faut prouver ce que, par respect pour
la conscience humaine, on n'aurait jamais autrefois entrepris de démontrer.

PARAGRAPHE PREMIER

DÉFINITION, DIVISION DE LA PROPRIÉTÉ

Le mot propriété vient du latin Proprietas (proprium) et indique dans son acception propre ce qui est inhérent à une personne, à une chose.

En général, il exprime la distinction entre le mien et le tien.

Usuellement il désigne la possession foncière.

On définit la propriété : le droit que le travailleur possède sur la valeur créée ou légitimement acquise par lui, ou le droit de disposer et de jouir à notre gré de ce qui nous appartient.

1° La propriété est *foncière* ou *mobilière* selon qu'il s'agit de marchandises susceptibles d'être emportées ou d'objets fixes par leur nature (1).

2° *Industrielle* ou *agricole*.

3° *Individuelle* ou *collective*.

4° *Intellectuelle* ou des inventions mécaniques.

NOTA. — Dans ces deux dernières propriétés, il faut distinguer : 1° L'*idée* qui de sa nature est inappréciable et tombe dans le domaine commun dès qu'elle se manifeste ; 2° La *formule* ou expression de l'idée, comme livres, dessins, procédés, mécanisme. Tous ces objets sont susceptibles de bornages et partant de propriété.

On est assez porté à distinguer entre les diverses espèces de propriété et il s'est établi, par exemple,

(1) Depuis plusieurs années la propriété mobilière dépasse de beaucoup en Angleterre et en France la valeur incorporée au sol.

en faveur de la propriété foncière des priviléges sociaux, politiques qui, par une réaction à laquelle il fallait s'attendre, se sont promptement changés en préventions, haines et spoliations.

Toute propriété reposant également sur la nature de l'homme, sur la justice et l'utilité sociale a droit aux mêmes égards, au même respect, et l'atteinte portée à l'une, met forcément toutes les autres en question.

PARAGRAPHE II

COUP D'OEIL HISTORIQUE SUR LE DROIT DE PROPRIÉTÉ

Rome païenne ne pouvait comprendre le rapport étroit qu'il y a entre la nature de l'homme, le travail et la propriété. Elle s'était fondée par la rapine et la spoliation, on y vivait du labeur des esclaves. Assigner le travail comme source de la propriété eût été la contradiction et la ruine à brève échéance. Il valait mieux s'en tenir aux effets, la considérer comme un fait conventionnel, œuvre de la loi écrite et la définir : « Jus utendi et abutendi ». Le droit de propriété était cependant entrevu et après avoir montré la terre devenant, par l'occupation, le patrimoine de chacun, Cicéron n'hésite pas à déclarer que porter atteinte à ce droit d'appropriation c'est violer la loi de la société humaine. Sénèque s'exprime sur cette matière en termes confus « ad reges potestas omnium pertinet, ad singulos proprietas. »

En Grèce, on reconnaissait un propriétaire, mais un seul. L'État était le maître suprême, ayant droit sur les richesses, la famille, l'individu. Bien que partisan de la propriété individuelle, Aristote sacrifie au préjugé commun, attestant une fois de plus qu'on peut être grand par le génie et d'un caractère médiocre.

6

Cette erreur se retrouve chez tous les peuples barbares. En Orient, dans l'Inde, le prince ou la caste dominante sont les propriétaires suprêmes.

En France, le seigneur pendant les années de féodalité, le roi sous la monarchie exercent un haut domaine sur toutes les propriétés de leur ressort. « Les rois, écrivait « Louis XIV, sont seigneurs absolus et ont naturellement « la disposition pleine et libre de tous les biens qui sont « possédés. » (Instructions pour le Dauphin.) « Tous vos « sujets, observe M. de Louvois, quels qu'ils soient, vous « doivent leur personne, leurs biens, leur sang, sans avoir « droit de rien prétendre. En vous sacrifiant tout ce qu'ils « ont, ils font leur devoir et ne vous donnent rien, puis- « que tout est à vous. » (Testament politique.)

Bossuet lui-même, dans un de ses plus merveilleux ouvrages, ne craint pas de dire : « Dans un gouvernement « réglé, nul particulier n'a droit de rien occuper. En gé- « néral, tout droit doit venir de l'autorité publique. » (1). (Politique tirée de l'Ecriture Sainte.)

On chercherait vainement dans les écrits des philosophes, les titres et une définition exacte du droit de propriété. Grotius, si connu par ses écrits sur le droit naturel et le

(1) On a voulu rendre la doctrine catholique solidaire de ces doctrines absolutistes. C'est méconnaître: 1° Les Divines Écritures : « occidisti, insuper et possedisti » disait le prophète Élie à Achab, usurpateur de la vigne de Naboth.

« Hæc dicit dominus : in loco hoc, in quo linxerunt canes san- « guinem Naboth, lambent quoque sanguinem tuum. » III liv. des rois XXI, 19.

2° La pratique de l'Église qui n'a cessé de protester contre ce prétendu droit régalien soit pour son compte personnel, soit au nom des faibles et des opprimés. Louis VI ayant été surpris par la nuit au village de Creteil se fit servir à souper et refusa ensuite de payer. Le lendemain, les chanoines de Notre-Dame, à qui le village appartenait lui fermèrent la porte de leur église : « quoique tu sois « roi, lui dirent-ils, tu n'es pas moins cet homme qui a eu l'audace « de souper à Creteil, non à ses dépens, mais à ceux des habitants « de ce village ; voilà pourquoi l'Église a suspendu ses offices et « t'a fermé sa porte » Le roi de France dut s'exécuter.

droit des gens lui assigne une origine que ne désavouerait pas le communisme.

Wolf, Pulfendorf, Montesquieu ne font que développer cette idée : « Comme les hommes ont renoncé à leur in-
« dépendance naturelle pour vivre sous des lois politiques,
« ils ont renoncé à la communauté naturelle des biens
« pour vivre sous des lois civiles. » Ils méconnaissent le rôle du travail dans la formation de la propriété individuelle.

Hobbes, le théoricien par excellence du despotisme, a le premier non-seulement émis l'idée, mais prononcé le mot de Proud'hon : la propriété, c'est le vol.

Diderot, Nably ont multiplié les attaques contre le droit de propriété. Nul ne l'a fait avec autant de puissance que Jean-Jacques Rousseau. Il est le maître le plus autorisé de ces principes de compression sociale qui accablent l'indi-
vidu sous la tyrannie de l'État, l'initiateur de tous ces systèmes de nivellement que la liberté désavoue autant que le spiritualisme les condamne. Son livre appelé *contrat social* offre le premier modèle de ces institutions *à priori*, de ces organisations qui prétendent façonner et pétrir la société selon un mode idéal. A l'entendre, on a imaginé spontanément et sans motif de dire tien et mien. Chacun de nous met en commun sa personne et toute sa puissance sous la direction suprême de la volonté générale. L'État à l'égard de ses membres est maître de tous leurs biens par le contrat social qui sert de base à tous les droits. Avant les lois, point de propriété ; ôtez les lois, toute propriété cesse.

Seule, l'école écossaise à partir de Locke jusqu'à Reid a trouvé et pu donner une définition à peu près exacte du droit de propriété.

L'école révolutionnaire s'inspira de Rousseau. Mirabeau déclare que : « seule la loi constitue la propriété. »

Robespierre appelle la propriété une institution sociale et la définit : « Le droit de disposer de la portion de biens garantis par la loi. »

Tout en proclamant pour chaque citoyen : « le droit de jouir et de disposer à son gré de ses biens, » la Convention pratiquait en grand la confiscation, promulguait ses décrets sur le maximum, sans parler des assignats et de la banqueroute.

Le Code civil définit la propriété : « Le droit de jouir « et de disposer des choses de la manière la plus absolue, « pourvu que l'on n'en fasse pas un usage prohibé par « les lois. » Art. 544-545.

Outre que cette définition peut s'appliquer à l'usufruit aussi bien qu'à la propriété, elle a le tort grave de ne point limiter le pouvoir laissé au législateur et à l'administration de réglementer l'usage de la propriété.

En multipliant les aisances de la vie et les richesses, la civilisation a accru les cupidités de ceux qui ne veulent pas se les procurer par le travail et ils ont trouvé des théoriciens prêts à les servir en érigeant en système la violation du droit de propriété. Tous ces adversaires qui sous le nom de collectivistes, possibilistes, anarchistes, nihilistes, etc., battent en brèche l'ordre social, peuvent se rattacher à deux sectes principales. Les uns nient la propriété d'une manière absolue, et ils se rattachent au *communisme*.

Les autres veulent en corriger les effets, en transformer la nature, et ils appartiennent au *socialisme*.

1º Le communisme est ainsi appelé parce qu'il aboutit invariablement, quoique plus ou moins directement, à la communauté des biens. Il approprie la vie de famille aux nations, à l'humanité tout entière. Tous travaillent pour tous avec zèle, dévouement, sous une direction patriarcale, équitable, bienveillante. Chacun reçoit une rétribution *égale*, selon les uns ; *en raison de ses besoins*, selon les autres ; *en proportion de son talent, de son travail, de son capital*, suivant plusieurs. Ce système, aux heures de commotions politiques ou sociales, a trouvé de crédules adhérents et a joui d'une certaine popularité. Le peuple n'a qu'un petit nombre d'idées, il aime les idées simples et la logique. On lui a dit qu'il était souverain, on l'a revêtu du pouvoir officiel, puisqu'en fait, il désigne ses gouvernants. A cette omnipotence, il manque ce qu'il estime utile par dessus tout, la possession du capital. A quoi lui servira-t-il de nommer tel ou tel pour diriger les affaires publiques, s'il lui faut toujours et quand même dépendre d'un patron plus riche, et malgré sa souveraineté toujours travailler, se nourrir médiocrement, se loger dans des réduits, alors que les propriétaires s'amusent sans cesse, font bonne chère, et se prélassent dans des palais. Il souffre de ce déclassement, prend en haine un état social qui le fait prince et esclave, un être moitié souverain et moitié machine. Docile aux ambitieux qui, pour s'enrichir eux-mêmes, lui promettent l'égalisation des for-tunes privées, il réclame les conséquences de cette souve-raineté qu'il possède, et dont les autres profitent.

2° Le socialisme lie et garrotte l'initiative individuelle, prône l'association des travailleurs, le droit au travail et aboutit à l'absorption de tout par l'État. Ses clauses bien entendues se réduisent à une seule, savoir : l'aliénation to-tale de chaque associé, avec tous ses droits, toutes ses forces, tous ses biens par l'État. Ce que les économistes appellent lois naturelles, dans les rapports du salaire et du capital, dans le régime des industries, dans la répartition des ri-chesses, n'existe pas. Les faits qui président au développe-ment des forces économiques dans les sociétés humaines résultent de conventions que la coutume et le législateur établissent et détruisent. Une branche du socialisme n'hésite pas à convertir les diverses variétés de l'industrie en régies administratives ou ateliers nationaux et les ouvriers en fonctionnaires administrés bureaucratiquement.

Ce sont là les ennemis déclarés de la propriété ; mais s'il est vrai qu'une littérature soit l'expression des sentiments de la société qui la produit et s'en nourrit, combien d'adversaires admettent en théorie le droit de propriété et le détruisent en pratique ! C'est à qui parmi nous demandera l'extension des régies gouvernementales au détriment de l'initiative et de la responsabilité individuelles ; sollicitera des subventions, des restrictions ou prohibitions, des priviléges, des impôts progressifs qui sont autant d'attentats au droit de propriété ; concédera au pouvoir exécutif un droit de séquestre administratif, une sorte de mainmise absolue sur les services publics, les fonctionnaires et agents de tout ordre comme s'il avait d'autre mission que de protéger la personne, la liberté et les biens de chacun. En se disant défenseurs déclarés du droit de propriété, quelques-uns voient dans le communisme perfectionné le régime des sociétés de l'avenir.

A quoi attribuer cet affaissement presqu'universel de la doctrine ? 1° Aux études grecques et latines avec lesquelles on berce en France la jeunesse. Ce préjugé que le droit de propriété était inconnu des premiers hommes, ne dérive pas de la nature, qu'il n'est qu'une création de la loi, nous vient des Romains par l'intermédiaire des études classiques, des légistes du moyen âge, des publicistes du XVIII° siècle, des révolutionnaires de 1793 et des modernes organisateurs.

2° Cette altération des idées peut provenir en outre du genre de preuves allégués en faveur du droit de propriété. Jusqu'ici on s'était contenté de raisons empruntées à l'intérêt privé ou public, au lieu de recourir au principe invariable de la justice et de la nature des choses. Quelques-uns admettaient même une usurpation primitive qui se légitimait ensuite par des bienfaits, au lieu d'en chercher l'origine dans le travail et l'occupation.

C'est un moyen peu sûr que de nier d'abord ce que l'on veut affirmer, et l'utile est susceptible d'interprétations diverses selon les temps, les lieux et les pentes de la volonté « *quodcunque volumus, sanctum* » La propriété est un droit antérieur et supérieur à toute loi positive, que la loi ne crée pas, qu'elle ne fait que reconnaître et sanctionner; elle a ses racines 1° dans la nature de l'homme, 2° dans la justice.

1. La propriété a son fondement dans la nature de l'homme.

L'homme naît avec le sentiment de sa personnalité, de la propriété de son corps, de ses facultés, et ce sentiment il l'étend aux choses qui l'entourent. La distinction du moi entraîne naturellement celle du tien et du mien. Enfant, il a dans la maison paternelle un coin de terre, un meuble, une partie de meuble dont il entend être le maître incontesté. Ce besoin de propriété se développe avec l'âge ; il est tellement le cri de la nature, qu'on retrouve la propriété partout, chez les peuples pasteurs aussi bien que parmi les nations parvenues au plus haut point de la richesse agricole et de l'industrie.

Tout d'abord, elle existe comme fait, puis comme idée, idée plus ou moins claire suivant le degré de civilisation. Le sauvage revendique la propriété de son arc, de ses flèches, du gibier qu'il vient d'abattre. Le nomade qui est pasteur a la propriété de ses tentes, de ses troupeaux. Il n'a pas encore admis celle de la terre, parce qu'il n'a pas jugé à propos d'y appliquer ses efforts.

Peu à peu cependant, le nomade se fait et devient agriculteur, car il est dans la nature de l'homme d'aimer à avoir *son chez lui*. De même qu'il ne peut laisser errer son cœur sur tous les membres de la tribu, et qu'il a besoin d'avoir à lui sa femme, son foyer sur lequel se concentrent ses craintes, ses espérances, sa vie enfin ; il a besoin d'avoir son champ, qu'il cultive, plante, embellit à son goût, enclôt de limites qu'il espère laisser à ses descendants, couvre d'arbres qui n'auront pas grandi pour lui, mais pour eux. C'est ainsi qu'à la première propriété dite mobilière, vient s'adjoindre la seconde et avec elle se forment les lois chargées de la garantir et de la protéger.

A mesure que l'homme se développe, il devient plus attaché à ce qu'il possède ; la propriété se règle, se précise, s'affermit, s'individualise, de telle sorte qu'elle n'apparaît pas seulement comme un *fait universel,* mais encore comme un fait *croissant.*

L'observation constate en outre, et ceci rentre plus directement dans le domaine de l'économie politique, que plus la propriété s'accroît, se fortifie, et plus les sociétés prospèrent. La richesse au contraire est moins grande, moins bien distribuée ; la civilisation végète, reste en péril là où elle est moins bien garantie, où ses titres sont moins nettement formulés.

Ce même instinct se retrouve dans toutes les espèces vivantes. Certains animaux ont leur terrier, d'autres leurs cabanes ; les abeilles ont leur ruche, qu'elles défendent par tous les moyens en leur pouvoir. S'ils le pouvaient, ils proclameraient leurs droits, et riraient des théories des sophistes.

En constatant leurs habitudes, les naturalistes les rangent parmi les êtres constructeurs. Pourquoi devant l'universalité, la constance, l'uniformité des faits constatés, les économistes qui sont les naturalistes de l'humanité ne proclameraient-ils pas la propriété, loi de sa nature et de son esprit ?

La propriété est aussi l'expression de l'équité.

II. Le droit de la propriété est fondé sur la justice.

1. Les facultés de l'homme sont à lui. Il en est le maître par droit de nature, et par l'effort qu'il fait pour les discipliner , les mettre en activité.

De l'exercice de ces facultés résulte pour l'homme un produit. Ce produit lui appartient, il peut le consommer à son gré.

Il lui plaît de s'imposer l'abstinence et d'accumuler une partie des produits de ses facultés, comment lui contester la propriété du résultat de ces efforts intimes, personnels, qui s'appellent épargne et privation ?

2. La conscience laissée à elle-même, n'hésite pas à répondre. « Demandez à l'enfant sans éducation, qui com-
« mence à raisonner et à parler, si le grain qu'un homme
« a jeté dans son champ lui appartient ou appartient à un
« autre ; si le voleur qui tue le propriétaire a un droit
« légitime sur ce grain, il répondra comme les plus sages
« législateurs de ce monde. » Bien avant les avantages sociaux de la propriété, tout attentat à la propriété était réputé crime par le coupable lui-même. Entre le voleur qui s'insurge contre ce que chacun estime être un droit naturel, et le séditieux qui se révolte contre la loi, la conscience en dépit des passions et des sophismes a toujours placé une différence. Elle n'a jamais flétri au même degré que le voleur, le factieux qui la menaçait cependant de plus graves dommages.

3. En algèbre, en géométrie, après de laborieuses démonstrations, on arrive de déductions en déductions à des vérités devant lesquelles on se tait. Ce sont des axiomes qui ne se démontrent pas. Il n'y a qu'à s'arrêter devant l'évidence, et à laisser la clarté des faits agir sur l'esprit. Le moyen par exemple de démontrer que deux parallèles ne se rencontrent jamais ? Ainsi en est-il de certaines vérités de l'ordre moral. Elles ont la force d'un

axiôme, elles en ont la clarté, l'évidence, et en raison de cette évidence, elles ne se démontrent pas à des esprits sains. Telle est la légitimité du droit de propriété.

III. Le droit de propriété est conforme à l'utilité sociale. De ce droit naissent au sein de la société :

1. La liberté. Chacun travaille et s'exerce comme il veut. Le désir d'avoir part aux aisances de la vie excite l'activité; la perception des fruits d'un travail pénible encourage à renouveler les efforts pour renouveler ses jouissances. 2. L'unité. Pas de ces utopies aussi nombreuses qu'il y a d'esprits disposés à rêver. Il n'y a qu'un fait providentiel que la loi connait, protége et garantit. 3. La sécurité. Avec cette persuasion que chacun doit pourvoir à ses besoins, mais qu'il a aux produits de son travail un droit antérieur, supérieur à la loi, que craindre ? Les capitaux se forment, le travail augmente, les classes ouvrières s'é-lèvent en s'associant aux entreprises. L'homme ne recule ni devant le travail, ni devant l'effort ; il entrevoit pour lui ou pour sa famille, qui est le complément de son être, un résultat certain de ses efforts. « Donnez à quelqu'un « la propriété d'un rocher aride, et il le transformera en « jardin » Young. Si l'accumulation des fruits de son travail ne lui est pas garantie, l'homme au contraire 1° n'usera du sol que comme un possesseur précaire pressé de jouir et non d'améliorer, 2° il cessera de tra-vailler, de conserver ce qui existe, de former et de mé-nager des capitaux.

4. C'est grâce au droit de propriété que les peuples parvenus à un certain degré de civilisation font des pro-grès si rapides. Tout ce qui augmente sur ce point la sécurité marque un pas vers le bien-être ; la plus légère atteinte enfante le trouble, et pour peu que le trouble se prolonge, la misère. En Asie, en Afrique, et partout où le droit de propriété est instable, malgré les avantages du

sol, l'industrie languit, le commerce est paralysé ; une population rare se traîne misérablement à la surface d'un sol qui pourrait nourrir vingt fois plus d'habitants.

5. Aussi, toutes les constitutions que la France s'est données, celles de 1791, de 1793, de 1795 comme celles qui ont suivi ont-elles toujours reconnu le caractère sacré de la propriété.

Rousseau commence en ces termes la seconde partie de son trop célèbre discours sur l'origine de l'inégalité parmi les hommes. « Le premier qui ayant enclos un terrain « s'avisa de dire : Ceci est à moi, et trouva des gens assez « simples pour le croire, fut le vrai fondateur de la société « civile. Que de crimes, de meurtres, de misères et d'hor- « reurs n'eût point épargné au genre humain celui qui « arrachant le pieu ou comblant les fossés eût crié à ses « semblables : Gardez-vous d'écouter cet imposteur, vous « êtes perdus, si vous oubliez que les fruits sont à tous, « et que la terre n'est à personne. »

A quoi J.-B. Say a répondu : « Lorsque les fruits sont à « tous, et que la terre n'est à personne, la terre ne produit « que des bruyères et des forêts ainsi qu'on le voit au « pays des Esquimaux. Si vous voulez manquer de tout, « vous n'avez qu'à nommer imposteur le premier qui « enclora son champ; après quoi, vous arracherez les pieux « qu'il aura plantés, et si à la suite de ce judicieux exploit « votre pays ne produit plus rien de ce qui adoucit l'exis- « tence, vous n'en aurez pas moins tous les vices des « nations les plus civilisées, l'avidité, la perfidie, les « haines, les meurtres, et vous mangerez vos prisonniers « de guerre, après les avoir fait mourir dans les tour- « ments, comme cela se pratique dans les pays où il n'y a « ni propriété ni industrie. »

Les thèses que l'on vient d'établir ne seraient pas com- plètes, sans un coup d'œil jeté sur les effets du communisme.

IV. Ce système se fonde sur l'illusion ; il est destructif : 1° de la liberté, 2° du travail, 3° de la famille.

1° *Il se fonde sur l'illusion.* Le Communisme fait appel à la bienveillance, à la fraternité, à l'amour. Réduit à l'instinct, il cherche dans l'instinct un correctif à ses mauvais effets. Or l'instinct ne se modère dans ce qu'il a d'excessif, ne s'avive dans ce qu'il a d'inerte que par le sentiment de l'intérêt, la pensée du devoir. Rien de plus chimérique que de prétendre faire de la fraternité le ressort exclusif de la production. Voit-on des multitudes s'appliquant à bêcher, à labourer, à vendre avec ce perpétuel enthousiasme que la religion et les occupations les plus hautes de l'esprit ne comportent pas toujours ? Jamais, pensons-nous, le mot de Pascal ne fut plus applicable : « qui veut faire l'Ange fait la Bête. »

2° *Le communisme détruit la liberté.* Être libre, l'homme a le droit de disposer de ses facultés. Réduire ces facultés en servitude, c'est anéantir la liberté de l'homme et avec sa liberté, le souci de l'avenir, les calculs et les affections qui donnent un but à l'existence, les fantaisies permises qui y jettent un peu de variété, sa responsabilité, sa dignité personnelle, en un mot. C'est faire de la société une ruche, une fourmilière, ravaler chaque individu à l'état d'abeille et de fourmi. « Quoi ? de peur que « je ne me trompe, vous allez me tracer ma tâche, mesurer « ma force, mon appétit, mon génie ! Et, lorsque vous « prétendez décider de tout pour moi, vous ne craignez « pas, législateur infatué, de vous tromper vous-même, « en m'assignant ainsi mon rôle, en déterminant mes « besoins, en vous chargeant d'y satisfaire. Vous vous « êtes grossièrement abusé ; vous m'avez pris pour le « castor qui construit, pour le cheval qu'on attelle. De « peur que je ne tombe, vous m'avez rabaissé ; de peur « que je ne m'égare, vous m'avez fait esclave, de peur

« que je ne souffre, vous m'avez ôté la vie, car en suppri-
« mant les accidents de ma vie, vous avez supprimé ma
« vie elle-même. » Thiers.

En fait, le communisme qui se donne comme la Charte
d'émancipation de l'espèce humaine, n'apparaît dans
l'histoire qu'appuyé sur l'esclavage. Il ne s'est maintenu
à Sparte qu'en appliquant l'Ilotisme à l'agriculture et aux
arts utiles.

3° *Il n'est pas moins destructif du travail*. En énervant
ou en faussant tous les mobiles qui constituent la santé,
l'énergie, la force de l'être moral, développent l'activité
humaine, le système communiste tarit toutes les sources
de la richesse. Il n'est plus permis de dire désormais : *à
chacun selon son mérite*. Travaillez peu ou beaucoup,
produisez avec plus ou moins de soin, d'abondance,
qu'importe ? *A chacun selon ses besoins*. Vous êtes un
mauvais ouvrier, mais vous avez beaucoup de besoins,
vous consommerez beaucoup. C'est l'encouragement à la
paresse et la faim en expectative pour tous. Vainement
parle-t-on d'une répartition différente. La réversion de
l'aisance des plus riches sur les pauvres n'augmenterait
point les ressources de ces derniers, n'ajouterait pas un
centime à la journée de chacun et diminuerait de moitié,
des trois quarts, peut-être, l'ensemble de la production
générale.

4° Pour l'animal, la famille c'est la protection de la
mère pendant les premiers jours ou les premiers mois de
l'existence. Pour l'homme, ce ne sont pas seulement les
soins matériels pendant de longues années; c'est la vigilance du père et de la mère sur l'âme continuée longtemps,
c'est la perpétuité des sages leçons, des grands exemples.
Le christianisme qui a tant fait pour la société humaine,
en contenant l'homme, en l'obligeant à immoler ses penchants, à respecter la faiblesse de la femme, a constitué la

famille telle qu'elle est et selon tous ses besoins : Un seul père, une seule mère, une seule lignée d'enfants. Le communisme fait litière de l'institution, en établissant que désormais on n'aura plus d'autres femmes, d'autres enfants que ceux de la communauté : Broyant ce penchant de sa nature qui le porte à s'approprier tout ce qu'il touche, les choses morales comme les matérielles, l'homme devra laisser son cœur s'épancher dans l'immensité, aimer dix-huit millions de femmes, chérir cinq millions d'enfants, en même temps qu'il travaille pour trente-sept millions de concitoyens.

Qu'on ne crie pas à l'absurdité, nous traitons du communisme logique et conséquent. En vain, essaiera-t-on de distinguer entre les personnes et les choses. L'intérêt d'une égale répartition exige qu'après s'être emparé des produits matériels, on dirige la production et qu'on dispose à son gré des producteurs. Il faut assigner à chacun sa tâche et de là le travail en commun ; veiller à ce qu'aucune parcelle de la part sociale ne soit mise de côté par une économie destructive de l'égalité commune et de là encore la jouissance en commun. Ce travail et cette jouissance en commun, qu'est-ce autre chose que la famille en pleine place publique ? La famille constituerait un danger permanent pour l'institution communiste. On sait l'ardeur impatiente et jalouse, les prévoyances ombrageuses du père et de la mère en faveur des enfants auxquels ils ont donné le jour. Quelques années de tolérance suffiraient à reconstituer l'épargne, l'individualisme, le familisme, tous ces sentiments égoïstes que la communauté a pour but de faire disparaître.

Faut-il ajouter que tous ces systèmes divers de communisme, de socialisme induisent le législateur en erreur sur ses attributions, l'engagent à une intervention irrationnelle et tyrannique ; qu'ils livrent la société à des utopies sans nombre; qu'ils excitent chez les rêveurs la soif du pouvoir? S'il appartient à la loi de fonder la propriété et de transformer ainsi la nature de l'homme, comme parle Rousseau, chacun voudra être législateur, ne fut-ce que pour le triomphe du système qu'il considère comme le plus capable de faire le bonheur du peuple. De là ces légions de candidats aux fonctions publiques qui constituent la plaie et le danger de l'heure actuelle.

Nota. — Pour la solution des difficultés, il est bon de rappeler que : 1° Comme sources de la propriété, l'occupation et le travail se complètent l'un par l'autre.

2° La propriété supposée insuffisante pour tous, sous la forme territoriale, s'offre abondamment sous des formes nouvelles : telles que maisons, manufactures, parts d'intérêts dans des entreprises diverses, etc., etc. De sorte qu'en acquiert qui veut.

3° La surface de la terre ne manquera pas plus aux générations futures qu'elle ne manque aux générations présentes et de toutes parts on offre de la terre aux hommes, par exemple en Russie, en Amérique, sur les côtes d'Afrique, jadis grenier de l'empire romain, etc.

PARAGRAPHE III

DES MOYENS D'ACQUÉRIR LA PROPRIÉTÉ.

1° La première occupation (primo occupanti). Lorsqu'une chose n'a jamais eu de maître, à qui doit-on en garantir la jouissance et la disposition exclusive? Au premier qui s'en empare avec l'intention de se l'approprier. Nul ne peut se plaindre de l'atteinte faite à son droit. Le fait de la première occupation exige toujours un certain travail.

2° Le travail. Toutes choses ne valent que par lui. La terre elle-même n'acquiert de valeur que par la sueur et le capital qui s'y incorporent non-seulement au début, mais pendant toute la durée de la possession.

Un agronome distingué, M. de Dombasle, a démontré qu'en additionnant les travaux de toute espèce, effectués pendant deux siècles sur une propriété quelconque, on reconnaîtrait que le total dépasse de beaucoup la valeur de la propriété. Rembourser ce que telle propriété a coûté, pour la mettre en l'état où elle se trouve, est chose impossible.

3° La prescription. C'est la vraie sauvegarde de la propriété. Aucune transaction ne serait possible, aucun échange ne pourrait avoir lieu, s'il n'était acquis qu'après un certain temps, celui qui détient un objet, le détient justement et peut le transmetttre. « Se figure-t-on, demande M. Thiers, le trouble qui naîtrait au sein de la société, si on pouvait remonter au XII° ou au XIII° siècle, et disputer une terre en prouvant qu'un seigneur l'enleva à son vassal, la donna à son favori ou à un de ses hommes d'armes, lequel la vendit à un membre de la confrérie des marchands, qui la transmit lui-même de mains en mains à je ne sais quelle lignée de possesseurs plus ou moins respectables? » Le bon sens des nations a résolu la difficulté et statué que lorsqu'un objet a existé entre les mains d'un possesseur pendant un laps de temps sans conteste, il doit lui appartenir. « La pensée humaine a besoin d'un terme, c'est « l'axiôme ; les conventions humaines ont besoin aussi « d'un terme, c'est la prescription. » Jules Simon.

4° L'échange. C'est le travail sous une nouvelle forme, puisqu'on fournit une quantité équivalente d'une propriété qui a elle-même coûté efforts et sacrifices.

5° L'épargne, qui est une autre forme du travail. L'épargne est le fruit de l'abstinence ou de la privation.

6° Le don. Le droit de posséder a pour conséquence le droit de disposer des biens que l'on possède, à titre gratuit, comme à titre onéreux. Je puis consommer : avant toute réflexion, je sens, je sais que je puis donner et transmettre ; ainsi le veut la justice. La propriété réduite à l'usufruit n'aurait que la moitié de sa valeur pour les individus et la société.

7° L'hérédité. C'est le don sous une autre forme. L'homme est ainsi fait, qu'il veut se survivre à lui-même, et le soin de sa conservation s'étend à celle de sa famille. L'hérédité double l'activité du père de famille, développe en lui le sentiment de la responsabilité, accroit son esprit d'épargne et devient le principe de nouvelles richesses sociales. Elle ressert les liens de famille et les empêche fréquemment de se dissoudre. Seule, elle crée cette force sans laquelle il n'y a ni force stable, ni grand peuple : la tradition.

ARTICLE V

DE L'ÉPARGNE

Épargne n'est pas synonyme d'économie. On est économe lorsqu'on apporte de l'ordre dans la gestion de ses affaires et dans ses dépenses, qu'on veille à ce que rien d'utile ne se perde ou ne se gaspille. L'épargne va plus loin et prélève une part sur ce qui sans désordre ni excès se pourrait consommer.

On définit l'épargne : la conservation *calculée* d'un objet ou d'une portion d'objet utile — et encore : la portion des produits prélevée sur la consommation *en vue d'un emploi productif*. Les expressions soulignées indiquent ce qu'il faut penser de ces prétendues épargnes, dites épargnes publiques, de l'État, consistant de la part de gouvernements ignorant la pratique du crédit à amasser des sommes considérables en vue d'une guerre quelconque.

L'épargne est indirecte ou directe selon qu'elle se fait en numéraire ou sous forme de capitaux productifs ou d'améliorations quelconques. De toutes les formes de l'épargne, la plus importante est celle qui se pratique en acquérant des talents ou en fortifiant ses aptitudes et les connaissances utiles à l'exercice de sa profession. L'épargne peut se considérer dans son origine, ses effets, ses moyens.

PARAGRAPHE PREMIER

ORIGINE DE L'ÉPARGNE.

On ne saurait contester à certains animaux l'instinct de prévoyance ; ils amassent, sans se trouver plus avancés une fois qu'une autre. Épargner, tirer profit du capital accumulé est le trait de l'homme perfectible, raisonnable. L'épargne atteste en lui avec son esprit de prévoyance, l'empire qu'il exerce sur ses besoins, l'énergie avec laquelle il commande à ses appétits.

A dire vrai : ses habitudes d'épargne sont en rapport avec ses progrès et son degré de civilisation.

Au bas de l'échelle que voit-on ? Le sauvage ignorant l'épargne, insouciant de l'avenir. Il consomme sans délai le produit de sa chasse, de sa pêche, de sa cueillette ; bienheureux quand il ne coupe pas l'arbre dont il a ramassé les fruits.

Plus haut apparaissent les peuples pasteurs. Eux du moins savent résister à l'attrait des consommations imprudentes et accumuler des troupeaux qui leur assurent des ressources pour le lendemain.

Ensuite viennent les races agricoles qui augmentent les réserves et joignent aux troupeaux les grains, les boissons.

Enfin au sommet de l'échelle se montrent les peuples commerçants, civilisés, portant au plus haut degré l'esprit d'épargne. La prudence l'inspire, la prévoyance la règle, le travail et la tempérance la réalisent, l'intelligence la fait fructifier.

Il résulte de ce qui vient d'être dit que l'épargne est un fruit de la force morale. Après avoir été effet, elle redevient cause et développe à son tour la force morale en même temps qu'elle prépare la prospérité matérielle. C'est ce qu'en France on semble disposé à méconnaître, du moins en de certains milieux. Sous prétexte que dépenser beaucoup, *fait aller le commerce;* des réunions ouvrières ont déclaré : l'épargne *nuisible au travail et à la société,* l'ouvrier qui épargne, *traître envers ses frères;* ont proclamé la propriété l'*assassinat* et le capital la *honte accumulée..*

Le sauvage qui cède à sa gloutonnerie en se gorgeant des produits d'une chasse ou d'une pêche abondante, ne cherche pas à ériger ses pratiques en théorie et rend hommage à la supériorité morale de l'Européen qui épargne et lui vient en aide aux heures de détresse. Il est donc vrai qu'après des siècles de civilisation on peut redescendre au rang des races dégradées et plus bas encore ! Oui, les peuples sont maîtres de leur avenir et l'œuvre de la civilisation ne s'accomplit et ne se maintient qu'à l'aide des efforts individuels. Il ne leur est même pas donné de rester stationnaires et dès qu'ils ne s'adonnent plus au bien, ils font le mal; ils tombent dès qu'ils cessent de monter. « Homo, cùm in honore esset, non intellexit ; comparatus est jumentis insipientibus et similis factus est illis. »

PARAGRAPHE II

DES EFFETS DE L'ÉPARGNE.

Les effets de l'épargne sont aussi nombreux qu'avantageux et immédiats.

1° C'est une voie prompte et sûre à l'aisance et à la fortune. Veut-on savoir ce que produirait à une famille une épargne de 0 fr. 40 centimes par jour? Au bout de 8 ans elle posséderait 1800 fr.; après 15 ans, 3,400 fr.; après 20 ans, 5,000 fr.; après 25 ans, 7,000 fr. et au bout de 39 ans, 10,000 dont 6,100 provenant de l'intérêt.

Ce résultat est une réponse victorieuse aux accusations de lésinerie, d'avarice jetées si aisément aux petites épargnes. Que faudrait-il pour économiser ces 0 fr. 40 centimes? Peu de chose. Se retrancher deux cigares, deux petits verres consommés inutilement.

2° Pratiquée pendant une génération, elle permet de pourvoir à l'éducation, à l'établissement des enfants, de procéder entre eux à un judicieux partage.

3° Elle ouvre toutes les carrières à la population surabondante qui ne peut trouver emploi dans les ateliers où travaillaient les ancêtres.

4° Elle favorise l'expansion de la race dans les colonies et c'est avec raison que l'École Leplay assigne à l'épargne le quatrième rang dans les six pratiques de réforme.

L'histoire nous montre la grandeur française sortant de l'épargne. C'est l'épargne du père de famille et le dévouement de l'aîné qui ont fait jaillir de nos domaines ruraux tant de cadets illustres. Qu'on remonte à l'origine de tous ces grands hommes auxquels le pays doit son éclat; le plus souvent on s'arrête à une modeste famille qui n'a dû son élévation qu'à l'épargne. C'est par un judicieux emploi de ses épargnes qu'elle a pu, tout en demeurant aux degrés inférieurs de la hiérarchie, mettre en relief les facultés d'un de ses membres.

Que parle-t-on de torts causés par l'épargne au travail, à la société? C'est une erreur de comparer l'homme qui épargne à l'avare qui enfouit son trésor dans le sol. Ceci peut avoir lieu en temps de crises, mais en temps ordinaire l'épargne s'emploie à des échanges, à développer l'industrie, à acquérir des immeubles, des titres qui portent intérêt; toutes choses dont bénéficient la société et les particuliers. Aussi Adam Smith salue-t-il avec respect l'homme qui épargne, comme un bienfaiteur de la société, comme le créateur d'un atelier public, qui fournit du travail à un nombre plus ou moins considérable de producteurs. Il élève l'effort constant, uniforme et jamais interrompu de l'épargne individuelle au rang de principe, et il voit dans ce principe la source primitive de l'opulence nationale.

PARAGRAPHE III

DES MOYENS DE RÉALISER L'ÉPARGNE.

Pour être vraiment efficace, l'épargne doit être régulière, constante, correspondre au dixième du revenu. Elle demande:

1° L'économie du temps par la répression de la paresse, de l'indolence et l'application à un travail assidu.

2° La discipline des appétits et des besoins; satisfaisant ceux qu'il convient de satisfaire, réprimant les désirs factices que les concessions ne feraient qu'accroître. On n'augmente son capital qu'en dépensant moins qu'on ne gagne; on ne devient riche qu'en consommant moins qu'on produit. Ajoutons que le moyen le plus efficace pour discipliner ses appétits est une ferme croyance à l'autre vie.

7.

3° L'emploi judicieux de ses épargnes. Le commerçant, l'agriculteur ont un placement facile dans les développements du commerce, l'amélioration du sol, les emprunts d'État.

Il se forme pour entreprendre de grands travaux publics, des *compagnies* ou associations particulières qui ont besoin pour les exécuter de capitaux considérables. En leur prêtant de l'argent, on devient dans la mesure du prêt copropriétaire du travail exécuté ou de la valeur réalisée. Selon la nature du titre qui représente l'argent versé, cette copropriété s'appelle *action* ou obligation. Elle est constatée légalement et devient susceptible de vente, d'échanges comme toute autre propriété.

La prévoyance publique vient en aide à l'employé, au manouvrier pour l'emploi des fonds inactifs à l'aide de diverses institutions de crédit. On ne saurait trop en vanter les avantages et regretter en France leur insuffisance et leur petit nombre. Avec elles, l'épargne est stimulée, devient forcément féconde. Sans elles, le petit producteur ne voit à épargner aucun profit, perd courage et s'abandonne à ses appétits.

On en compte quatre principales : la caisse d'épargne, les caisses de retraites, les caisses de secours mutuels, la caisse postale.

1° Caisse d'épargne. On désigne sous ce nom un établissement de crédit fondé pour inspirer, faciliter, favoriser et faire fructifier l'épargne du pauvre. Il la reçoit au minimum de un franc, la garantit, la jette dans la circulation, la fait productive d'intérêt et rend tout ou partie sur simple demande du prêteur.

Une femme, Priscilla Vakefield, fonda en Angleterre (1798) pour des enfants la première caisse d'épargne connue. A partir de 1810, ces établissements se multiplient sur le sol anglais et en 1817 ils possèdent un capital de

300 millions. Une loi fixe à 3 ¼ le revenu à payer aux déposants. Ils ne paient en réalité qu'un 3 ¼, le surplus est
conservé pour frais d'administration.

L'initiative des caisses d'épargne en France appartient à
M. de Lessers et la première fut établie en 1818 à Paris,
sous la présidence de M. de la Rochefoucauld Liancourt.
Elles ont eu à subir à diverses reprises, et jusques en ces
derniers temps, de nombreuses vicissitudes, des péripéties
pleines de danger, dues le plus souvent à la trop fréquente
intervention du Gouvernement. Jusqu'en 1877, les capitaux centralisés par les caisses d'épargne étaient versés
en compte courant au trésor, et faisaient partie de la dette
flottante. A partir de cette époque, la caisse des dépôts et
consignations fut chargée de les recevoir et de les admi-
nistrer. L'intérêt desservi est de 3 fr. 50. Il est à souhaiter
que l'État se borne à une surveillance attentive et sévère.

2° La caisse de retraite a pour but d'assurer au souscripteur parvenu à un certain âge, un pension viagère en
rapport avec le montant des versements opérés, les intérêts composés de ces versements, et les chances de longé-
vité combinés entre tous les déposants. Le capital peut
être ou n'être pas à fonds perdu. Le second moyen de
procéder semble plus moral, et la différence de revenu
n'est pas considérable, elle équivaut à 1 fr. 40 pour 5 francs
versés pendant quarante ans.

Les avantages des caisses de retraite ne sauraient être
contestés. La prévoyance des individus est le plus souvent
en défaut vis-à-vis de la vieillesse, et voilà pourquoi elle
est si fréquemment l'âge de la déception et de la misère.
La caisse de retraite pourvoit à cet oubli, en facilitant à
l'ouvrier une accumulation plus forte d'intérêt, en mettant
ses épargnes à l'abri de ses tentations. Elle allége les
charges de la famille et de la société en permettant à la

vieillesse de vivre avec les ressources mises de côté pendant la vie active. L'empressement avec lequel chacun se porte aux emplois du Gouvernement, aux usines de la guerre et de la marine atteste combien ces avantages sont appréciés. « A l'inverse de ce qui a lieu dans les familles aisées où des rentes viagères ne semblent pouvoir être constituées au profit des ascendants, qu'au détriment des héritiers, la constitution d'une pension de retraite sur la tête des chefs de famille qui vivent de salaire dans les classes où l'héritage est presque toujours inconnu, empêche les vieillards d'être à la charge de leurs enfants, leur permet d'achever leurs jours au milieu d'eux, entourés de soins que la pension qu'ils apportent rend plus faciles et plus affectueux. » Molé.

3° Les caisses de secours mutuels ou sociétés d'amis comme on dit en Angleterre, ont pour but de prémunir le souscripteur contre les chances de maladie au moyen d'une cotisation minime librement acceptée d'abord, puis ensuite rigoureusement imposée.

Les caisses de secours mutuels apparaissent en Angleterre dès le IXᵉ siècle. On cite les statuts d'une société fondée au XIVᵉ siècle à Coventry sous le patronage de sainte Catherine 's Gild. En 1802, on constate officiellement l'existence de 9672 sociétés de secours. Aujourd'hui les sociétés anglaises au nombre de 10,601 comptent deux millions de membres et possèdent 80 millions de francs dans les caisses publiques.

En France, l'origine des caisses de secours n'est pas moins reculée. Celle des portefaix de Marseille prétend remonter à la domination romaine. Depuis le commencement du siècle, elles se sont multipliées. On en trouve dans toutes les grandes villes, dans les usines et les vastes exploitations. La loi de juillet 1850 permet de leur donner le titre d'établissement d'utilité publique. Quelques-unes de ces sociétés oubliant leur but ont fait de leur caisse de secours un capital de guerre destiné à soutenir les coalitions, à salarier des agents de discorde. On connaît l'histoire des Mutuellistes et des Ferrandissiers de Lyon et de Saint-Étienne en 1834.

Impossible de méconnaître les avantages des caisses de secours bien conçues et loyalement administrées. C'est pour l'ouvrier une sorte d'assurance contre les mauvais jours. Elles reçoivent les placements les plus fractionnés, incitent et obligent constamment à l'esprit d'économie, mettent les classes pauvres à l'abri des besoins les plus intenses et les plus fréquents, les moralisent en créant des intérêts communs, des sentiments de bienveillance réciproque. « Il y a toujours quelque chose de bon dans un « lien qui rapproche les hommes, qui confond les intérêts, « qui les rend solidaires les uns pour les autres. Les con- « ditions imposées pour l'application des secours sont un « avertissement contre les désordres, un encouragement « à observer une conduite honnête, une recommandation « d'être fidèle à la tempérance. Pour recueillir les avan- « tages de l'association, le sociétaire doit mériter l'estime « de ceux qui la composent. Cette heureuse nécessité élève « son caractère ; il y mêle aussi une légitime fierté en pen- « sant qu'il doit à ses propres efforts la garantie qu'il a « obtenue, et qu'il n'est point exposé à invoquer la pitié « d'autrui. Ce sentiment de l'indépendance redouble son « courage, comme il développe ses facultés. » de Gerando.

Les principales conditions de succès pour ces sortes de sociétés sont : la liberté la plus absolue ; un nombre d'associés variant de 200 à 500 membres pour mieux soutenir l'esprit de famille et faciliter le contrôle ; des statuts qui ne pourront être modifiés que par un vote presque unanime ; le dépôt des fonds aux caisses d'épargne avec livret pour chaque membre ; la défense de partager entre les sociétaires le fonds de réserve ; enfin l'adjonction de membres honoraires, adjonction destinée non-seulement à accroître le capital, mais à fusionner deux forces de la société prêtes à en venir aux mains, la bourgeoisie et la classe ouvrière.

4° Caisse d'épargne postale. Elle est établie sous la garantie de l'État par la loi du 9 avril 1881.

Les versements peuvent varier entre 1 franc et 2000 fr.; ils sont attestés par un livret dit livret national. Celui qui en est porteur peut chaque jour opérer de nouveaux versements dans tous les bureaux de poste de France et de Belgique, sans aucun frais.

Un intérêt de 3 % est servi aux déposants par la caisse d'épargne. Cet intérêt part du premier ou du 16 de chaque mois. Au 31 décembre, il s'ajoute au capital et devient productif d'intérêt.

Tout déposant à la caisse d'épargne postale, dont le crédit est suffisant pour acheter 10 fr. de rente, peut le faire opérer sans frais par elle, sous la condition de le demander par formules délivrables à tout bureau de poste.

ARTICLE VI

LE CAPITAL

Si « la connaissance de la nature intime du capital est une des parties les plus épineuses de l'économie politique, » ·Rossi — elle en constitue une des branches les plus importantes. Nous dirons 1° ce qu'il est, 2° ses différentes espèces, 3° son utilité et l'étendue de ses services, 4° la nécessité de son alliance avec le travail, 5° les causes de l'inégalité des capitaux.

PARAGRAPHE PREMIER

DÉFINITIONS ET DIVISIONS DU CAPITAL.

En langage ordinaire, *capital* se dit : 1° d'une somme qui porte intérêt et est synonyme de « principal; » 2° de toutes les valeurs qu'un homme possède, et il équivaut aux expressions ; avoir, fortune ; 3° spécialement de la monnaie qui n'est qu'une fraction du capital.

Dans la langue économique, le mot capital s'entend de toutes les valeurs dont la société s'est enrichie par l'accumulation et l'épargne.

Il faut noter ici un des plus graves dissentiments de l'école. Doit-on donner le nom de capital à tout produit d'un travail antérieur, fût-ce un objet de consommation immédiate? Les uns avec J.-B. Say l'affirment. D'autres au contraire comme Rossi réservent cette qualification aux objets directement consacrés à la reproduction. A leurs yeux, l'idée de reproduction est essentiellement liée à l'idée de capital.

L'école anglaise ignore ces discussions grâce à la richesse de la langue. Elle désigne par *stock* tout l'ensemble des valeurs accumulées quels qu'en soient d'ailleurs la nature et le futur usage, et par *capital,* celles qui sont plus spécialement destinées à la production ou à la circulation de la richesse. Le capital avec cette nomenclature est au stock ce que la partie est au tout.

Mentionner cette discussion de mots était utile, il serait oiseux de l'approfondir. On définit le capital : *un produit épargné, destiné à la reproduction.* Rossi — ou encore « *une accumulation de valeurs soustraites à la consommation improductive.* » J.-B. Say. Chaque définition représente l'un des systèmes. La première assigne au capital trois éléments; il est: produit, épargne, productif. La seconde tait ce dernier caractère.

Adam Smith définit le capital : « *Le travail accumulé.* » Nous dirions plus volontiers : « *l'utilité accumulée.* » Le travail disparaît à mesure qu'il s'accomplit, seule l'utilité qui en résulte demeure.

Il résulte de ces définitions qu'il faut comprendre sous ce nom de capital, non-seulement ce que possède le riche : l'or, l'argent, les métaux précieux ; mais ce que possède le pauvre : les meubles, les outils, les ustensiles de toute sorte et ce que possède la communauté : les routes, les ponts, les ports, les arsenaux, les édifices publics et ce qu'ils contiennent. Une nation est d'autant plus riche que chacun de ses membres a plus de fortune et qu'elle possède elle-même plus de produits non consommés dans les siècles précédents. Emploie-t-elle ces produits en grands travaux d'utilité publique ? Elle augmente son capital, accroît la richesse de chacun de ses membres et facilite le travail des générations futures.

Ce que nous avons dit précédemment de la division des produits nous permet de réduire avec Adam Smith la division des capitaux entendus au sens de J.-B. Say « c'est-à-dire comme ensemble de valeurs accumulées » à trois espèces.

La première comprend les objets de consommation, d'entretien qui ne rapportent ni profit ni revenu, comme : les aliments, les habits, les meubles, les maisons destinées à l'habitation du propriétaire.

La seconde renferme les capitaux fixes, c'est-à-dire susceptibles de produire un revenu, sans circuler ou sans changer de maître; tels sont : les instruments qui facilitent le travail, les maisons à loyer qui deviennent fréquemment un instrument de métier, les améliorations agricoles qui font de la terre une machine utile, les connaissances et les talents répandus au sein de la société.

La troisième partie comprend les capitaux circulants ou mobiles; productifs, en d'autres termes, à la condition de circuler ou de changer de mains, comme: l'argent, les objets de consommation en possession du commerçant, les matières brutes ou manufacturières qui n'ont pas leur dernière forme, et toutes marchandises encore aux mains du commerce.

PARAGRAPHE II

DE L'UTILITÉ DU CAPITAL.

Il est de mode aujourd'hui en France non-seulement de contester, de nier l'utilité du capital, mais de le représenter comme l'ennemi du travail. C'est l'exploiteur qu'il faut abattre; bienheureux quand il ne s'agit que de l'annihilation graduelle et pacifique du monstre! De là un antagonisme alarmant, entre deux forces de même nature, de même origine et qui ne se peuvent passer l'une de l'autre, le capital et le travail.

La simple réflexion suffit à démontrer l'utilité, l'indispensable nécessité du capital.

Que deviendraient sans lui, les plus modestes industries?

En l'état sauvage, l'homme a besoin de filets, de flèches, d'outils pour subvenir à ses besoins. Si restreints que soient les instruments nécessaires à un chiffonnier, à un cordonnier *en vieux* pour exercer leur profession (il s'agit pour l'un d'une dépense de 6 francs, pour l'autre de celle de 24 francs) ils leur sont absolument indispensables, et sans ce capital, le travail leur devient impossible.

À tous les degrés de la société, l'homme le plus actif, le plus industrieux a besoin d'outils, d'instruments des dif-

férents arts; de produits destinés à son entretien en atten-
dant qu'il ait achevé son travail, de matières brutes qu'il
transformera; en un mot d'un fonds préalable. Et sans ce
travail productif il n'y a point de travail, et plus le travail
est considérable, plus évidente apparaît la nécessité du
capital.

« Le capital est la vie matérielle des peuples, la mesure
« de leurs progrès et de leur civilisation. Sous cent formes
« diverses, il met en mouvement, anime, double les forces
« sociales. C'est à l'aide du capital que les hommes se rap-
« prochent, que les goûts se multiplient et que peu à peu
« l'homme s'élève dans l'échelle de ses besoins et de ses
« jouissances. » Rossi.

Les nations et les travailleurs qui ont peu de capitaux à
leur disposition ont à subir dans la pratique de l'industrie des désavantages marqués. 1° Ils ne peuvent acheter
opportunément les matières premières. 2° Ils paient cher
l'emprunt des capitaux. 3° Ils ne peuvent choisir l'heure
de la vente. 4° L'esprit d'initiative forcément paralysé est
réduit à laisser passer toute occasion de réaliser quelque
avantage. C'est à la surabondance de leurs capitaux, que
l'Angleterre, les États-Unis doivent la prospérité de leur
industrie agricole, manufacturière. On sait l'influence
exercée en Espagne, en Turquie par la disette des capitaux.

Pour démontrer l'inutilité du capital dans la production
et la possibilité de l'éliminer, on suppose des ouvriers se
mettant en rapport direct avec les besoins, livrant leurs
produits à prix de revient, sans autre prélèvement pour
rémunération de leur travail, que le prix de leur main-
d'œuvre. C'est ce qu'on appelle le système de la réciprocité
ou de l'association entre producteurs et consommateurs.
C'est simplement un rêve. Ces ouvriers ont échappé à la
tyrannie vraie ou prétendue d'un patron; ils ont franchi

l'intermédiaire des commerçants; mais il n'ont pas échappé à la domination du capital. Pour travailler, il leur a fallu subsistances, outils et matériel. Ce capital, ils le possédaient, ou quelqu'un l'a mis à leur disposition. Quelque soit la matière dont ils aient traité avec ce tyran maudit, ils doivent reconnaître son joug, rendre hommage à sa puissance.

Corollaire. — De la nécessité du capital ainsi *qu'elle vient d'être exposée*, on peut conclure : 1° que le travail augmente à mesure que le capital se développe, car pour fructifier, ce dernier à son tour a besoin d'intelligence et de bras, et il cherche, trouve les moyens de les mettre en œuvre. C'est ainsi qu'en agriculture le travail s'est étendu des terrains nus et faciles, au défrichement des forêts, au desséchement des marais à mesure que grossissaient les capitaux dont elle pouvait disposer. C'est grâce à ce même développement de capitaux, que les nouveaux procédés des arts ont reçu leur application, que les carrières et les mines ont pu s'exploiter, les grandes usines se construire, les voies de communication s'ouvrir et se perfectionner, et nombre d'ateliers nouveaux s'offrir à l'activité de l'homme.

On peut conclure ainsi que nous l'avons établi en parlant des machines, 2° qu'à égalité de peine et d'efforts, le travail devient plus productif et plus rémunérateur, grâce à l'emploi des meilleurs instruments. 3° Au contraire ; de la diminution et de la rareté du capital, résultent forcément une réduction dans la production et un abaissement de salaires. La production étant moindre, tous doivent se contenter d'une moindre part, l'ouvrier comme le patron, l'ouvrier plus encore que le patron, en raison du grand nombre de bras inoccupés et de la concurrence qui en est la suite. Ainsi apparaît cette loi providentielle qui fait du travail du pauvre, l'instrument de la fortune du riche et des capitaux du riche, un moyen d'existence pour le pauvre. Garantir le capital et le protéger est donc de l'intérêt de tous, et ce qui l'atteint, atteint l'intérêt universel. Faut-il citer des faits ? C'est au développement du capital, qu'on doit en partie l'affranchissement des communes. Nonobstant bien des souffrances, la condition des classes inférieures devient supérieure à celle des époques de barbarie et d'esclavage où le capital est nul.

En France à partir de 1789, la production nationale met à peine trente ans à tripler, et la condition des classes ouvrières s'améliore.

En 1847, époque de sécurité pour le capital, le chiffre total des affaires de l'industrie parisienne s'élève à 1,463,628,350 fr. En 1848 époque de menaces et d'effroi pour les capitaux ce chiffre descend à 677,324,117 fr. Ce fut la ruine pour les capitalistes, mais aussi la misère et la faim pour les ouvriers.

PARAGRAPHE III

DE L'UNION, DU CAPITAL ET DU TRAVAIL.

Le capital et le travail ne pouvant rien l'un sans l'autre, leur condition forcée, providentielle n'est pas de se haïr, mais de se rechercher et de s'unir. Comment se fera cette association ? On peut imaginer trois hypothèses.

1er *Hypothèse.* Le capital et le travail se trouvent en la même main. C'est ce qui a lieu pour de petits artisans, ce qui se rencontre en de petites industries. L'union alors est toute faite.

2me *Hypothèse.* On possède des capitaux trop considérables pour être utilisés par les forces personnelles de celui qui les possède. Il y a trois moyens d'appeler en aide le travail d'autrui :

1º Se faire entrepreneur d'industrie, c'est-à-dire former un établissement qu'exploitent des ouvriers moyennant un salaire convenu.

2º Confier ce capital à un entrepreneur d'industrie à charge de remboursement à un terme fixé et d'intérêt annuel.

3º Associer ses capitaux à une entreprise à condition de participer aux bénéfices et aux pertes. On devient bailleur de fonds ou commenditaire.

3ᵐᵉ *Hypothèse*. On ne possède que son travail. Il y a trois moyens d'associer le travail au capital :

1º Offrir son labeur à un entrepreneur d'industrie à condition d'un salaire librement débattu. (Nous verrons au chapitre suivant la question du salaire).

2º Faire appel au crédit en payant un intérêt.

3º S'associer à des bailleurs de fonds qui participeront aux pertes et aux bénéfices de l'entreprise.

PARAGRAPHE IV

DE L'INÉGALITÉ DES CAPITAUX ET DE LA SUPPRESSION DE CETTE INÉGALITÉ.

Le capital étant le fruit du travail et de l'épargne, son inégalité dans les familles et au sein des nations s'explique aisément par l'inégalité des facultés physiques et morales dont chacun est pourvu, l'emploi du libre arbitre, les circonstances plus ou moins favorables auxquelles on est exposé.

Encore que la richesse ne se répartisse pas également, il y a intérêt à naître, à vivre dans un pays riche, car la part qui revient à chacun est toujours proportionnée à la richesse sociale. Ainsi qu'il a été démontré, là où on possède plus, on dépense plus ; il y a surcroît de travail, élévation de prix, occasions multiples de gain.

On a parlé d'enlever aux riches ce qu'ils ont de trop. La conséquence serait de diminuer le bien-être du pays en général et des classes ouvrières en particulier.

1° Ce sont les grandes entreprises qui fournissent un véritable aliment au travail et préparent l'aisance. Or, elles ne sont possibles qu'avec de grandes avances de capitaux.

2° Pour ne parler que du labeur quotidien, qui le soutiendra, lorsque le capital national partagé, chacun se retrouvera avec ses 0 fr. 75 centimes, ne sachant à quoi employer son activité et ses forces personnelles?

3° Seule l'agglomération des capitaux pourvoit à l'existence des industries réputées les plus fructueuses, telles que celles du bijoutier, de l'orfévre, du ciseleur, des artistes en tous genres.

4° Seule elle permet à l'industrie de perfectionner ses procédés et d'en étendre peu à peu, à tous, les bienfaits. C'est ainsi que le mérinos accessible d'abord aux riches seulement, est descendu de 20 fr. le mètre à 4 ou 3 fr. Les toiles peintes qui se payaient à l'origine 6 et 7 fr. ne se paient plus que 0 fr. 75 centimes. Empêcher l'agglomération du capital, c'est étouffer toute découverte à son début.

Ce n'est donc pas à une égalité chimérique de répartition qu'il faut demander l'amélioration de la situation des classes laborieuses, mais à un accroissement de la richesse publique, aux meilleures méthodes de travail, à l'empire sur soi-même, et surtout aux fortes croyances qui seules apprennent à l'homme à se vaincre.

CHAPITRE DEUXIÈME

DE LA CIRCULATION DE LA RICHESSE

Le mot *circulation*, d'autres disent *distribution, répartition*, et le phénomène qu'elle représente ont donné lieu à d'étranges erreurs. Laissant de côté les vains systèmes, nous nous bornerons à en préciser le sens, à en montrer l'utilité, la nécessité. Nous terminerons par l'indication de ses principaux agents.

ARTICLE PREMIER

DÉFINITION, UTILITÉ, NÉCESSITÉ DE LA CIRCULATION.

Dans un sens très restreint, circulation s'entend du mouvement des monnaies et des signes qui les représentent. C'est ce que les Anglais appellent « Currency » terme qui n'a pas d'équivalent dans notre langue.

Au sens le plus général, circulation se dit de tout ce qui se fait pour transporter la richesse de l'atelier domestique, agricole, manufacturier où elle se produit, jusqu'au lieu où elle est utilisée. C'est ainsi que J. G. B. Say la définit : « Le passage que fait une chose évaluable, lorsqu'elle va d'une main dans une autre. »

Cette définition est vague et ne se restreint pas au seul

objet défini. La circulation doit moins s'entendre de la mobilité matérielle que du mouvement *de la valeur;* comme la production se dit non d'une création d'objet, mais d'une création d'utilité et de valeur. La chose qui contient une valeur peut être passible de mouvements multiples et la valeur peut rester stationnaire, par exemple lorsqu'on envoie par divers intermédiaires une somme d'argent à quelqu'un. La valeur au contraire peut circuler rapidement, multiplier ses mouvements bien que la chose reste immobile; ainsi, lorsque le titre d'une propriété va de Pierre à Paul, ou lorsque le blé exposé au marché est vendu et revendu. Dans ces deux derniers cas, il y a circulation, elle n'existe pas dans le premier.

On pourrait définir la circulation : Le mouvement productif de la valeur.

Là où l'homme consomme ce qu'il produit, où il n'y a pas d'échange, il ne saurait y avoir de circulation, bien que certains transports aient lieu. La circulation commence lorsque s'échange le superflu ; elle se développe, existe véritablement lorsque grâce à la division du travail, de nombreux produits vont de main en main pour y subir les modifications de toute sorte, acquérir toute la valeur dont ils sont susceptibles.

Il est difficile que la circulation s'arrête absolument, car la production dont elle est un des principaux éléments s'arrêterait-elle même et la société menacée dans son existence réagirait avec tant de force contre la cause de l'arrêt qu'elle disparaîtrait au moins en partie. Mais il arrive fréquemment qu'elle est troublée dans sa marche et qu'elle se ralentit. C'est le résultat immédiat des révolutions politiques, de tout ce qui empêche la liberté des communications, sème l'agitation ou la défiance dans les esprits.

L'influence de la circulation sur la prospérité matérielle d'un peuple et sur les développements de son industrie ne pourrait être contestée. Sa richesse nationale consiste moins dans une grande masse de valeurs inertes par leur nature, que dans un mouvement productif général, continu, rapide de ces valeurs. C'est ce que démontre l'exemple suivant, emprunté à F. Skarbek.

« Supposons qu'une pièce d'un franc soit remise dans la
« matinée de la première journée par un habitant de la
« capitale à une laitière, en échange du lait qu'elle
« apporte au marché ; que celle-ci l'emploie tout de suite à
« acheter une aune de toile, que le marchand de toile fasse
« avec cette même pièce de monnaie sa provision de
« viande dans la boucherie, que le boucher la dépense
« dans la boutique d'un marchand de vin ; que celui-ci
« l'emploie à l'achat de bouteilles, que le marchand de
« verrerie la dépense en pain, le boulanger en bois, et
« que le marchand de bois la retienne pour une dépense
« à venir, et la laisse sans emploi dans le courant de la
« journée suivante ». Idée génér. de la circul.

La valeur de la pièce pour la première journée est égale en services rendus à celle de sept francs, il eût fallu cette somme pour acheter les sept objets mentionnés. Dans la seconde journée, la valeur est d'une seule unité. La différence des services au point de vue social pendant ces deux jours, équivaut au rapport qu'il y a de 7 à 1 et même de 7 à 0, puisque la pièce reste inactive entre les mains du marchand de bois.

Ce qui vient de s'observer pour une pièce de monnaie peut se dire de toute autre valeur, et en particulier d'un morceau de métal qui passant entre les mains de vingt producteurs différents pour recevoir autant de préparations diverses accomplirait cette série de migrations en un mois, au lieu de l'accomplir en un an. Ce métal aura rendu en trente jours tous les services qu'il devait rendre en douze mois. Étendez cette activité à tous les capitaux d'une nation, et on comprendra la supériorité matérielle et les avantages sans nombre de cette nation sur les peuples voisins, possédant autant et même plus de capitaux. C'est ce qui explique la supériorité productive de l'Angleterre et des États-Unis.

Certaines causes contribuent à rendre la circulation plus active ; au nombre des principales nous citerons :

1° L'étendue et l'abondance de la production. Il est hors de doute que les produits circulent d'une manière plus générale et plus rapide dans les sociétés riches, pourvues de grands capitaux et qui travaillent sur une grande échelle que dans les sociétés pauvres qui opèrent avec de petits moyens et pour de médiocres résultats.

2° La densité des populations. La condensation de la population peut offrir certains inconvénients, l'élévation de prix par exemple des matières brutes ; mais elle multiplie les relations, rend la circulation des produits plus facile, plus active, plus rapide, et toutes conditions égales d'ailleurs, une population condensée doit être plus riche et mieux pourvue que celle qui est disséminée sur de grands espaces.

3° La multiplicité et la commodité des voies de communication. Un réseau sagement combiné de routes, de canaux, de chemins de fer bien qu'étant le fruit d'une circulation préexistante et supposant un grand fonds de richesses précédemment acquises, contribue efficacement à activer la circulation.

4° La liberté des échanges. « Quel que soit le fonds pri-
« mitif des richesses d'un pays, quels que soient sa popu-
« lation et ses capitaux, quelque puissante que soit l'in-
« fluence de ces bases de sa richesse sur la circulation,
« celle-ci ne pourra être ni étendue, ni rapide, s'il n'y a
« point dans le pays de circonstances favorables à l'é-
« change, si la faculté d'échanger est limitée ou par des

« réglements prohibitifs ou par le manque de débouchés ».
F. Skarbeck.

5° La confiance ou le crédit. C'est au crédit qu'il appartient de faciliter l'échange, de le rendre possible en proportionnant la demande à l'offre des marchandises, en fournissant au demandeur l'équivalent de la chose demandée.

Il suffit de mentionner les premiers agents de la ciculation. Seuls : l'échange, la monnaie, le salaire, l'intérêt et le crédit fixeront plus longuement notre attention.

ARTICLE II

DE L'ÉCHANGE

L'échange nait de la sociabilité de l'homme. Partout on rencontre l'homme en société et partout cette société se constitue sur les mêmes bases : besoin de s'entr'aider, d'échanger des services.

Au sein de la tribu sauvage, on retrouve le penchant naturel à trafiquer, brocanter, à échanger une chose pour une autre. On chasse en commun, on fait la guerre en commun ; mais une fois le produit de la chasse ou de l'expédition partagé, arcs, flèches, peaux de bêtes deviennent l'objet d'échanges particuliers. C'est le premier essai de cette division du travail et de ce commerce qui font la prospérité d'une nation civilisée.

De sauvage la tribu est devenue un peuple pasteur et nomade ; déjà même, elle se préoccupe de cultiver le sol. Le travail n'en demeure pas moins collectif et la production commune. Cette communauté de travaux et de biens lui est imposée et par les exigences de la nature et par les procédés imparfaits dont elle dispose. Les Romains le constatèrent chez plusieurs peuples germaniques, les premiers voyageurs parmi les peuplades du Nord de l'Amérique. L'Angleterre en fit l'expérience lorsqu'il s'agit de mettre en culture les terres de l'État de Virginie. Déjà cependant les échanges se multiplient parce que la production est plus variée.

Ils s'augmentent à mesure que la civilisation progresse, que la puissance individuelle se développe, que la communauté se rétrécit; ils finissent par s'étendre des produits secondaires ou du superflu à tous les produits sans exception.

Nous en étudierons 1° L'étymologie et la définition; 2° l'utilité et le mécanisme; 3° la loi.

PARAGRAPHE PREMIER

ÉTYMOLOGIE. DÉFINITION.

Échange vient du latin *Cambium* ou du celtique *Eskeen* En droit : l'Échange est la faculté naturelle que possède tout homme d'appliquer à son usage ou de céder à qui bon lui semble la valeur qu'il a créée ou légitimement acquise.

En fait : l'Échange est l'acte par lequel on donne une chose pour en avoir une autre.

Trois conditions sont nécessaires à l'Échange : 1° L'appropriation de la chose à échanger. Elle ne serait pas susceptible d'échange si tous avaient droit à sa jouissance. 2° Sa transmissibilité. Les valeurs les plus précieuses pour l'homme : les talents, les facultés intellectuelles, l'habileté à remplir une fonction, la lumière, la chaleur ne peuvent être cédés à personne parce qu'ils ne passent point de mains en mains et ne peuvent devenir la propriété exclusive de qui que ce soit. 3° La diversité des choses échangeables. On ne conçoit pas l'échange entre individus possesseurs des mêmes valeurs, pourvus également de tout ce qui est nécessaire à leur existence.

PARAGRAPHE II

DE L'UTILITÉ DE L'ÉCHANGE.

Ce qui détermine les hommes à *troquer*, à *brocanter*, à échanger c'est le sentiment des avantages qui en résultent et la nécessité. C'est au moyen de l'Échange que chacun pourvoit à ses besoins en usant de ce qu'il possède. Sans l'échange, deux voisins souffrent et meurent l'un de froid, l'autre de faim alors qu'il leur eût été facile d'échanger le trop-plein de leur chantier et de leur grenier. On a dit avec raison que : si la propriété est la base de la Société, l'échange en est le lien. »

Un exemple servira mieux que tous les raisonnements à expliquer le rôle de l'Échange au sein de la société. Vous venez de voir Pierre, menuisier de petite ville, occupé à manœuvrer son rabot et sa scie. Vous l'avez entendu se plaindre de son sort, et trop facilement ému, vous avez pensé : Encore un délaissé, un martyr de l'État social. Erreur. La vérité est que ce qu'il donne à la société n'est rien, comparé à ce qu'il en reçoit.

En se levant, Pierre a pris des vêtements qu'il n'a pas fait lui-même. Réfléchit-on à l'immense quantité de travail, d'industrie, de transports, d'inventions que ces vêtements représentent ? Avant de les confectionner, il a fallu que l'Amérique produisit du coton, l'Inde de l'indigo, la France de la laine et du lin ; il a fallu transporter, filer, tresser.

Le menuisier prend son repas. Ici encore quelle réunion de forces, que d'échanges à son service! Les côtes de l'Océan ou de la Méditerranée lui ont envoyé du sel, les Antilles du sucre, la Martinique du café, les Moluques du poivre. Songe-t-on à ce qu'il a fallu de temps, de travail, de transformations diverses pour qu'il puisse avoir du pain? Au cours de la journée, cet homme se servira d'instruments qu'il n'aurait pu achever. Il trouvera des écoles prêtes à enseigner ses enfants. On lui disputera injustement le prix de son travail, une organisation s'offre à défendre ses intérêts. S'il se promène, il a à sa disposition certains lieux qui n'ont pas d'autre destination. S'il veut satisfaire ses penchants religieux, de merveilleux édifices et un humble livre, monument plus merveilleux encore, viennent seconder ses désirs.

Entreprend-il un voyage, que n'a pas fait la société pour épargner son temps et sa peine? Sol nivelé, rives de fleuves réunies, animaux et éléments domptés. Il est hors de doute qu'en une seule journée, cet artisan use de jouissances qu'un siècle d'efforts ne lui aurait pas permis de réaliser.

Ce que la société fait pour lui, elle le fait pour chacun de nous. Ce n'est pas exagérer que d'évaluer à vingt mille le nombre de personnes qui travaillent ou ont travaillé aux choses dont nous nous servons durant le cours d'une semaine. Toute jouissance est due à l'intervention d'un tiers, il y a disproportion évidente entre ce qui nous est donné et ce que nous rendons. Et c'est ainsi que la société repose sur les services que les hommes sont appelés à échanger pour la satisfaction de leurs besoins.

PARAGRAPHE III

ANALYSE DE L'ÉCHANGE.

Tout le mécanisme de l'échange, toutes les relations d'affaires aboutissent à troquer un service contre un service. La consultation de l'avocat qui prépare le gain d'un procès ; les soins du médecin qui guérissent le malade sont autant de services. Les honoraires qu'ils reçoivent sont eux-mêmes des services puisqu'ils n'ont embrassé ces professions qu'à dessein d'en vivre.

Ces services, il est vrai, se présentent sous des formes diverses; mais toutes peuvent se réduire aux quatre formes suivantes :

1º Donner pour qu'on nous donne; c'est ce que le Code français désigne sous le nom de vente-achat.

2º Donner pour qu'on fasse à notre profit. On échange de l'argent et d'autres produits contre du travail; c'est le cas des maîtres vis-à-vis des serviteurs, des administrateurs vis-à-vis de leurs employés.

3º Faire pour qu'on nous donne, en d'autres termes, travailler pour recevoir. C'est l'inverse du précédent et le cas de l'avocat, du médecin, du notaire, du fonctionnaire, du magistrat, de l'ouvrier.

4º Faire pour qu'on fasse, c'est l'échange d'un travail contre un autre travail.

L'intervention de la monnaie dans les échanges fera l'objet d'un article spécial. Il suffit d'observer ici qu'elle constitue une marchandise, un produit intermédiaire, que tout échange qui s'accomplit par son moyen n'est qu'une opération provisoire, que la première phase d'un contrat destiné à se compléter promptement par une opération inverse. Au troc d'un travail, d'un produit, d'un service contre la monnaie, succède promptement en effet le troc de la monnaie contre un service, un travail, un produit.

De ce qui vient d'être exposé, on doit conclure :

1º A l'observation des devoirs qui nous lient à la société. Nous bénéficions tous, et le plus souvent sans y songer, de son appui. Elle travaille pour nous avec nous, non-seulement par la sécurité qu'elle garantit à nos personnes, à nos biens; mais encore par le concours des professions les plus étrangères à la nôtre. Elle a droit à notre gratitude, à notre dévouement, aux sacrifices que les circonstances commandent.

2° Si dans leurs rapports avec leurs semblables, les hommes se rendaient mieux compte de leur situation réciproque, ils seraient plus disposés à la bienveillance et à la fraternité. Ils reconnaîtraient la solidarité qui existe entre les diverses classes de la société, la dépendance mutuelle des divers membres dont elles se composent, et se convaincraient que la prospérité générale est la résultante forcée, providentielle des efforts de chacun pour réaliser son bien individuel, exclusif.

Malheureusement l'humanité n'a jamais répondu à ces appels réitérés de la raison et de l'expérience.

Livré à lui-même, l'homme n'aime pas l'homme, il n'aime rien de ce qui constitue la fraternité ; il hait naturellement le travail, il abhorre le partage de son bien. Aussi était-ce bien un précepte nouveau qui lui était donné lorsqu'il lui fut dit :

« Aimez-vous les uns les autres comme je vous ai aimés. »

Seule la voix qui le proclamait pouvait se faire entendre, parce que seule elle portait avec elle la lumière et la force.

PARAGRAPHE IV

LA LOI DE L'ÉCHANGE

L'examen de cette loi nous met en présence de deux systèmes : le protectionisme et le libre échange.

1° *Du protectionisme.*

Le protectionisme diffère absolument des mesures fiscales destinées à l'entretien des voies de communication ; à rémunérer la sécurité offerte au commerce ou d'autres services. Ces taxes peuvent gêner et entraver les échanges ; en fait, elles les ont souvent entravés, surtout au temps de la féodalité, alors qu'elles se multipliaient à l'excès sous le titre de droit de péage et autres ; mais tel n'est pas leur but. Le seigneur féodal se proposait souvent d'enrichir son trésor comme nos gouvernements modernes d'accroître les ressources du fisc. Jusqu'à ce qu'on puisse trouver des procédés plus faciles pour subvenir aux dépenses publiques, diminuer les charges du trésor, il faut se résigner aux droits d'octroi et d'accise, de péage et de tonnage comme à un mal nécessaire et se borner à désirer qu'on n'en exagère ni le nombre ni le taux.

Le *protectionisme* que l'on appelle encore *système prohibitif* et *protecteur* ou simplement *la protection* se propose directement de restreindre et de limiter les échanges. Il entrave pour entraver. Sous prétexte de protéger le travail national, c'est-à-dire, l'industrie, l'agriculture, la navigation, le commerce du pays, l'État interdit l'accès de ses marchés aux produits similaires de l'étranger, à l'aide de combinaisons diverses ou de prohibitions absolues.

Le monde au point de vue économique peut se considérer comme un immense bazar où chacun de nous apporte ses services, ses produits et reçoit en retour, sous forme de monnaie, un bon qui lui donne droit de retirer de la masse, des services ou des produits égaux à ceux qu'il y a jetés. Il est facile de comprendre que ces services ou produits seront d'autant plus recherchés, auront d'autant plus de prix qu'ils seront plus rares et voilà pourquoi tout vendeur porte au-dedans de lui l'instinct du monopole, désire écarter les concurrences et faire naître la rareté du produit de son industrie.

C'est à réaliser ce désir que travaille le système protecteur. « Tu trouves que les fers ne se vendent pas à un prix suffisamment élevé » dit-il au maître de forges « attends, l'État a la force en main et il va en user pour favoriser tes prétentions en écartant les fers de l'étranger. Désormais seul sur le marché tu en deviendras aisément le maître. » Protéger l'industrie agricole, toute l'industrie agricole ; l'industrie manufacturière, toute l'industrie manufacturière, réserver le marché français aux produits français, telle est la devise du protectionisme.

Il procède à l'aide :

1° De prohibitions ou de droits protecteurs établis à l'entrée des marchandises de l'étranger ;

2° De prohibitions à la sortie de certains produits pour en favoriser le bas prix ou pour en priver l'industrie étrangère ;

3° De primes ou encouragements pécuniaires à la sortie, dans le but de favoriser certaines branches de l'industrie nationale ou de remédier à une crise ;

4° Des drawbaks ou primes servant à rembourser, à l'exportation d'un produit fabriqué, l'impôt prélevé à l'importation des matières premières ;

5° Du système colonial qui a pour but d'assurer à chaque métropole un marché colonial que seule elle puisse exploiter. Défense est faite aux étrangers de s'y établir ou d'y introduire leurs produits. La colonie doit envoyer les siens à la métropole et ne peut s'adonner qu'aux cultures et aux industries autorisées.

Le système protecteur a jusqu'ici régenté l'opinion et inspiré la politique commerciale de tous les peuples. Il a accentué ses exigences en Europe surtout à partir des règnes de Charles-Quint et de son fils Philippe II. On connaît les mesures draconniennes prises par ces souverains pour empêcher, par exemple, l'exportation des métaux précieux. L'Angleterre s'en est montrée le zélé partisan pendant des siècles et son exemple a fourni aux défenseurs du système, leurs plus solides arguments. Ils lui attribuaient cette supériorité industrielle qu'on pourrait attribuer avec plus de raison aux libertés civiles, politiques, à la sécurité intérieure dont n'a cessé de jouir le peuple anglais. La première application franche et raisonnée du protectionisme en France est due à Colbert; mais dans la pensée du grand ministre, elle ne devait être que temporaire.

Les raisons invoquées à l'appui du système protecteur, sont :

1° Le patriotisme et la nécessité d'éviter ce double inconvénient : vendre à perte ou ne pas vendre ;

2° La conservation du numéraire ;

3° Les encouragements à donner à l'industrie nationale ;

4° La nécessité de pourvoir à la défense du pays.

2° *Du libre échange.*

Le libre échange qu'on appelle encore *liberté du commerce, concurrence internationale* est le système opposé au protectionisme.

L'un s'inspire des intérêts du producteur, se préoccupe d'assurer un bon placement à ses produits, veut que l'objet du marché soit rare, et multiplie les barrières.

L'autre s'inspire des intérêts du consommateur, veut que le marché surabonde, que chacun y puise la satisfaction de ses désirs presque sans travail, sans mesure, comme on recueille la poussière du chemin, l'eau du torrent, l'air, la lumière qui nous entourent et nous baignent. La conclusion est qu'il faut détruire tout obstacle, supprimer les prohibitions et les restrictions.

On trouve des aspirations du libre échange dans les œuvres de Montaigne, Sully, Vauban. Fénélon a écrit dans Télémaque : « La liberté de commerce était entière à Salente ; aussi les peuples y accouraient en foule de toutes parts. Tout y était apporté et en sortait librement. Les trésors y entraient comme les flots. »

C'est à la fin seulement du XVIII° siècle que le principe du libre échange est mis par l'école économique à l'ordre du jour. La Toscane, la Suisse, la France sous le ministère de Turgot en font la règle de leurs relations commerciales. La Constituante rêve de l'imposer au monde entier.

L'appui véritablement efficace devait venir d'ailleurs. En 1825 l'Angleterre se demande sous le ministère Huskesson s'il n'y avait pas avantage pour elle à brûler l'idole jusques là si fidèlement adorée du protectionisme. Son immense outillage n'avait sans doute pas atteint le perfectionnement désirable ; car elle ne devient libre échangiste déterminée qu'à partir de 1842. Une ligue se forme à Manchester sous la présidence de lord Cobden pour propager et défendre le nouveau système ; ce fut le signal de l'ébranlement de la protection dans le monde entier.

En France comme en Angleterre, des associations se fondèrent, d'abord à Paris, à Bordeaux, à Marseille ; firent appel aux capitaux, à la presse ; mais l'œuvre fut laborieuse. On s'adressait à un peuple habitué de longue date à la protection et disposé à ne voir de salut que dans l'intervention du Gouvernement. Chose singulière, les principaux organes du parti républicain, les représentants de la démocratie socialiste prirent en main la cause du prohibitionnisme, et sans plus de façon accusèrent leurs adversaires de vouloir livrer la France aux Anglais.

Les événements de 1848 mirent fin aux discussions en portant ailleurs l'attention des esprits. Elles reprirent en 1851. L'empire se montra favorable au libre échange et un traité signé en 1860, par M. Michel Chevalier au nom de la France et par lord Cobden au nom de l'Angleterre, faisait disparaître toutes les prohibitions et restrictions entre les deux États.

Il y a du rêve et de l'empirisme dans les belles espérances conçues, par les libres échangistes et de là ce nom d'humanitaires qu'on leur a donné. Les illusions mises de côté, il n'en reste pas moins un système fort sérieux en faveur duquel militent les plus graves raisons.

1º Le libre échange est une conséquence du droit de propriété et il se confond avec lui. Celui qui a créé ou acquis légitimement un produit doit avoir la faculté de l'appliquer à ses besoins ou de le céder à quiconque, auprès ou au loin, consent à lui donner une compensation suffisante,

2º C'est le corollaire obligé de la liberté du travail. Celui qui n'est pas libre d'échanger ne l'est pas de choisir l'objet de son activité, mais il est contraint de donner aux agents que la Providence met entre ses mains une direction opposée à ses goûts et à ses aptitudes.

3º C'est l'ordre et la justice. Avec la liberté commerciale chacun est livré à ses forces, à son industrie, à la défense de ses intérêts ; tandis que le Protectionnisme met la loi au service de quelques privilégiés. Contraindre les consommateurs à acheter aux nationaux 20, 30 0/0 plus cher qu'à l'étranger, qu'est-ce autre chose que prélever un impôt de 20, 30 0/0 sur les uns au profit des autres, c'est-à-dire une vraie spoliation ?

4º La liberté de commerce réalise la loi divine. La Providence n'a établi la variété des saisons et des produits, la diversité des aptitudes et des forces naturelles que dans le but de réunir tous les hommes dans les liens d'une universelle fraternité. La communauté des intérêts ouvre la voie au principe de sociabilité.

5° Elle développe la prospérité publique et agrandit le marché au profit des producteurs et des consommateurs. Tous vendent, s'approvisionnent au mieux de leurs intérêts, à un prix naturel et légitime. Chaque pays bénéficie d'une distribution plus naturelle du travail et du capital; des stimulants de la concurrence universelle; des richesses inégalement réparties dans les entrailles et à la surface du sol, des progrès réalisés, des efforts et du génie de tous les peuples. Les années de disette se font plus rares; c'est ainsi que depuis 1861 en dépit des pires récoltes le prix du pain en France s'est peu élevé.

6° Enfin la liberté de commerce contribue à entretenir la paix entre les divers peuples par le sentiment des avantages que leur procurent les relations internationales et la prévoyance des dommages qui résulteraient de leur suspension. Le Protectionnisme est tout à la fois et un moyen de Guerre et une provocation continue à la Guerre. C'est ce qu'essayait de faire comprendre une brochure publiée en Angleterre en 1842, sous ce titre : « *Les Singes Economistes* ». Nous la citons moins comme raisonnement de valeur que pour donner une idée de la polémique de l'époque.

« Une vignette représentant une baraque de singes
, « servait de frontispice. Plusieurs de ces animaux placés
« dans des compartiments séparés venaient de recevoir
« leur nourriture quotidienne; mais au lieu de la con-
« sommer en paix, ils s'efforçaient de ravir les portions de
« leurs voisins, sans s'apercevoir que ceux-ci pratiquaient
« exactement le même manége. Chacun se donnait ainsi
« beaucoup de peine et la masse de la subsistance commune
« se trouvait diminuée de tout ce qui se perdait ou se gas-
« pillait dans la bagarre. »

Aux objections tirées de la nécessité de ne point devenir tributaires de l'étranger ; 2° de ne point épuiser son numéraire ; 3° de compenser les impôts établis sur la production nationale ; 4° de protéger le travail du pays, lequel travail est la vraie richesse ; 5° d'éviter les déplacements ruineux de capital et de travail, les libres-échangistes répondent :

1° Que les nations qui concluent des échanges vivent dans une dépendance réciproque ; l'inconvénient s'il existait, existerait pour toutes au même titre. Il n'existe pas et l'insuccès du blocus continental imaginé par Napoléon 1er a démontré l'impossibilité d'isoler commercialement un peuple.

2° Qu'on ne vit pas de numéraire et que la suppression des barrières, des douanes n'a provoqué jusqu'ici aucun désastre financier.

3° Que si certaines industries supportent, dans leur pays, des impôts que ne supportent pas les industries similaires de l'étranger ; elles jouissent en retour de plus de sécurité, de garanties spéciales et que vouloir leur accorder une compensation à l'aide de droits protecteurs, c'est léser d'autres branches d'industries qui paieraient plus cher leurs matières premières et la subsistance de leurs travailleurs.

4° Il est démontré que la protection agit au rebours d'un inventeur. Celui-ci, véritable agent de la civilisation, découvre des procédés pour rendre la production plus économique et plus parfaite, l'autre pour la rendre plus chère et moins bonne. En faisant enchérir toutes choses le système prohibitif diminue la consommation, partant la production et le nombre des emplois productifs. L'expérience a démontré, qu'en mettant l'industrie à la merci de la volonté des législateurs, on a rendu l'instabilité permanente dans toutes les branches de la production. Il ne faut pas confondre le but et le moyen. Le bien-être des individus et de la société est un but et le travail n'intervient que comme moyen. Si avec moins de travail il y a facilité à obtenir la même quantité de blé, de toiles, de fer, etc., le but est atteint, qu'a-t-on à faire du moyen ?

5° Tout progrès est accompagné de perturbation et de crise, déplace des capitaux et des existences. Faut-il pour éviter les inconvénients renoncer à un progrès permanent, immobiliser l'humanité?

« Le déplacement des capitaux, observe un économiste anglais, mais c'est le représentant du Progrès! La charrue n'a-t-elle pas déplacé la bêche? Que sont devenus les copistes après l'introduction de l'imprimerie?.Nous avions naguères sur la Tamise des milliers de batelets ; que sont-ils devenus aujourd'hui que la Tamise est sillonnée de milliers de bateaux à vapeur? Ne croyez-vous pas cependant que l'intérêt public, l'intérêt de l'ouvrier lui-même, est servi par ce moyen si rapide et si économique de communication ? Je me rappelle que la première fois que je me suis rendu à Londres, il m'a fallu payer cinq francs pour aller d'une partie de la ville à l'autre. Je fais aujourd'hui le même parcours pour six sous et si vous me demandez comment on est arrivé à ce résultat, je vous répondrai : c'est par le déplacement du travail et des capitaux. » *Docteur Bowring au Congrès économique de Bruxelles.*

Il est hors de doute que le libre échange, c'est-à-dire l'absence d'entraves aux frontières, est la meilleure condition d'un peuple pour accroître et développer la production, la circulation de la richesse, activer le progrès de la civilisation.

La conséquence est qu'il faut le maintenir là où il existe; le développer là où il n'existe qu'en partie, se hâter de l'établir là où il n'existe pas encore. Cependant nous pensons avec les meilleurs esprits que de graves raisons, telles que : de créer une industrie utile, d'aider au réveil d'un pays tombé en léthargie industrielle, de relever les finances en détresse, peuvent autoriser certains délais. « Même pour revenir du mal au bien et d'un état de choses « artificiel à une situation naturelle, des précautions « peuvent être commandées par la prudence, ces détails « d'exécution appartiennent aux pouvoirs de l'État. » Bastiat.

Si l'intervention de l'État est à redouter, à cause de sa réglementation minutieuse, on ne peut que l'applaudir lorsqu'elle protége l'industrie nationale, contre la concurrence étrangère. L'Angleterre et l'Amérique ont donné, sur ce point, un exemple à suivre.

ARTICLE III

DE LA MONNAIE

A mesure que la société se perfectionne, la division du travail s'accentue, la production se spécialise, la nécessité d'échanger s'accroît et avec elle le besoin d'un moyen, d'un intermédiaire.

Ce moyen n'est autre que la monnaie, ainsi appelée du latin *monere* avertir ou, selon plusieurs, de *moneta* surnom donné à Junon déesse des conseils.

On la définit : « Un instrument qui dans les échanges « sert de mesure et par lui-même est un équivalent » Chevalier.

Les mots : *espèces, espèces métalliques* sont synonimes de monnaie. L'expression *numéraire* s'applique tout à la fois aux espèces métalliques et aux divers signes représentatifs ; billets de banque, papier-monnaie, etc.

On appelle *titre* la proportion de métal fin que renferme

la monnaie. C'est ainsi que la monnaie française est *au titre* de neuf dixièmes, parce qu'elle contient neuf dixièmes d'argent ou d'or fin et un dixième de cuivre. Les pièces d'or anglaises, (seule monnaie du Royaume Uni), sont au titre de onze douzièmes. Depuis 1837, la monnaie américaine est au même titre que la monnaie de France.

Le *Frai* est la diminution que la circulation ou l'usage fait éprouver à la monnaie. On évalue cette usure à quatre milligrammes par an et par pièce de cinq francs. Il est démontré qu'elle augmente à mesure que les pièces sont de moindre échantillon. En Angleterre, l'État supporte les pertes qui résultent du *frai* et avec raison puisqu'il personnifie le public. En France, lorsque le Gouvernement réduisit la valeur des écus de 6 et de 3 livres, qui étaient fort diminués par le frai, il mit la perte à la charge des détenteurs. C'était imposer les dommages à ceux qui n'en étaient pas responsables.

Nous traiterons: 1° du fonctionnement ou de l'utilité de la monnaie ; 2° de son origine, de sa matière, de l'empreinte légale et de sa valeur ; 3° de la valeur de la monnaie ; 4° de l'argent considéré comme la richesse; 5° des variations de la monnaie ; 6° des signes représentatifs.

PARAGRAPHE PREMIER

FONCTIONNEMENT ET UTILITÉ DE LA MONNAIE.

On a comparé et avec raison ce fonctionnement à celui d'une puissante machine qui met en mouvement tous les rouages du monde industriel ; à une assignation, à un bon supérieur donnant, à celui qui le possède, le droit de se procurer ce qui lui est avantageux.

La monnaie sert, en effet, de dénominateur commun à toutes choses, de langue à tous les intérêts. Sa valeur est tout à la fois le type et la mesure la plus commode des autres valeurs. Par elle, le travail reçoit une vive impulsion, sa division s'accroît, les échanges se multiplient. Se fait-on une idée du ralentissement qu'entraînerait, dans les relations commerciales, la suppression de la monnaie, des lenteurs et des difficultés auxquelles les assujettiraient les échanges en nature? Six personnes, par exemple, ont des besoins divers et ne peuvent offrir, en échange des satisfactions qu'elles recherchent, que des services ou des produits possédés déjà par chacune d'elles en surabondance; qu'arrivera-t-il? La transaction ne pourra avoir lieu et toutes périront dans la détresse, faute d'un intermédiaire universellement accepté comme mesure et comme équivalent des valeurs offertes et demandées.

A ses débuts, une société peut, absolument parlant, se passer de monnaie. Chaque famille vit de son propre fonds, n'a que des besoins limités, reçoit médiocrement de services et n'en rend que peu à son tour. Les échanges suffisent aux besoins.

A mesure que cette société se développe, la division du travail s'organise, l'échange se pratique davantage et le besoin d'un intermédiaire se fait sentir. Tout d'abord on investit des marchandises de l'attribution monétaire. C'est ainsi qu'en 1660, c'est-à-dire cinquante-sept ans après la fondation de la colonie, la Virginie ne connaissait d'autre monnaie que le tabac. La Russie employa le cuir jusqu'à Pierre Iᵉʳ. L'Abyssinie se servait de sel et de poivre, la Terre-Neuve de morue sèche, d'autres pays de toiles et de coquillages.

En 1641, l'Assemblée souveraine ordonnait que le blé serait reçu, en acquittement des dettes, dans toute l'étendue des Massachussets. Sur la proposition de Jean-Bon-Saint-André, la convention délibéra sérieusement sur la question de savoir si le blé ne serait pas, comme aux Massachussets adopté en France, comme instrument d'échange.

Si ces marchandises diverses donnaient, par leurs qualités locales, satisfaction à un commerce restreint ; elles devenaient insuffisantes et d'un transport difficile, dès que le commerce franchissait certaines limites. De là, la nécessité de recourir aux métaux. Lacédémone eut sa monnaie de fer ; Athènes celle d'étain, sous Timothée ; Rome celle de cuivre à ses débuts. De 1828 à 1845, la Russie a employé, à faire de la monnaie, le platine dont elle possède des mines abondantes. Ces divers métaux par l'instabilité de leur valeur, les difficultés de travail ou de transport, offraient des inconvénients sans nombre et on dut y renoncer pour adopter l'or et l'argent. Seuls ils réunissent les conditions qui conviennent à une monnaie.

Ces conditions sont au nombre de six. 1° *L'utilité*. Indépendamment du monnayage, ils ont des avantages propres, inhérents à leur matière et dont le luxe sait profiter. 2° *La valeur*. Elle est telle que chacun, sous un petit poids, peut en transporter l'équivalent de ce qui est communément nécessaire à ses besoins. Cent grammes d'or suffiront à acheter un bœuf. 3° *L'inaltérabilité*. Ils sont inaccessibles à l'action des éléments, des animaux et peuvent se conserver sans trop de soins. Plus qu'aucun autre produit, ils sont exempts de ces brusques variations auxquelles sont soumises les productions agricoles ou manufacturières. 4° *L'homogénéité*. Ils sont formés de parties semblables et d'une nature facile à constater, quel que soit le lieu d'origine ou d'extraction. 5° *La divisibilité*. Ils se divisent jusqu'à la parcelle d'un gramme, de façon à représenter les plus infimes valeurs, et les parties détachées peuvent se réunir sans avoir subi d'altération. 6° *La malléabilité*. Ils reçoivent les empreintes les plus délicates.

La coutume s'est établie, depuis longtemps, de monnayer l'or et l'argent, sous la forme de disques d'un poids et d'une dimension déterminés. Les deux côtés du disque reçoivent les figures que la loi prescrit. La tranche elle-même subit une inscription ou une dentelure particulière. Pour rendre le métal moins cassant, accroître la durée des pièces de monnaie, on a soin de mêler, au métal précieux, une certaine quantité d'alliage qui est ordinairement en cuivre.

En France, l'unité monétaire est le Franc, multiple simple du gramme, unité de poids. Le Franc pèse cinq grammes, dont un dixième d'alliage ; soit quatre grammes $^1/_2$ d'argent et un demi-gramme de cuivre.

En Angleterre, l'unité monétaire est la livre sterling qui contient 7 grammes, 318 millig. d'or fin et un douzième d'alliage ; soit un poids total de 7 grammes 981 millig.

Le dollard des États-Unis contient 24 gram. 48 millig. d'argent fin avec un dixième d'alliage, d'où, un poids total de 26 grammes 729 milligrammes. L'aigle d'or est assimilé, par la loi américaine, à dix dollars. Elle renferme 15 grammes 41 milligrammes de fin et pèse, avec le dixième d'alliage, 16 grammes 712 milligrammes.

L'or et l'argent étant adoptés comme matière de la monnaie, doit-on prendre les deux métaux simultanément, ou n'en recevoir qu'un seul ?

En théorie, les auteurs les plus autorisés se fondant, sur ce que le rapport de la valeur de l'or à la valeur de l'argent se modifie, selon que les entrailles de la terre offrent à l'industrie humaine plus de l'un ou plus de l'autre, sont unanimes à déclarer qu'on n'en peut prendre qu'un, pour faire la monnaie. « Deux métaux, tels que l'or et l'argent » observe Locke, « ne peuvent servir au même « moment, dans le même pays, de mesure dans les échanges ; « parce qu'il faut que cette mesure reste perpétuellement « la même et demeure dans la même proportion de valeur.

« Prendre pour mesure de la valeur commerciale des
« choses, deux matières qui n'ont pas entre elles de
« rapport fixe et invariable, c'est comme si l'on choisis-
« sait, pour mesure de la longueur, un objet qui fût exposé
« à s'allonger ou à se rétrécir. Il faut donc qu'il n'y ait dans
« chaque pays qu'un seul métal; qui soit la monnaie de
« compte, le gage des conventions, et la mesure des
« valeurs. »

En pratique, l'utilité qu'on trouve à avoir des pièces
d'argent, pour les transactions de peu d'importance, auxquelles la monnaie d'or ne pourrait servir et des pièces
d'or, pour ceux qui veulent transporter des sommes considérables sans trop de fatigues, fait que les deux métaux
se rencontrent partout à la fois. Après avoir affirmé le
principe, constaté le fait, Mirabeau conseillait d'adopter
la monnaie d'argent, comme seule monnaie constitution-
nelle ; l'or servirait à se fabriquer des pièces, dont la valeur relativement à l'unité légale, pourrait changer suivant
la variation des deux métaux, l'un par rapport à l'autre.

PARAGRAPHE II

DE L'EMPREINTE LÉGALE — DE SA VALEUR ET DU DROIT
DE SEIGNEURIAGE

Vérifier, au moment de l'échange, la monnaie offerte eût
été long, difficile, impossible parfois ; aussi a-t-on imaginé
de la marquer d'une empreinte destinée à constater sa
pureté et son poids. La faculté de donner cette garantie a
été laissée aux Gouvernements.

Ce timbre public précise, mais ne fait pas la valeur de
la monnaie ; c'est ainsi que l'empreinte marquée sur une
pièce d'un franc, indique le poids de cinq grammes, dont
un dixième d'alliage, et ne signifie rien de plus.

La doctrine contraire qui faisait dépendre la valeur de la monnaie, de l'empreinte qu'elle portait ou de la volonté du prince qui l'émettait, a longtemps prévalu. De là, en vertu d'un prétendu droit de seigneuriage, ces falsifications si fréquemment en usage, qu'on retrouve encore aux débuts du règne de Louis XV et qui consistaient à remplacer le métal précieux par de l'alliage ou à lui donner un poids inférieur au poids réel. La pièce appelée livre n'était plus, en 1789, que la 87ᵉ partie de ce qu'elle était au temps de Charlemagne. Tous les Gouvernements ont eu recours à ces falsifications. En Angleterre, elles ont cessé à partir du règne d'Elisabeth et jamais la livre anglaise n'a perdu plus d'un tiers de sa valeur.

Il ne faut pas confondre le droit ou mieux l'abus, dit de seigneuriage, avec le droit de brassage destiné à pourvoir aux frais de fabrication.

En France, la fabrication des monnaies s'opère par des entrepreneurs, agissant à leurs risques et périls, sous la surveillance de l'État. Les particuliers peuvent faire monnayer l'or et l'argent dont ils disposent, moyennant une légère retenue. Celui qui apporte à la fabrication un kilog. d'argent fin, reçoit en monnaie un kilog. moins sept grammes et demi. Sur l'or, le droit est de 6 fr. sur 3,100 fr.

PARAGRAPHE III

DE LA VALEUR DE LA MONNAIE.

La monnaie est-elle une marchandise ou n'est-elle qu'un signe ? elle est l'une et l'autre.

Elle est signe en ce sens que sa valeur, sous forme de disque, sert à apprécier les autres valeurs et qu'on la prend pour type. S'agit-il d'un échange ? Instinctivement, on évalue en argent la valeur des objets à échanger et c'est sur leur estimation pécuniairo qu'a lieu la transaction.

Mais la monnaie n'est-elle qu'un signe représentatif ?
C'est en l'affirmant qu'on se livrait aux faux monnayago.
Si elle n'est qu'un signe, il importe peu qu'il y ait plus
ou moins de métal fin ; on peut en réduire chaque jour
la proportion, et finalement substituer le cuivre aux
métaux précieux, comme on l'a fait en Russie, en Espagne
et surtout en Turquie, où la piastre qui au début contenait
5 fr. 40 c. d'argent fin, n'en contenait plus que pour 0, 10 c.,
au commencement du siècle. Pourquoi même ne pas
remplacer la monnaie métallique par le premier papier
venu, sur lequel on écrirait un certain nombre. de francs,
tels que : le papier Law sous Louis XV, les assignats sous
la Convention, le continental monney américain, pendant
la guerre de l'Indépendance, le rouble russe etc., etc.

Les esprits les plus éminents ont protesté contre cette
prétention de ne voir dans la monnaie qu'un signe représentatif. « On convint, « observait déjà de son temps
« Aristote, « de donner et de recevoir dans les échanges
« une matière, qui *utile par elle-même,* fût aisément ma-
« niable dans les usages habituels de la vie. Ce fut du fer,
« par exemple, de l'argent ou telle autre substance dont
« on détermina d'abord la dimension et le poids et qu'enfin
« pour se délivrer de l'embarras de continuels mesurages,
« on marqua d'une empreinte particulière, *signe de sa*
« *valeur.* » Polit. liv. 1 ch. III.

Le bon sens public en a constamment jugé de la sorte.
On a vu constamment le prix des marchandises hausser
de toute la valeur fictive imprimée aux monnaies. Celles-
ci se trouvaient ainsi réduites à leur juste valeur et Dante
s'est fait l'interprète des sentiments de tous en plaçant
Philippe-le-Bel dans son enfer, avec l'épithète de faux
monnayeur.

Il est si vrai que la monnaie est une marchandise, qu'en

dehors de sa forme et de l'empreinte légale, sa substance a une utilité propre, réelle ; gage et garantie de la valeur qu'elle indique; qu'autrefois et aujourd'hui encore en Chine, on paie en lingots et que chez la plupart des peuples, l'unité monétaire correspond à l'unité de poids. Le sicle, dont Abraham se servait, était l'unité de poids chez les juifs. L'as en bronze n'était autre chose que la livre chez les Romains. L'aureus de Jules César et des empereurs jusqu'à Constantin représentait la quarantième partie de la livre. Ainsi de la drachme grecque, de la livre et du marc, etc.

PARAGRAPHE IV

L'ARGENT CONSTITUE-T-IL LA RICHESSE?

On l'a cru pendant longtemps et de là ces efforts pour enlever aux nations voisines leur numéraire, exporter beaucoup, restreindre et limiter les importations.

On se trompait. Posséder en quantité de l'or et de l'argent est actuellement une manière d'être riche au sein de la société ; mais ce n'est pas la seule et à dire vrai, ce n'est pas la principale. Le propriétaire d'un grand domaine peut manquer d'argent et cependant il est riche incontestablement et il peut subvenir largement à ses besoins. En quelle estime, le naufragé qui aborde une île déserte, pourrait-il avoir une caverne pleine d'or ? Le moindre grain de mil ferait mieux son affaire. On aura beau centupler la quantité de numéraire possédée par les plus riches familles, si on n'augmente en même temps la quantité de produits échangeables avec la monnaie ; ce numéraire ne leur servira qu'à acheter plus cher. On évalue à deux milliards le numéraire requis en France par les besoins du commerce; supposez une circulation de quatre milliards, tout le résultat sera de payer dix francs ce qu'on payait jusque-là cinq francs.

Le pouvoir d'achat de la monnaie baisse à mesure que la quantité des unités monétaires se multiplie, toutes autres choses demeurant en l'état ; et là où il y aurait une quantité vraiment excessive de monnaie, elle ne trouverait que malaisément à s'échanger, perdrait de son utilité comme intermédiaire et ne conserverait que ses avantages comme objet de luxe.

Ce que l'on dit des particuliers s'applique aux peuples. Leur principale richesse consiste dans l'abondance des produits nécessaires, utiles, agréables, objets des désirs et matière de transactions. Le fer et le plomb constituent pour eux une richesse plus réelle que l'or et l'argent, abstraction faite de la qualité d'intermédiaire, parce qu'ils sont d'un plus efficace secours pour se procurer les commodités de la vie.

Un peuple est riche lorsqu'il possède une agriculture perfectionnée, une industrie en progrès, des productions naturelles ou fabriquées en abondance, des manufactures, des moyens de transports, des voies de communication, manquât-il d'ailleurs de numéraire. L'Angleterre est plus riche que la France, fait plus de transactions et possède deux fois moins de numéraire. On sait l'énorme quantité de métaux précieux importés du Nouveau Monde et conservés grâce à un protectionisme Draconien par l'Espagne ; l'absence d'industrie n'en a pas moins fait de ce pays l'un des plus pauvres de l'Europe.

Si donc ordinairement, la monnaie d'or et d'argent attire toutes les préférences, c'est moins en vue d'une possession définitive, que pour se procurer plus aisément les produits et les services d'autrui. Ainsi qu'on l'a observé, dans l'état actuel des choses, cette monnaie est un billet à ordre souscrit par le genre humain tout entier ;

donnant à celui qui a su s'en assurer la possession, des droits reconnus dans les cinq parties du monde.— Quelques socialistes n'ont vu, dans la monnaie, qu'un auxiliaire dangereux du capitalisme, un complice des dépenses exagérées et en ont demandé la suppression. Illusion ! On ne transforme pas la nature humaine avec dés théories. La monnaie supprimée, le paresseux restera paresseux, l'ivrogne convertira ses bons de consommation en bons de boissons, l'avare accumulera le papier-monnaie au lieu d'entasser des écus. Le bon sens public a protesté contre ces demandes utopistes et n'a cessé de voir dans la monnaie un instrument d'échange, la mesure commune des valeurs, l'équivalent universel, l'agent efficace de la circulation, le moyen par excellence d'accumulation, de conservation et de transmission de la richesse.

PARAGRAPHE V

DE LA VARIATION DES MÉTAUX MONÉTAIRES. — DE LEUR QUANTITÉ. — DE L'UNITÉ DE MONNAIE.

Bien que jouissant d'une stabilité de valeur plus grande que celle de toutes les autres marchandises, l'or et l'argent n'en sont pas moins soumis à certaines variations et ces variations se retrouvent souvent, d'un siècle à l'autre, et à la même époque entre deux pays voisins. Au XVIIIe siècle, l'argent valait deux fois ce qu'il vaut aujourd'hui, trois fois pendant le troisième quart du XVIIe siècle, quatre fois pendant le deuxième quart, six fois pendant le premier quart et du XVIe au XVIIe siècle. Il valait neuf fois plus, au commencement du IXe siècle et douze fois plus à la fin du VIIe. Une pièce d'or au même titre vaut un peu plus, à Paris et en Italie, qu'à Londres, et avec la même somme, on achètera plus de marchandises, en province, que dans les grands centres.

On attribue cette dépréciation des métaux précieux :

1° à l'augmentation progressive de la production des mines et à l'importation toujours croissante de l'or ou de l'argent dans les divers pays;

2° à l'inaltérabilité des métaux précieux. La production annuelle dépasse la consommation;

3° à l'usage de plus en plus commun des signes représentatifs de la monnaie et des virements.

D'autre part, cette dépréciation est contrebalancée par l'accroissement des populations, le développement des industries et des affaires, le perfectionnement des voies de communication qui provoquent un plus grand emploi de l'instrument des échanges, par le luxe, l'usure des ustensiles en or et en argent; enfin par les pertes quotidiennes d'or ou d'argent. Ces pertes peuvent s'élever à un chiffre qu'on ne soupçonnerait guère. Le premier Empire avait émis en France 2,286,932 francs en pièces de 10 cent., avec la lettre N. Lorsque, sous le Gouvernement de juillet, on voulut les retirer de la circulation ; on ne put en retrouver que pour deux millions.

On se plaint souvent, avec amertume, de la cherté toujours croissante des marchandises. Pour raisonner juste, en cette matière, il faut distinguer entre le bon marché et la cherté réels, le bon marché et la cherté apparents. La cherté est réelle, lorsqu'il y a déficit dans la production ; le bon marché est réel, lorsqu'il y a surabondance. Le bon marché et la cherté, au contraire, sont apparents, lorsqu'il y a abondance ou rareté de numéraire. Les conséquences n'en sont pas aussi redoutables qu'on pourrait le craindre tout d'abord, pour les classes ouvrières ; car l'élévation des salaires correspond vite à l'augmentation du prix des objets nécessaires à la vie. Seules quelques individualités, employés, rentiers, fonctionnaires ont à souffrir.

Il est difficile d'évaluer la quantité de monnaie possédée par les divers peuples, à cause de l'exportation et des accidents de toute sorte. Le monayage de la France s'élève à six milliards et c'est à peine si elle possède deux milliards et demi. En Angleterre, on compte depuis le 1ᵉʳ janvier 1816, trois milliards d'espèces monnayées ; elle n'en possède pas la moitié.

On a souvent exprimé le désir de voir tous les peuples civilisés adopter le même système de monnaie. Il est hors de doute que cette réforme activerait les transactions, unifierait les rapports commerciaux, simplifierait les opérations de change, les tenues de compte, déterminerait une économie de temps et de travail. Nous pensons que les voies ferrées en se multipliant, les communications de plus en plus rapides des postes et du télégraphe, la liberté commerciale, les expositions universelles précipiteront le mouvement et que l'heure est proche où après être devenue nationale, de féodale qu'elle était, la monnaie deviendra européenne, universelle. Déjà la monnaie de la France et d'Angleterre, c'est-à-dire des deux nations commerçantes par excellence, est acceptée par tous les peuples.

PARAGRAPHE VI

DES SIGNES SIGNIFICATIFS DE LA MONNAIE

Ils sont de deux sortes : *métalliques* et d'une valeur réelle, inférieure à leur valeur nominale; *en papier* et sans aucune valeur intrinsèque.

1° *Signes métalliques*. — On les désigne du nom de billon, de l'espagnol *Vellon*, cuivre, airain, ou plus ordinairement, du nom de monnaie. N'avoir point de monnaie, en langage vulgaire, équivaut à n'avoir que des pièces d'or ou d'argent. On emploie à les confectionner le cuivre, le bronze, le nickel.

Le gros sou double français, frappé en métal de cloche, sous la Révolution, pesait 24 grammes ; le même en cuivre, à tête de la liberté, pesait 20 grammes ; le gros sou de 10 centimes, émis depuis Napoléon III, pèse 10 grammes. On a encore d'autres pièces de 5, 2, et 1 centimes qui pèsent 5, 2, et 1 grammes. Le kilogramme de cuivre valant de 2 à 2 fr. 50, la monnaie de cuivre a une valeur nominale quadruple et quintuple de la valeur intrinsèque.

Deux précautions sont à prendre dans l'émission de cette monnaie. La première, d'en borner la fabrication aux besoins. La Russie s'est préparé de grands mécomptes financiers, en émettant, de 1762 à 1811 ; pour 90 millions de roubles en pièces de cuivre; tandis que l'émission de monnaie d'or et d'argent atteignait à peine 137 millions. La deuxième est de limiter son acceptation forcée. En France, avant 1810, on était tenu de recevoir, en monnaie de billon, le quarantième d'une créance. Le décret de 1810 fixe à 5 francs l'acceptation obligatoire. Les caisses publiques n'en acceptent et n'en donnent qu'au-dessous de 50 centimes. Le cuivre n'est monnaie légale, en Angleterre, que jusqu'à concurrence d'un schilling. En Russie la monnaie de cuivre avait cours forcé pour les paiements de cinq roubles (20 fr.) et au-dessous.

2° Signes représentatifs en papier. — Si les signes *métalliques* n'ont qu'une valeur plus ou moins proportionnée à leur valeur nominale, les signes *en papier* sont sans valeur intrinsèque; ce sont de purs moyens d'échange, de simples assignations sur les monnaies. Leur emploi offre ce triple avantage : 1° de constituer un appareil de circulation gratuit, 2° d'être d'un maniement plus facile que l'or et l'argent, condition précieuse, lorsqu'il s'agit surtout de payer des sommes considérables ; 3° d'être exempts de frai. Un fait atteste la puissance et l'efficacité de leur intervention. En Angleterre, les neuf dixièmes des transactions s'accomplissent sans qu'il soit besoin d'un écu ou d'un billet de banque.

Parmi ces substituts de la monnaie, nous citerons :

1° *La lettre de change*. On a attribué la découverte de ce procédé de commerce, soit aux Gibelins proscrits de Florence, soit aux Juifs chassés de France en 1181. Si on considère la lettre de change dans son essence, c'est-à-dire dans l'ordre donné, d'un lieu à un autre, de payer à un tiers, par suite d'un échange de créance, elle remonte à l'antiquité la plus reculée. Cicéron en fait mention dans la lettre où il demande à Atticus, si l'argent dont son fils aura besoin à Athènes: « peut lui être envoyé par moyen de change, ou lui être apporté, *permutari ne possit, an ipsi ferendam sit ?* » Les Juifs répandus dans le monde entier, livrés au commerce des métaux précieux, ont fait usage de la lettre de change soit avant, soit après l'expulsion de 1181. — Au XIIIe siècle, si l'on en croit Mathieu Pâris, les évêques d'Angleterre se virent contraints, après décision du Pontife Romain, d'accepter les lettres de change tirées sur eux, par des marchands italiens, pour solder l'emprunt contracté par Henri III. En 1462, Louis XI autorisa les négociants de la foire de Lyon à en faire usage. Les ordonnances de 1549 et de 1563 concèdent, aux juridictions consulaires de Toulouse et de Paris, la connaissance des contestations relatives aux lettres de change. Mais pour que leur emploi se généralisât, il fallait des relations multipliées, une poste aux lettres, un langage commun, des mœurs qui fussent une garantie et une sécurité; aussi n'est-ce qu'au milieu du grand mouvement commercial de la fin du XVe siècle, que la lettre de change apparaît avec l'endossement et les obligations qui en découlent. Le contrat dont elle est l'expression, est entouré de toutes les faveurs de la législation, dans les pays civilisés.

On la définit : « Un ordre écrit de payer à un tiers, ou à son cessionnaire direct ou indirect, par endossement, une somme déterminée, à lieu et à jour fixe. »

Cette définition qui convient exactement à la lettre de change telle qu'on l'emploie en Allemagne, en Angleterre, aux Etats-Unis ; n'exprime qu'incomplétement les exigences de la législation chez, les peuples d'origine romaine. En France, la loi prescrit : que la lettre de change soit tirée d'un lieu à un autre et datée ; qu'il y ait provision, c'est-à dire, créance réelle au moment de l'échéance ; qu'on énonce la valeur fournie ; que les endossements soient motivés, datés et signés.

Pour donner une idée des services rendus par la lettre de change, il suffira de dire que la masse de ces instruments de crédit, dans la seule Angleterre, est évaluée à trois milliards 800 millions.

La mandat de change et le billet à ordre ne sont que des variantes de la lettre de change.

2° *Le billet de banque.* Il est de tous les signes représentatifs celui qui supplée le mieux la monnaie. Grâce au privilége de l'établissement qui l'émet, il a un *caractère public* et ainsi que le qualifiait la loi de 1806, il est *au porteur* et *à vue ; au porteur*, c'est-à-dire payable à quiconque le présente au remboursement, sans avoir à produire de gage ni de garantie ; *à vue*, c'est-à-dire à toute présentation et sans délai d'échéance. C'est, par ces trois qualités essentielles, que le billet de banque se distingue des effets de commerce ordinaires.

3° *Les Warrants.* On désigne sous ce nom d'origine anglaise et récemment adopté par la langue officielle, des récépissés constatant un dépôt de marchandises dans des entrepôts ou magasins publics. En Angleterre, on put dès l'abord disposer de la marchandise déposée, par l'endossement du Warrant, à la seule condition de faire mentionner cet endossement sur les livres de l'entrepôt. Endosser un warrant équivalait de la part du propriétaire, à retirer sa marchandise pour la livrer à l'endosseur. Celui-ci était censé la réintégrer aussitôt.

En France, un décret du 21 mars 1848 institua des magasins généraux à l'usage de marchandises dont l'entrée devait être constatée par des récépissés affirmant le droit d'en disposer et transmissibles par endossement. Le décret du 24 mars autorisait la banque de France à recevoir ces récépissés, en remplacement d'une des signatures exigées pour les effets à escompter, à la seule condition toutefois de faire vérifier par des courtiers la valeur des dépôts.

L'article 1 de la loi du 24 août 1848, porte : « Toute per-
« sonne qui en vertu des décrets des 21 et 26 mars aura
« prêté ou prêtera sur des marchandises déposées dans
« les magasins publics, sera valablement saisie du privi-
« lége de nantissement, par transfert du récépissé à son
« ordre et par la mention dudit transfert sur le registre
« du magasin, avec indication de la somme prêtée. »

Les reconnaissances des Monts de Piété et en général les récépissés de toutes sortes rentrent dans la catégorie des warrants.

4° *Le papier-monnaie.* Il ne faut pas le confondre avec la monnaie de papier ou monnaie fiduciaire (de *fiducia* confiance) dont nous venons de parler. La monnaie fiduciaire est émise dans des conditions normales, en proportion limitée et repose sur des valeurs réelles. Le papier-monnaie est simplement une promesse, un titre auquel le Gouvernement donne la qualité de monnaie et le cours forcé. C'est le faux monnayage au plus haut degré.

Il a pour cause la gêne de Gouvernements aux abois. A peine émis, il est déprécié : 1° parce que les garanties sur lesquelles il repose sont illusoires. 2° L'émission s'en fait d'une manière disproportionnée avec les besoins. 3° Il n'a pas cours au delà de la frontière. 4° Par les mouvements et les caprices de l'opinion.

L'émission du papier-monnaie aboutit invariablement à ces deux résultats : 1° Ruine générale et successive de ceux entre les mains desquels il passe, de ceux surtout qui vivent de salaire. 2° Décrets violents et spoliateurs de Gouvernements qui s'obstinent à soutenir, en dépit des plus légitimes oppositions, la valeur d'un papier déprécié.

Il serait difficile d'indiquer l'époque où, pour la première fois, on fit usage du papier-monnaie. Il avait cours en Chine dès le XIII° siècle et on le retrouve successivement chez tous les peuples. En France, il a été émis de 1789 à mai 1794, pour six milliards d'assignats hypothéqués sur les biens des églises et des émigrés, dont la possession n'était pas légitime et ne semblait pas sûre. En 1794, ces titres perdaient 78 %. On émit en 1796 deux milliards 400 millions de promesses en mandats territoriaux, garantis par des biens évalués à 3 milliards 785 millions. Or, quelques mois après l'émission, le billet de 100 livres ne valait pas même 5 centimes.

On a voulu comparer le papier-monnaie émis par un Gouvernement en détresse aux billets de banque auxquels l'État donne parfois cours forcé. Il y a une différence essentielle. Les billets de la banque de France ont une garantie réelle dans les six cents millions d'espèces métalliques et les valeurs en portefeuille qu'elle possède. Le cours forcé n'est que temporaire et n'intervient que pour donner à l'institution le temps et les moyens de réaliser ses valeurs. Le public le sait et, assuré de pouvoir échanger ses billets contre du numéraire, il attend avec confiance. Il n'en est pas ainsi du papier-monnaie. Celui-ci n'a aucune garantie dans les caisses de l'État et sa valeur ne repose que sur la confiance qu'inspire le Gouvernement, c'est-à-dire sur ce qu'il y a de plus instable dans les temps modernes.

ARTICLE IV

DU CRÉDIT. — ETYMOLOGIE. — DÉFINITION. — DIVISION.

Crédit vient de *creditum, credere,* avoir confiance. Le crédit dérive à ce point de la confiance que quelques-uns l'ont pris pour la confiance elle-même : c'est confondre la cause avec l'effet.

Aucune expression n'est employée dans un sens plus complexe que le mot crédit. Dans les livres de commerce, *crédit* indique l'avoir, l'actif d'un compte, comme *débit* indique le passif. *Ouvrir un crédit,* c'est autoriser un client à se constituer débiteur pour une certaine somme, à de certaines conditions. Donner une *lettre de crédit,* c'est autoriser le porteur à toucher une somme quelconque. *Prêter son crédit,* c'est donner sa garantie. Avoir *du crédit* équivaut à avoir une réputation de solvabilité. On dit que le *crédit* abonde dans un pays lorsque les possesseurs de capitaux en font volontiers l'avance.

On a défini le crédit : L'échange des créances. — Le moyen de faire servir les propriétés mobilières, immobilières de gage certain à des avances en capitaux circulants. — L'ensemble des moyens à l'aide desquels les capitaux passent des mains de ceux qui ne veulent ou ne savent les mettre en œuvre dans des mains capables de les faire produire. On pourrait encore le définir : Un échange perfectionné, avec des moyens qui suppléent à la monnaie ou en augmentent les services.

Tout crédit repose sur la confiance ; mais comme il y a divers degrés dans la confiance, on distingue différents crédits en raison de la nature du gage exigé de l'emprunteur. Il y a :

1° Les avances ou prêts sur simple engagement écrit, n'ayant d'autre base que la moralité ou la solvabilité de l'emprunteur. C'est le crédit vrai, le plus ordinaire, le crédit de commerce.

2° Les avances sur gages ou nantissement. Elles ont pour garanties le dépôt de certaines marchandises, et deviennent fréquentes en temps de crise.

3° Les avances sur titres (Warrants-Obligations). Elles se rapportent aux précédentes et sont très usitées sur les places de grand commerce.

4° Les avances sous la garantie de droits acquis au créancier sur les immeubles de son débiteur. C'est le crédit hypothécaire ou foncier.

5° Les avances à l'État ou au Gouvernement. C'est le crédit public.

Le crédit est encore appelé : Commercial, rural, industriel, selon la situation sociale de l'emprunteur ; personnel ou réel, selon qu'il repose ou ne repose pas sur un gage ; mutuel, si les fournisseurs de valeurs participent à la consommation.

Le crédit intellectuel, imaginé par le P. Enfantin, consistait à avancer des valeurs aux savants, aux artistes, aux inventeurs pour publier leurs œuvres et leurs découvertes. Par crédit d'État, autre invention du socialisme, on entend les avances faites gratuitement par la société aux ouvriers en quête de travail. C'est l'État prenant dans la poche des uns pour donner aux autres.

Nous traiterons 1° De l'utilité du crédit, 2° Des institutions de crédit, 3° De ses opérations.

PARAGRAPHE PREMIER

DES AVANTAGES DU CRÉDIT.

L'utilité du crédit pour les particuliers est évidente ; il n'en est pas ainsi, semble-t-il, de l'utilité qu'en retirerait la société ; car, à ce point de vue, le crédit a rencontré des adversaires de plusieurs sortes.

1° Quelques économistes ont méconnu entièrement ces avantages ou les ont réduits presque à rien.

2° D'autres, au contraire, les ont exagérés à l'infini. Pour eux, jeter dans la circulation un papier, à titre de monnaie suffit à accroître la richesse sociale ; et comme les Gouvernements peuvent multiplier ces émissions, le crédit devient une source intarissable d'où la richesse coule à flots sans efforts et sans travail. C'est de l'alchimie.

3° Plusieurs et parmi eux un écrivain ordinairement mieux inspiré, J.-B. Say, estiment qu'il y a une situation particulièrement favorable à la société ; c'est celle où personne n'a besoin de crédit, où chacun dans sa profession *a su* amasser assez de capital pour subvenir sans emprunter aux avances que sa profession exige. Le mieux est de travailler avec ses propres capitaux ; les frais de production diminuent et les capitalistes ne sont pas exposés à des pertes imméritées.

1° Les avantages du crédit pour la société non moins que pour les individus sont incontestables. « Il procure à celui qui manque de capitaux, la disposition des capitaux de celui qui ne veut pas ou ne peut pas les faire travailler par lui-même. Il empêche les valeurs capitales de demeurer oisives. » J.-B. Say. Cours. Tom. I.

« N'était le crédit, le capital sans le travail resterait improductif, et le travail sans le capital impuissant... L'un est la force motrice, l'autre est l'usine ; le crédit est le canal qui les met en rapport et qui au profit de tous deux, fait servir l'un à l'activité de l'autre. » Ch. Gauthier. Encyclop. du droit.

« Le crédit offre au faible une ressource précieuse. Il
« établit une association entre le riche et le pauvre, entre
« celui qui a reçu de ses pères ou tiré de son travail un
« beau patrimoine, et celui qui débute dans la vie sans
« autre ressource que son intelligence, sa moralité, son
« application et qui veut arriver à son tour à l'aisance...
« C'est lui qui aide l'homme à maîtriser la matière, à ex-
« ploiter le globe et à l'embellir pour son propre usage.
« Déjà il a exercé une influence magique sur les déserts du
« nouveau monde. » Michel. Chevalier.

Ainsi : multiplier les échanges et en faciliter le méca-
nisme, activer la production, provoquer et féconder le travail, livrer à la circulation les capitaux fixes, donner plus d'activité aux capitaux circulants, faire concourir la richesse acquise à la création d'une richesse nouvelle, créer une assurance, une solidarité qui agit de producteur à producteur, de ville à ville, de nation à nation, stimuler et favoriser l'épargne, développer l'esprit de conduite, tels sont les effets du crédit.

On dit : Le crédit ne fait que déplacer les capitaux. Mais c'est chose considérable que certains déplacements de capitaux. Le commerce, les voies de communication, la monnaie, les échanges ne font que déplacer les produits ; niera-t-on leurs avantages ? Dans de certaines conditions, le déplacement de capitaux est le point de départ, le complément nécessaire de l'œuvre de la production, la moitié même de la production.

Ce qui trompe ici, c'est qu'on imagine quelques cas où, abstraction faite du crédit, le capital aurait été utilisé par le cédant, comme il l'a été, moyennant le crédit, par le cessionnaire ; comme dans une cession de biens-fonds. C'est l'exception et ordinairement, eu égard surtout à la division du travail, l'instrument qu'une main utilise n'aurait pu être utilisé par la main qui le cède. Combien d'épargnes resteraient stériles aux mains d'un fonctionnaire, d'un rentier, d'un ouvrier qui, grâce au crédit, fructifieront entre les mains d'un entrepreneur d'industrie. Le droguiste ne tire aucun profit de ses ingrédients tant qu'ils demeurent en magasin ; s'il les donne à crédit au teinturier, ils deviendront productifs. Ainsi raisonne-t-on du teinturier et de ses couleurs, du fabricant en gros et de ses étoffes, du marchand en détail, etc. etc.

2° Est-ce à dire qu'en créant des signes de valeurs, des papiers de commerce, on crée des valeurs réelles, des richesses correspondantes ? Non, ce serait un moyen par trop facile de s'enrichir. Le crédit féconde l'action du capital, mais il ne le crée pas, il améliore l'instrument, multiplie les services qu'on peut en attendre ; mais il ne fait pas qu'il y ait trois ou quatre instruments et cette expression si souvent employée : « *le crédit multiplie les capitaux,* » doit se prendre au figuré. Sans doute on trouve des esprits osés qui signent des effets de commerce fictifs ou qui emploient des signatures de complaisance et qui à l'aide de ces procédés, réussissent à se procurer des capitaux ; mais on sait comment, surtout lorsqu'ils se généralisent, ces procédés amènent la ruine des prêteurs et des emprunteurs.

3° Quant à l'opinion de ceux qui estiment préférable la situation où personne n'a besoin de crédit, on ne peut la considérer que comme une utopie. Une société sans crédit ne se conçoit point ; car ceux qui réalisent des épargnes n'ont pas toujours la faculté de les utiliser ; et les entrepreneurs d'industrie manquent fréquemment des capitaux nécessaires. D'où les besoins incessants de prêt et d'emprunt, de circulation et de transmission des capitaux.

Mais, dit-on, la surchage des intérêts grèvera les produits ? Elle est plus apparente que réelle ; car la multiplicité des affaires qu'entraîne le crédit permet de se contenter d'un moindre profit sur chacune d'elles. P. par exemple, fait annuellement pour cent mille francs d'affaires ; il doit pour réaliser un bénéfice de dix mille francs, gagner dix pour cent. Si son commerce atteint le chiffre de 400,000 fr., il pourra se contenter de trois pour cent et réaliser un béné·fice supérieur.

Signalons cependant ici un danger de surexcitation, qui peut aisément amener des crises et des mécomptes.

Pour que le crédit subsiste avec avantages, deux conditions sont requises : 1º Que le capital objet du crédit serve à la production. S'il est destiné à la consommation, l'expérience démontre combien le crédit devient ruineux aux intéressés ; 2º que l'intérêt destiné à compenser le crédit n'absorbe pas la totalité des profits. Oublieux de cette seconde condition, des gens de campagne empruntent de l'argent, au taux de 5 ou 6 0/0, pour acheter des immeubles, dont le rapport est à peine de 3 0/0 et se préparent d'inévitables désastres.

PARAGRAPHE II

DE DIVERSES INSTITUTIONS DE CRÉDIT. — BANQUES. — CRÉDIT FONCIER. — CRÉDIT MOBILIER. — INDUSTRIEL. — LYONNAIS. — SOCIÉTÉ DE DÉPOTS. — ALGÉRIENNE. — GÉNÉRAL. — MONTS DE PIÉTÉ. — OEUVRE DE CRÉDIT. — DE CHARITÉ. — D'HONNEUR.

Parmi les institutions de crédit, apparaissent en premier lieu les banques.

Banque vient de l'italien Banco, Banc. En Italie, au

moyen-âge, chaque commerçant avait sur la place publique une table ou un banc pour opérer ses transactions. Venait-il à manquer à ses engagements, le banc était brisé. Le public savait ce que signifiait *un banco rotto* et c'est de ces deux mots que dérive l'expression banqueroute.

Le mot banque s'entend :

1° D'une branche générale de commerce.

2° De l'escompte qui n'est qu'une opération spéciale de crédit.

3° De certaines institutions dirigées par des particuliers ou contrôlées par l'État, en retour de certains monopoles. Nous l'entendons dans ce dernier sens.

« Le mot banque » observe M. Gauthier « exprime au-
« jourd'hui parmi nous le commerce qui consiste à effec-
« tuer pour le compte d'autrui des recettes et des paie-
« ments, à acheter et à vendre soit des monnaies en
« matière d'or et d'argent, soit des lettres de change et des
« billets à ordre ; des effets publics, des actions d'entre-
« prises industrielles ; en un mot toutes les obligations
« dont l'usage du crédit, de la part des États, des associa-
« tions et des particuliers, amène la création. »

« Faire la banque, c'est exercer ce genre de com-
merce ; une maison de banque, c'est une maison qui en fait son occupation exclusive ou principale ». *Encycl. de Droit.*

« Ce plan est vaste et peu de maisons pourraient en em-
brasser toutes les opérations ; aussi se bornent-elles à des spécialités. On distingue :

Les *Banques d'escompte.* Elles reçoivent en dépôt les fonds de l'épargne, achètent ou escomptent avec ces fonds les lettres de change et les billets à ordre, font des avances à l'industrie.

Les *Banques de change.* Elles négocient les valeurs commerciales qui circulent de place en place, opèrent sur les

places étrangères et font des spéculations sur les matières d'or et d'argent, sur la variation des effets de commerce, leur principale occupation.

D'autres banques se font une spécialité de traiter des valeurs publiques. Elles ouvrent des souscriptions aux emprunts des Gouvernements, aux entreprises des grandes compagnies, achètent et vendent des rentes sur l'État. On sait l'extension considérable qu'ont pris depuis 1825 les emprunts d'État et quelles émissions répétées d'actions, d'obligations ont nécessité en ces derniers temps la création, l'exploitation de nos voies ferrées, d'autres entreprises industrielles.

On peut encore distinguer les banques au point de vue de leur organisation et de leurs rapports avec l'autorité : en banques *privées* et en banques *publiques*.

Les banques *privées* sont librement dirigées sous l'empire des lois qui régissent l'association et le commerce, par des maisons particulières. Elles ne disposent que de capitaux restreints, d'un crédit borné et n'opèrent que sur une moindre échelle.

Les *banques publiques* sont formées par de grandes compagnies, disposent de capitaux considérables, étendent au loin leur action et en raison de leur influence se trouvent soumises au contrôle de l'autorité publique. *A priori*, le but et les opérations des banques privées et des banques publiques ne diffèrent pas essentiellement ; mais lorsqu'il s'agit de ces dernières, prenant en considération la nature de leurs fonctions, la généralité des procédés, la gravité des intérêts engagés, cédant peut-être aussi à certains ombrages, les Gouvernements interviennent pour fixer les conditions d'existence et de fonctionnement, limiter les droits, accorder en retour des monopoles ou privilèges. De là, entre les banques privées et les banques publiques, et même, entre les banques publiques elles-mêmes d'un pays à un autre pays, d'une année à l'autre, des diversités qui sont le fait du législateur.

Nous renvoyons, pour l'explication de certains mots employés dans le commerce de banque, au dictionnaire qui est à la fin de cet ouvrage. Un coup d'œil historique sur l'origine et les développements de ce commerce, complétera l'idée que nous avons voulu en donner.

L'antiquité la plus reculée avait ses commerçants qui opéraient le change des monnaies, le trafic des matières d'or et d'argent. Dépositaires d'espèces métalliques de toutes sortes, ils attirèrent peu à peu les produits de l'épargne et reçurent des dépôts. Les emprunteurs ne furent pas les derniers à se présenter et c'est ainsi qu'ils devinrent intermédiaires entre capitalistes et négociants. Ils se nommaient *trapezitaï* à Athènes (de τραπεζα table), *argentarii* à Rome. Plus tard (352 av. J.-C.) on établit à Rome les *mensarii* chargés de prêter aux plebéiens poursuivis par un membre du Patriciat, au nom du Trésor public et sur garanties.

De la monnaie aux signes représentatifs de la monnaie, il n'y avait qu'un pas et il fut vite franchi. Les changeurs opérèrent sur les billets, obligations ou promesses; ils firent des recouvrements et des paiements sur place et au loin; mais l'extension du commerce en amena la division. Pendant que les changeurs revenaient à leurs opérations primitives dont l'importance croissait chaque jour, à côté d'eux, se formaient des établissements spéciaux destinés : à recevoir les fruits de l'épargne et les capitaux dormants pour les reverser à l'industrie : à favoriser entre industriels et commerçants l'usage des opérations de crédit, escomptes, virements, en trouvant l'emploi de leurs obligations réciproques ; à faciliter le change d'une place à l'autre, en négociant les effets de commerce et en évitant les transports coûteux de numéraire. L'empressement avec lequel le public accueillit ce commerce de banque, montre combien il comprit vite les avantages qu'en retireraient l'épargne et le travail.

Une des premières banques dont on a conservé le nom est celle de Venise. Créée en 1157 selon les uns, en 1171 selon d'autres, elle n'a disparu qu'en 1797 avec la République elle-même. Elle recevait des dépôts, ouvrait des crédits à l'aide de virements, c'est-à-dire en substituant créanciers et débiteurs à d'autres créanciers et débiteurs.

De nombreuses banques se forment à l'instar de celle-ci; mais jusqu'à la fin du XVIᵉ siècle, elles doivent leur établissement soit aux Gouvernements, soit aux municipalités. Elles sont pourvues de monopoles et font usage d'une monnaie de convention, de titre et de poids définis, que l'altération des monnaies courantes rend précieuse et fait rechercher. Parmi les plus importantes nous citerons celles de Barcelone 1380, de Gênes 1407, d'Amsterdam 1609, de Stockholm 1668. C'est à celle-ci qu'on doit les premiers billets de circulation. Les récépissés qu'elle délivrait en reconnaissance des sommes déposées, circulaient comme argent comptant dans toute la Suède. Elle passe également pour avoir, la première, prêté sur immeubles et avoir ainsi offert un modèle aux établissements de crédit foncier.

La banque de Londres fondée en 1694, avec le but avoué de venir pécuniairement en aide au Gouvernement dans sa lutte contre la France, fut de prime abord une banque de dépôt, de circulation et d'escompte. Elle suspendit ses paiements en espèces en 1797, sous le ministère de Pitt et ne les reprit qu'en 1822, sous le ministère de Robert Peel.

La banque d'Angleterre est aujourd'hui l'établissement de crédit le plus puissant qui existe dans le monde. Le fonds de garantie déposé entre les mains de l'État prélève 14,000,000 de sterling, soit 350,000,000 de francs; elle émet des billets ou banknotes pour ce chiffre ; et chaque fois qu'elle le dépasse, elle doit déposer l'équivalent en valeurs métalliques. L'émission a atteint parfois la somme de six cent six millions de francs, et le tarif de ses escomptes a varié de 1 1/2 p. 100 à 10 0/0. Depuis 1844, la banque d'Angleterre se divise en deux parties principales : la partie de l'émission de billets qui demeure sous le contrôle du Gouvernement, et la partie du commerce qui est absolument libre. Elle encaisse les revenus publics, paie les créanciers de l'État et lui avance le montant de l'impôt territorial et de la drèche

En dehors de cet établissement et de ses branches, ou succursales, on compte en Angleterre un grand nombre de banques sous les noms de banques provinciales, de banques à fonds unis, de banques existantes en vertu d'un bill spécial, de banques privées.

En France, les banques ne datent que du commencement de ce siècle et leur action est loin de répondre aux besoins. On a accusé souvent le manque d'esprit commercial ; peut-être ne faudrait-il s'en prendre qu'aux sévérités, ou mieux, à l'intolérance constante de notre législation. Le 2 mai 1716, l'Écossais Law obtenait du régent Philippe d'Orléans, l'autorisation de fonder une banque au capital de 6 millions, en 1,200 actions, de 5,000 livres. Son but ostensible était d'escompter les effets de commerce, de recevoir en dépôt les capitaux oisifs, d'effectuer les paiements et les recettes à l'aide de virements, enfin d'émettre des billets au porteur et à vue. Ces billets devaient être remboursés en écus du même poids et au même titre, que ceux qui avaient cours à l'époque de l'autorisation. Le succès fut considérable. Ordre ayant été donné aux caisses publiques de recevoir ces billets en paiement et de les échanger contre de la monnaie, à la volonté des porteurs, le succès s'accrut et l'émission fut portée à 60 millions, sans accroissement de l'effectif de la banque.

On imagina d'annexer à cette banque devenue bientôt banque royale, la compagnie dite d'abord des Indes Occidentales, puis simplement des Indes, pourvue du commerce exclusif de la Louisiane, des pelleteries du Canada, du cap de Bonne-Espérance, du Sénégal et successivement de la refonte et de la fabrication des monnaies, du bail des fermes, du monopole du tabac et même du soin d'encourager la pêche et les manufactures. Il s'agissait moins d'un commerce de banque que d'un ensemble de spéculations financières que l'histoire a décoré du nom de système. On en sait l'issue et quels désastres il entraîna avec lui, lorsqu'il vint à crouler en 1720.

Deux financiers, Panchaud et Clonard, furent autorisés par arrêt du Conseil à fonder une nouvelle banque dite *caisse d'escompte*, le 24 mars 1776. Elle devait se constituer au capital de 15 millions, dont dix à verser dans les caisses de l'État. Mises en défiance par cette condition, les souscriptions n'arrivèrent point et il fallut renoncer à ce versement. Grâce à cette renonciation et à la réduction du taux de l'escompte à 4 0/0 en temps de paix, et à 4 1/2 0/0 en temps de guerre, les dépôts se multiplièrent. Par malheur le Gouvernement se ravisa, exigea divers emprunts et la caisse d'escompte eut à passer des jours difficiles. En 1787, sous prétexte d'augmenter les garanties du public et d'offrir plus d'avantages au commerce, on augmenta le capital par de nouvelles souscriptions; l'émission des billets fut portée à 98 millions, à la condition de verser 70 millions entre les mains de l'État. C'était ne laisser en gage aux créanciers, qu'un crédit public profondément altéré et envelopper d'avance l'établissement dans la déconfiture prochaine des finances du pays. Après avoir vécu d'une existence précaire, tourmentée, la caisse d'escompte fut supprimée le 4 août 1793 par la Convention.

A l'issue de la Révolution, diverses associations se formèrent pour escompter les effets de commerce, émettre des billets. Nonobstant l'absence de lois en cette matière, le discrédit où les assignats avaient jeté le papier-monnaie, le trouble des esprits, elles le firent avec succès. Par la loi du 24 germinal an XI, le premier Consul réunit ces diverses associations en une seule qui prit le nom de Banque de France. Elle avait le droit d'émettre des billets de banque, mais non exclusivement. Son capital de 45,000,000 de francs fut employé partie à faire hausser les fonds d'État, partie à servir les projets militaires du brillant général. Elle dut cesser bientôt ses paiements. Reconstituée par la loi du 22 avril 1806, elle dut porter son capital à 100 millions, réserve comprise, reçut un gouverneur et un sous-gouverneur, chargés de contrôler ses opérations au nom de l'État et eut la faculté d'émettre des billets *à vue* et *au porteur*. Bien qu'escomptant des effets de commerce, elle semble n'avoir eu jusqu'en 1814, d'autre fin que de soutenir le crédit public et de faire des avances à l'État. Chaque année le Gouvernement impérial sollicitait d'elle des prêts ordinaires ou extraordinaires, qui s'élevaient en 1812 à 94,543,000 de francs ; et à 76,272,000 de francs en 1813.

Depuis 1815, la Banque de France est venue en aide aux Gouvernements en leur prêtant sur bons du Trésor, avec ou sans garantie des forêts de l'État. Elle reçoit des dépôts mais sans intérêts, escompte les effets de commerce revêtus de trois signatures, ou de deux seulement, mais avec la garantie supplémentaire d'effets publics dont l'État est débiteur ; elle fait des avances sur des dépôts d'or, d'argent, d'effets publics ; elle ouvre des comptes courants aux particuliers pour recouvrer leurs créances, opérer leurs paiements gratis. Jusqu'en 1848 ses coupures n'allaient pas au-dessous de cinq cents francs ; depuis elles sont descendues à 100 francs, 50 francs, et même à la suite de nos désastres à 25, à 20 et à 5 francs ; ce qui a facilité et accru considérablement la circulation. Son capital est de 182 millions et demi de francs ; elle peut émettre des billets pour une somme égale à trois fois son numéraire. Dans une seule année elle a fait pour quarante milliards de virements et huit milliards d'escomptes. Chaque semaine elle doit faire connaître sa situation ou bilan, indiquer, en d'autres termes, combien elle a de billets en circulation, d'espèces métalliques en caisse ; soit afin d'éclairer le public sur la marche des affaires, soit afin de déterminer sa confiance.

Indépendamment des douze comptoirs d'escomptes établis par la banque centrale, dix banques départementales furent successivement autorisées. Elles furent supprimées par un décret du Gouvernement provisoire en 1848 et réunies à la Banque de France, qui les assimila à ses comptoirs. Jusqu'ici la législation française par ses exigences a paru vouloir justifier cette parole : « Au point « de vue du crédit et des banques, la France n'en est pas « encore à l'usage, tandis que l'Angleterre et les Etats-Unis en sont à l'abus. »

Il nous reste à parler de diverses institutions de crédit destinées à aider de leur influence, de leurs capitaux prêtés à long terme, les entreprises agricoles, manufacturières, industrielles auxquelles les banques ne pourraient sans de graves inconvénients consacrer leurs capitaux. Il importe que les fonds appartenant à ces banques ne soient aliénés que d'une manière temporaire, contre des titres à brève échéance et si nombre de banques ont sombré, il faut l'attribuer en partie aux engagements à long terme ou à l'immobilisation de leur capital circulant.

Au nombre de ces établissements de crédit, il faut citer :

1° *Le Crédit Foncier*. La terre ne peut emprunter à courte échéance, car elle ne restitue que lentement les avances qu'on lui fait. Elle demande une forme de crédit qui concilie avec la sécurité la commodité du capitaliste, la durée ou la permanence de l'opération. Le prix élevé de la terre fait que le taux de son revenu est inférieur à celui de tous les placements.

Cependant dans les meilleurs temps et dans les conditions les plus favorables, il a été constaté que la propriété territoriale empruntait à un taux qui variait de 7 à 9 0/0 bien que sur hypothèque, frais compris, et tandis que le revenu du sol ne dépasse pas 2 milliards, on évalue de 5 à 600 millions la charge annuelle des emprunts. Ajoutons que l'exagération de l'intérêt porte principalement sur les prêts de faible importance, et que ces prêts sont les plus nombreux.

Cette situation constituait un danger. La division de la propriété et le grand nombre de propriétaires forment une des plus inébranlables garanties sociales ; mais des propriétaires obérés, sans cesse aux prises avec le besoin, hors d'état de faire régulièrement face à leurs obligations, constamment exposés à une dépossession légale, doivent être plus que d'autres, accessibles aux théories subversives qui, déguisant la spoliation ou la banqueroute sous de menteuses apparences, leur promettent par le papier-monnaie, par le cours forcé, par l'absorption des dettes privées dans une monstrueuse dette publique, une libération qui ne serait que le prélude d'une perturbation ruineuse de toutes les fortunes et de toutes les situations.

C'est à ce danger qu'il fallait parer en arrachant le propriétaire à la sujétion des relations locales, aux exactions usuraires; en abaissant le taux de l'intérêt, en lui facilitant le remboursement du capital, par l'adjonction annuelle à l'intérêt d'un certain supplément destiné à l'amortissement de la créance. Déjà certains établissements, tels que: la banque territoriale, 1799; la caisse du crédit réel, 1807; la caisse des propriétaires, 1814; la banque foncière, la banque agricole, etc., l'avaient essayé. Le crédit foncier poursuit le même but.

Il a été fondé en 1852 avec mission : 1° de prêter sur hypothèque des sommes remboursables au moyen d'annuités comprenant les intérêts, l'amortissement, les frais d'administration ; 2° d'appliquer tout un système pour faciliter le prêt sur immeubles et la libération des débiteurs; 3° de créer pour une somme égale à celle des engagements souscrits à son profit, des obligations ou lettres de gage produisant un intérêt annuel avec ou sans primes ; 4° de négocier ces obligations dites obligations foncières; 5° de recevoir en prêt des dépôts avec intérêt; 6° d'effectuer (en 1856), le prêt de cent millions que l'État était autorisé à faire aux entreprises de drainage ; 7° de faire (depuis 1860) aux communes et établissements publics des prêts à terme de 25, 30 et 50 ans.

Il fonctionne comme la Banque de France, sous le contrôle du Gouvernement, avec un gouverneur et deux sous-gouverneurs nommés par lui. Le taux de ses prêts a été successivement de 5, de 5,44, de 5,65, de 5,95 et de 5,87. Dans ce taux sont compris l'intérêt des obligations, l'amortissement à raison de 0,50 c. 0/0 et les frais d'administration pour pareille somme.

Afin de mieux apprécier l'utilité de ces prêts, il faut distinguer le revenu du fonds et le profit de l'industrie du cultivateur. Ce serait une mauvaise spéculation d'emprunter ne fut-ce qu'à 4 0/0, dans le but d'acheter une terre qui ne rapportera que 2 1/2, à moins qu'il ne s'agisse d'enclaves ou de parcelles contiguës, dont la culture n'augmente pas les frais généraux ; mais il en serait autrement si le cultivateur empruntait pour accroître un matériel d'exploitation, améliorer ses procédés de culture.

Le crédit mobilier fondé en France en 1852, par MM. E.

et Is. Péreire, Benoit Fould, etc., avait pour objet dès son début : 1° de souscrire ou d'acquérir des effets publics, des actions ou des obligations dans les différentes entreprises constituées en sociétés anonymes ; 2° d'émettre ses propres obligations pour une somme égale à celle employée à cette acquisition ou souscription ; 3° de soumissionner des emprunts ou des entreprises de travaux publics ; 4° de prêter sur effets publics, dépôts d'actions ou obligations ; 5° de recevoir des sommes en compte courant ; 6° d'opérer des recouvrements, de payer des dividendes pour le compte des dites compagnies, etc... Le crédit mobilier a débuté par de brillantes spéculations à la Bourse ; il a pris une grande part aux reconstructions de Paris ; mais il a été exposé à des crises multiples et ses valeurs ont subi des variations sans nombre.

La société *de Crédit industriel*, fondée en 1859 sous la direction du marquis d'Audiffret et avec le patronage du duc de Morny, a pour spécialité de recevoir les dépôts. Elle s'impose d'employer ses capitaux en papier de banque du haut commerce et en warrants.

Le *Crédit lyonnais*, fondé en 1863 à Lyon, avec capital élevé de 20 millions à 50,000,000 en 1871. Son siége est aujourd'hui à Paris.

La *Société des dépôts et comptes courants*, autorisée par décret de 1863, se propose l'escompte des effets de commerce et des warrants, les avances sur titre, l'emploi des dépôts, l'ouverture des comptes courants.

La *Société générale*, fondée en 1864, exécute toutes opérations financières non-seulement en France, mais en tous pays.

La *Société algérienne* a pour spécialité les travaux et les entreprises destinés à l'Algérie. Elle a été fondée en 1865.

Les *OEuvres de crédit et de charité*. On appelle de ce

nom, des institutions qui recueillent des capitaux par souscription, dans le but de faire aux ouvriers nécessiteux des avances destinées à l'achat des instruments de travail. Telle fut *l'œuvre du Prince Impérial*, fondée en 1862 et qui en 1868 avait prêté au taux de 2 1/2 0/0, quatre millions et demi de francs en 17.000 prêts, la plupart irrécouvrables. Elle a disparu en 1870.

Les *Monts de Piété* sont des espèces de banques qui prêtent sur gages.

Ils furent établis au milieu du XV° siècle, par Barnabé de Terni, religieux de l'ordre des Frères mineurs, dans le but de protéger les classes pauvres contre les usuriers juifs, et ne furent d'abord que des établissements de charité destinés à offrir des prêts gratuits. Le V° concile de Latran, tenu en 1515, les déclare utiles, méritoires, pourvu que l'on ne perçoive aucun gain, aucun profit et que l'on s'en tienne aux frais de gestion. Depuis quelque temps, les monts de piété ont dévié de leur but et sont devenus des institutions dont on tire un revenu. Le mont de piété de Paris n'est qu'une banque instituée sans capital, gérée pour le compte des hôpitaux et cherchant un bénéfice dans la différence de l'intérêt payé aux bailleurs de fonds et de l'intérêt prélevé sur les emprunteurs. L'intérêt ordinaire est de 9 0/0. Il peut s'élever avec les frais de commission, le droit de vente à 19 0/0..

On a essayé de fonder des institutions de crédit charitable sous le nom : « d'œuvre de prêts d'honneur » et en 1850 le ministre de l'intérieur, Ferdinand Barrot, recommandait aux préfets de provoquer partout l'organisation des *Banques de prêts d'honneur*. L'entreprise demeura sans succès.

ARTICLE V.

DU SALAIRE.

Salaire vient de *salarium*, mot qui servait à désigner la quantité de sel accordée par Rome aux officiers de l'armée. Les fournitures de toutes sortes qu'on donna dans la suite soit aux officiers, soit aux magistrats s'appelèrent *salaria*. On s'en est servi plus tard pour désigner les gages de toute nature et le prix de main-d'œuvre.

Le capital et le travail sont les deux agents de la production, ayant droit l'un et l'autre à une partie des fruits. La langue économique réserve le mot *profit* à la rémunération du capital et consacre celui de *salaire* à la rémunération du travail.

On le définit: La rétribution accordée à l'ouvrier en échange de son travail. Il est bon de rappeler ici, pour éviter certaines obscurités, que *travail* n'est pas synonyme d'*ouvrage*. Par ouvrage, on entend ce que le patron se propose de faire exécuter et ce que l'ouvrier recherche; tandis que l'expression *travail* désigne ce qu'il offre et ce qu'on lui paie.

La question du salaire est une des plus importantes qu'ait à examiner la science économique. En nulle autre il ne faut autant qu'en celle-ci de sagacité et même de génie pour connaître son véritable intérêt. Elle intéresse la majorité de la population et, à dire vrai, tous les citoyens, depuis que tous, sous une forme ou sous une autre, contribuent à la production. Puis à l'heure actuelle, la concurrence industrielle entre les diverses nations est devenue si vive, la marge des bénéfices est si étroite, qu'il suffira parfois en certains pays d'une élévation de quelques centimes dans le prix de revient d'un objet, pour priver le producteur de tout bénéfice et pour amener sa défaite sur le marché industriel. Or, qui ne voit l'importance du salaire et de la main d'œuvre dans le prix de revient d'un objet ?

Nous traiterons : 1° du salaire considéré en lui-même, 2° de la loi qui le régit, 3° de l'augmentation et de la variation des salaires et des grèves.

PARAGRAPHE PREMIER

DU SALAIRE CONSIDÉRÉ EN LUI-MÊME ET DE CE QU'IL FAUT EN PENSER.

Des publicistes ont considéré le *salariat* comme la continuation améliorée du servage ; le servage n'étant lui-même qu'un esclavage modifié. « Le servage est la dernière transformation de la servitude. » De Chateaubriand.

Supprimer le *salariat*, l'émanciper par l'association, tel devait être le but à poursuivre.

Il est facile de comprendre ce que ces théories ont de faux ou d'exagéré.

1° Le serf est attaché à un immeuble, il ne dispose pas absolument de sa personne ; tandis que le salarié va où il veut, travaille lorsqu'il le veut, bénéficie de tous les avantages de la division du travail et de la libre concurrence.

2° Rien d'humiliant dans l'origine, la forme, la nature du *salariat*. Il s'agit d'un échange de services et les conditions de l'échange se débattent librement entre l'ouvrier et le capitaliste. Le fermage, le loyer, l'intérêt constituent la part fixe du propriétaire dans l'œuvre de production ; le salaire est la part fixe du travailleur et l'anticipation devient pour lui d'un avantage inappréciable. N'ayant le plus souvent aucune épargne, contraint de pourvoir jour par jour à son existence, que deviendrait-il s'il était pour percevoir les fruits de son travail, obligé d'en attendre la fin ou les résultats d'une entreprise? Que faire si l'entreprise se soldait en perte?

3° En admettant que la transformation soit possible et que les ouvriers puissent courir les chances de la part éventuelle, il est plus que douteux que leur situation s'améliore à l'aide des associations. La concurrence qui réduit leur part-salaire, réduirait leur part bénéfice et les groupes d'ouvriers associés lutteraient entr'eux comme les individus.

4° La plupart des systèmes d'association présentés pour remplacer le *salariat* ne soutiennent pas la discussion et ne sont que de simples utopies.

PARAGRAPHE II

DE LA LOI DU SALAIRE.

Chaque école a son système et chaque système se traduit par un axiôme.

1° L'école des économistes trouve ici l'application de sa doctrine du laisser faire, du laisser passer. Elle ne reconnaît d'autre loi que celle de *l'offre et de la demande*. Si deux ouvriers courent après un maître, le salaire baisse; si deux maîtres recherchent le même ouvrier, le salaire hausse forcément.

2° L'école égalitaire exalte la mutualité des services.

3° L'école Saint-Simonienne a pour maxime : A chacun selon sa capacité : à chaque capacité selon ses œuvres.

4° L'école socialiste veut un partage équitable entre le capital, le travail et le talent.

5° Avec l'école communiste, il n'y a plus de salaire,

chacun est tout à la fois ouvrier et maître, grâce au partage de tous les biens.

En fait, à mesure que la prévoyance, la perspicacité, l'énergie se développent au sein des classes ouvrières, on voit apparaître trois régimes principaux du travail ou trois modes de rémunération.

Premier régime. — La rétribution se mesure sur le temps employé à travailler ; c'est en d'autres termes le travail à la journée. Ce régime a l'avantage de s'appliquer à tous les travaux, à tous les caractères et il s'adapte surtout aux infirmités intellectuelles, morales, des populations imprévoyantes. Son principal inconvénient est d'exiger du patron une vigilance pénible, minutieuse, irritante parfois. Il est surtout en usage dans les mines de Hongrie, de la Carniole et dans nos campagnes.

Deuxième régime. — La rémunération se compose d'une part de la production. Ce mode convient en particulier lorsqu'il s'agit de produire des matières brutes, de faible volume, se débitant avec facilité au lieu même de production. Il est en usage dans les métairies et vignobles du Sud-Ouest de l'Europe, dans la pêche côtière.

Troisième régime. — La rémunération se proportionne au travail accompli, c'est le travail à la tâche, à la pièce. Ce genre de rétribution est ordinairement plus productif, l'ouvrier travaille plus longtemps, plus énergiquement et trouve plus aisément les moyens de devenir à son tour chef d'atelier. Ses inconvénients sont : que le travail est souvent moins soigné et que l'ouvrier est exposé à abuser de ses forces.

Tous ces divers modes de rémunération ont leur importance incontestable ; mais on aurait tort de voir en eux autre chose que de simples mécanismes dont le succès dépend du caractère, de la moralité des personnes et d'autres circonstances de lieux et de temps.

Voilà ce qui concerne le mode de rétribution du travail. Quant au chiffre, ou, si l'on aime mieux, au taux précis des salaires, il s'élève ou s'abaisse suivant des éléments qui ne relèvent ni du hasard, ni du sentiment, qui n'ont rien de capricieux ni d'arbitraire, mais qui rattachent la valeur vénale de la main d'œuvre à l'état général des transactions. En voici les quatre principaux.

Première règle. — Le travail est un service et le salaire en est le prix ; le montant du salaire dépend donc tout d'abord de la valeur du service rendu, c'est-à-dire des avantages qu'il procure à celui qui le reçoit et de la peine, de l'habileté de celui qui le rend. Le salaire d'un manœuvre différera forcément de celui d'un graveur sur métaux, d'un médecin, d'un professeur. Il y va d'un côté de l'intérêt de la société, et de l'autre, certaines professions exigeant des préparations fort coûteuses, il est juste que le revenu qu'elles procurent comprenne l'intérêt du capital employé.

Deuxième règle. — Les rapports de l'offre et de la demande. Le travail est une vraie marchandise, et entre le patron qui fait travailler et l'ouvrier qui travaille, se retrouvent les relations qui existent entre acheteur et vendeur. Le travail est d'autant moins payé qu'il est plus offert ; il l'est d'autant plus, qu'il est plus recherché.

Troisième règle. — Le point de départ, au-dessus duquel s'échelonnent les salaires dans toutes les industries, est le salaire accordé au travail manuel dont tous les hommes sont capables, parce qu'il ne demande que ce que tous peuvent donner. Or, le taux de ce salaire est déterminé par l'ensemble des choses nécessaires à l'homme pour vivre : logement, nourriture, mobilier, vêtements, moyens d'instruction pour lui et sa famille, etc., selon les usages et les besoins du pays. Le taux des salaires ne peut jamais être ni beaucoup au-dessus, ni beaucoup au-dessous de ce nécessaire, sans provoquer des troubles et des réactions. Dans le premier cas, les capitaux s'enfuient ; dans le second la race des travailleurs s'éteindrait puisqu'ils ne gagneraient pas de quoi vivre et alimenter leurs familles.

Quatrième règle. — Enfin le taux des salaires dépend du rapport qui existe entre le capital et la population. Si le capital augmente plus que la population, le taux des salaires s'élève, il baisse au contraire lorsque la population croît plus que les capitaux. « Par population » observe M. J. S. Mill « je n'entends ici que les rangs de la classe « laborieuse ou plutôt de ceux qui donnent leur travail à « loyer ; et par capital, seulement le capital circulant, non « pas le capital circulant tout entier, mais bien la partie de « ce capital qui est consacré au paiement de la main- « d'œuvre, à quoi il faut ajouter les fonds qui, sans former « partie intégrante de ce capital, sont donnés en échange « d'un travail, comme la solde des militaires, les gages des « domestiques et les appointements de tous les autres tra- « vailleurs. »

« Ce n'est pas la quantité de l'accumulation ni de la pro- « duction qui importe à la classe laborieuse ; ce n'est pas « même le montant du fonds destiné à être distribué entre « les travailleurs ; c'est bien plutôt le rapport de ce fonds « au nombre de travailleurs qui doivent se le partager. Le « sort de cette classe ne peut s'améliorer que si l'on « change la proportion à l'avantage des ouvriers, et tout « plan conçu dans leur intérêt, qui ne repose pas sur « cette base, n'est, au point de vue de la durée, que pure « illusion ».

Partant de ces avantages que procure l'accroissement du capital par rapport à la population, des auteurs comme Malthus, Riccardo en ont conclu à la nécessité de retarder l'accroissement de la population. « A mesure que la popu- « lation augmente, les denrées nécessaires à la vie de

« l'ouvrier vont en augmentant de prix, plus de travail
« étant nécessaire à la production. Si les salaires payés en
« argent à l'ouvrier viennent à baisser, il se trouvera dou-
« blement atteint et il n'aura bientôt plus de quoi sub-
« sister ». Riccardo.

Il faut se garder de cette logique à outrance, de ces pes-
simismes et de cet attrait que le mauvais côté des choses
exerce parfois sur les meilleurs esprits. Les faits suffisent
à démentir ces tristes pressentiments. Bien que depuis
Riccardo et Malthus, la population se soit partout accrue,
qu'elle continue à doubler tous les vingt-cinq ans aux
États-Unis, quelle se soit élevée de six millions à dix-huit
millions depuis 1750 et dans l'espace d'un siècle, en Angleterre, non-seulement les salaires n'ont pas baissé,
mais la moyenne de la main-d'œuvre s'est élevée de 25 à
50 0/0. Le prix des denrées les plus indispensables à la vie
a subi une réelle diminution, qu'on ne peut évaluer pour
le blé à moins de 15 ou 20 0/0.

L'ouvrier voit s'accroître sous une double forme le salaire
qu'il reçoit ; la somme est plus forte et cet argent appliqué
aux nécessités de la vie est doué d'une plus grande puissance. La raison en est que, à prendre les choses sous leur
aspect le plus général, la population ne devance pas aussi
aisément qu'on le suppose dans ses développements, l'accroissement des moyens de subsistance. A mesure qu'ils
se multiplient selon le commandement qui leur a été fait,
les hommes font de nouvelles conquêtes sur la nature,
produisent davantage avec la même somme de travail, et
s'ils ont plus de besoins, ils ont providentiellement plus de
moyens pour les satisfaire.

Sans doute il peut arriver que dans tel pays à un moment déterminé, la population surabonde, un déficit se
révèle dans les moyens de subsistance, les salaires soient
dépréciés : est-ce à dire qu'il faille recourir à l'odieux

moyen indiqué par certains économistes ? Non : il faut rétablir l'équilibre, augmenter la production, avec la production le capital et avec le capital le fonds des salaires ou diminuer par l'émigration l'encombrement et la concurrence des bras. L'Angleterre doit l'aisance relative dont jouissent toutes les classes de la population, moins à la liberté commerciale qui a mis les aliments les plus indispensables à la portée des ouvriers les moins rétribués, qu'à l'émigration qui emporte chaque année trois cent mille de ses habitants vers l'Amérique du Nord ou vers les terres Australes.

Une statistique lamentable. — On constate avec chagrin, d'après une statistique certaine, que la France tient le dernier rang dans le monde, au point de vue de l'augmentation du chiffre de sa population. Si l'accroissement de la population française et des autres peuples continue dans les mêmes proportions qu'aujourd'hui, en 1932, dans 50 ans, il y aura : 190,000,000 Américains ; 158,000,000 Russes ; 83,000,000 Allemands ; 63,000,000 Anglais ; 51,000,000 Austro-Hongrois ; 44,000,000 Italiens ; 44,000,000 Français. C'est-à-dire que la France se perdra dans les multitudes Russes, Allemandes.

PARAGRAPHE III

1° DES TENTATIVES POUR ÉLEVER OU ABAISSER LES SALAIRES. — 2° DES EXPÉDIENTS PROPOSÉS POUR REMÉDIER A L'ABAISSEMENT DES SALAIRES. — 3° DE L'INFLUENCE DES GROS SALAIRES SUR LES OUVRIERS. — 4° DE LA VARIATION DES SALAIRES. — 5° DES GRÈVES.

I. Peut-on élever ou abaisser artificiellement les salaires ? Tous les Gouvernements l'ont cru et de là ces ordonnances destinées à fixer le prix du travail. Le régime des corporations, les règlements de Colbert n'avaient pas d'autre but. Aujourd'hui encore, par de fréquentes interventions dans les conditions du travail, ils affectent indirectement le taux des salaires.

Les ouvriers qui, sous l'influence des idées révolutionnaires, ont pour habitude de méconnaître leurs intérêts pour le moins autant que leurs devoirs, sollicitent depuis nombre d'années l'intervention de la loi, pour fixer une limite à la durée du travail dans les grands ateliers. Ce qu'ils poursuivent en revendiquant des loisirs pour vaquer à leur culture intellectuelle et morale, à l'éducation de leurs enfants, aux jouissances du foyer domestique, c'est une hausse dans le prix du travail. Réduire la journée, diminuer la quantité de travail fournie par chaque ouvrier, qu'est-ce autre chose que d'en accroître la demande, partant la valeur vénale ?

C'est demander à la force ce qu'il eût mieux valu demander à de libres transactions entre maîtres et ouvriers. On oublie que si la force décide aujourd'hui à notre profit, demain ce sera à notre détriment, et on se sera enlevé tout droit de réclamation et de plainte. Puis, où le législateur s'arrêtera-t-il ? S'il intervient pour réduire la durée des heures de travail, il interviendra pour fixer les salaires, déterminer le prix des façons, par suite la valeur des marchandises. En assurant la subsistance à l'ouvrier, il est obligé d'assurer des profits au manufacturier, un revenu au capital. Chargé de réglementer l'industrie, il doit la soutenir, l'alimenter, surveiller le travail domestique lui-même sous peine d'injustice et de partialité, supprimer enfin la loi de l'offre et de la demande.

Les Gouvernements n'ont qu'un moyen vraiment efficace d'agir sur les salaires, c'est la réduction ou l'augmentation des impôts qui frappent soit les personnes, soit les principaux objets de consommation ; réduction et augmentation toujours modérées, dictées par l'intérêt général et, s'il est possible, universel.

II. De divers expédients destinés à modifier le taux des salaires.

On a imaginé divers expédients destinés en dehors de l'intervention directe des Gouvernements, à modifier les salaires, tels que : 1° La restriction des mariages, 2° une loi dite des pauvres, 3° une répartition de terres, 4° la colonisation.

1° On trouve en certains états d'Allemagne une législation portant restriction au mariage, punissant les parents d'avoir donné naissance aux enfants qu'ils ne sont pas en état de nourrir et d'élever. Ces lois sont tyranniques ; car le sanctuaire de la famille est inviolable comme celui de la conscience. A quel titre l'État peut-il s'opposer à la multiplication de l'espèce humaine, est-il chargé de sa nourriture et de son entretien ? Elles sont inutiles, car il s'agit d'un domaine qui échappe forcément à son action. Elles sont dangereuses : ces lois ne peuvent que provoquer les unions et les naissances illégitimes, exciter au désaveu de la paternité.

2° L'Angleterre a imaginé une loi dite des pauvres ou système des subsides (allowance system). Sous prétexte que le sort d'aucun membre de la communauté ne doit être abandonné au hasard, que la société peut et doit assurer tout individu lui appartenant contre l'extrême misère, on accordait à tout ouvrier dont le salaire ne suffisait pas à entretenir sa famille, des subsides aux dépens de la paroisse. Ces subsides étaient proportionnés aux besoins de la famille, au nombre d'enfants. En fait, chaque enfant avait un subside.

C'était l'application du principe socialiste, en vertu duquel, ceux qui ne possèdent rien tombent à la charge de ceux qui possèdent. Sans doute la société représente à certains égards la Providence, il lui appartient d'apporter secours là où les forces individuelles tombent en défaillance ; mais autre est le devoir de bienveillance, de charité, autre le devoir de justice. Les confondre, c'est affaiblir au cœur de l'homme le sentiment de la prévoyance et de la responsabilité ; c'est provoquer l'oubli des lois morales et l'abandon du travail.

Le principal résultat du système des subsides fut : d'abaisser le taux des salaires au-delà de toutes limites, d'accroître la misère, de ruiner la propriété et de livrer le marché du travail à d'irrémédiables troubles.

3° Le troisième moyen imaginé en Angleterre pour combler le déficit des salaires est la répartition de terres, (Allotmen system). Cette répartition consiste à attacher à chaque chaumière destinée à l'habitation des ouvriers, une certaine quantité de terre que la famille cultive à ses moments perdus, et dont elle paie la rente ou le loyer au propriétaire.

Tout en estimant ce procédé moins dangereux que les subsides paroissiaux, certains auteurs affirment son inefficacité. L'ouvrier a un motif de travailler à plus bas prix, sans devenir plus actif ou plus prévoyant.

L'opinion publique s'est prononcée en sens contraire. Aussi le Parlement anglais a-t-il ordonné pour favoriser la division du sol en faveur des ouvriers, la mise en culture des biens communaux et lorsqu'un manufacturier construit des maisons pour loger des ouvriers, il annexe à chaque chaumière un morceau de terre et un jardin. Cette pratique a été adoptée en France par plusieurs compagnies industrielles. Désireuses de restaurer, parmi leurs ouvriers, la pratique de la possession du foyer et de se servir ensuite de ces foyers comme de caisses d'épargne, elles les installent dans des maisons commodes entourées de dépendances et leur en facilitent l'acquisition.

Pour les prémunir contre des aliénations provoquées par des besoins factices et le désir de jouissances immédiates, quelques-unes se bornent à stipuler un usufruit perpétuel ou se réservent le droit d'interdire l'hypothèque, renouvelant ainsi l'ancienne pratique féodale du fief. Le fieffé, le tenancier, on le sait, avaient tous les droits utiles de la propriété libre, individuelle ; mais le seigneur interdisait l'hypothèque en venant au secours de ses hommes dans le cas de force majeure et il se réservait l'autorisation en cas de vente. Malheureusement, ces efforts généreux viennent échouer non seulement contre l'imprévoyance des familles, mais plus encore contre le régime légal du partage forcé et les licitations qui suivent nécessairement la mort du premier acquéreur, font passer la possession de ces habitations à des capitalistes qui ont tout à gagner au régime des locations.

L'ar‑ienne coutume européenne aimait cette alternance du travail agricole avec le travail manufacturier. Elle y voyait le moyen d'accroître le bien-être et la moralité de l'ouvrier, de coujurer les crises et les chômages, de fournir une occupation lucrative aux membres du foyer que l'âge, le sexe, la coutume empêchaient de se porter ailleurs. Les travaux agricoles en usage parmi les familles d'ouvriers variaient selon l'organisation locale de la propriété, le climat ; mais quatre industries étaient partout en usage en France : la culture d'un jardin fournissant fruits, légumes et plantes aromatiques ; l'élevage d'abeilles, de volailles et de petits animaux tirant leur nourriture de parcours autorisés ; l'engraissement de porcs à l'aide de combinaisons variées ; l'exploitation d'une ou de deux vaches laitières.

Il est à remarquer, que les grands travaux s'accomplissaient par de petits propriétaires ruraux, établis dans les régions montagneuses des provinces et États voisins. Les chefs de maison, laissant sur le domaine patrimonial le reste de la famille, s'en venaient chaque année au printemps, avec leurs fils adultes, fournir la main d'œuvre que réclamaient la construction ou l'entretien des maisons et des voies publiques. A l'arrière saison, ils s'en retournaient faire les semailles, les plantations et les autres travaux de leurs domaines.

A Paris, dès 1841, lors de l'établissement des fortifications, et surtout depuis 1852, on a remplacé les ouvriers émigrants par des ouvriers sédentaires et les travaux urbains, prenant une extension de plus en plus considérable, n'ont pas été interrompus. L'idéal de la prospérité n'est pas aujourd'hui aux riches campagnes habitées par les classes dirigeantes ; il est, comme jadis à Rome, à Babylone, dans une concentration de toutes les forces vives du pays au sein de la capitale.

4° Un quatrième remède à la baisse des salaires est l'émigration sur une large échelle ou, si l'on aime mieux, la colonisation des pays lointains. Chaque année, les divers continents voient des milliers de personnes quitter la France, la Suisse et la Belgique et s'en venir demander le bien-être au nouveau monde ou au moins un refuge contre la faim. L'Angleterre envoie à elle seule cent mille émigrants ; ce chiffre est dépassé en Allemagne.

Il est hors de doute que les Gouvernements peuvent et doivent encourager l'émigration par des sacrifices d'argent ; mais dans quelle mesure convient-il de le faire ? Uniquement pour dégager et soulager le marché du travail. Si au lieu de coloniser, comme les anciens peuples, avec la population surabondante, on laisse partir du sol natal les meilleurs ouvriers, les familles aisées, en d'autres termes les forces vives de la production, les colonies se fondent et se développent, mais au détriment des métropoles.

Doit-on demander en France, comme on l'a fait en Angleterre, la division des propriétés communales entre les familles pauvres qui se chargeraient de les mettre en culture ? L'utilité de cette mesure pour l'Angleterre est fort contestable ; car à peine constituée, la classe de petits propriétaires cédera à la tendance presque invincible qui pousse en ce pays les capitaux à s'agglomérer. Pour la France, le doute est encore plus fondé. Dans nos communes rurales, les habitants jouissent sur les biens communaux d'un droit d'affouage et de pâturage et bien qu'à l'état d'indivision, ils exercent un droit réel de propriétaires. Ils n'auraient donc rien à gagner au partage dans un pays où la propriété est divisée, morcelée à l'excès, au grand détriment de la culture. Nous pensons que dans l'intérêt même des salaires, les propriétés communales doivent se conserver. Une administration plus vigilante de ces biens serait cependant désirable.

PARAGRAPHE IV.

DE L'INÉGALITÉ DES SALAIRES ET DE L'INFLUENCE DES GROS SALAIRES SUR LES CLASSES OUVRIÈRES.

Tous les travaux ne peuvent pas être également payés ; autrement chacun se porterait à ceux qui offrent le plus d'attraits et ceux qui inspirent de la répugnance, présentent des difficultés, seraient abandonnés. C'est l'inégalité des salaires qui établit et entretient l'équilibre. Le taux élevé de la rémunération compense les désagréments ou les difficultés de certaines occupations et y appelle un nombre suffisant d'intelligences et de bras ; tandis que la foule s'en va de préférence, malgré la modicité des prix, aux labeurs qui demandent moins de soins et de préparation.

Énumérant les causes qui déterminent l'élévation relative des salaires dans certains emplois et leur infériorité dans d'autres, Adam Smith les réduit à cinq principales.

1° Les salaires diffèrent suivant que le travail est pénible ou aisé, honorable ou méprisé. La considération entre pour beaucoup dans la rémunération des professions honorables, et parfois, il serait à désirer qu'elles soient pécuniairement plus rétribuées.

2° Ils diffèrent selon la facilité et le bon marché de l'apprentissage ou la difficulté et les dépenses qu'il exige. L'homme qui a dépensé beaucoup de temps et de travail pour se rendre apte à une profession, peut être comparé à une machine coûteuse. Il est en droit d'espérer que son emploi lui rendra, en temps opportun, outre le salaire du simple travail, une compensation de tous ses frais et du capital employé.

3° Ils diffèrent suivant la constance ou l'incertitude de l'occupation. Certains emplois étant soumis, par le cours des choses ou la volonté des clients, à des loisirs forcés, perçoivent des salaires qui non-seulement compensent les loisirs forcés, mais les dédommagent des soucis et désagréments qu'entraîne cette situation précaire. De là, par exemple, la cherté des services dans les villes d'eau.

4° Ils diffèrent suivant le degré de confiance qu'inspire l'ouvrier. L'homme auquel on confie un travail précieux, une mission délicate, doit être rétribué de manière à pouvoir conserver au sein de la société, un rang qui soit en rapport avec la confiance dont il est revêtu.

5° Enfin les salaires du travail varient dans les diverses occupations avec les probabilités du succès.

On a beaucoup discuté pour savoir si les salaires élevés étaient préférables dans l'intérêt de l'ouvrier aux bas salaires. La question à nos yeux ne peut laisser aucun doute.

Ce qui est nuisible à l'ouvrier, ce sont ces brusques variations de salaires qui aujourd'hui l'enrichissent comme par un coup de fortune et demain le jettent à la merci de la charité publique. Sous leur influence, son existence prend un caractère aléatoire ; il se dégoûte du travail, de l'ordre, de l'économie et s'abandonne aux excès. Que d'ouvriers attachés de prime abord à la navette, à la charrue ont dû leur démoralisation et leur ruine à l'industrie nouvelle, qui venait subitement les porter ailleurs en doublant, triplant leur journée !

Quant aux salaires dont l'élévation est normale, leurs avantages sont incontestables. Il nous plaît de voir l'ouvrier de notre temps mieux nourri, mieux logé, mieux habillé, mieux payé qu'aux époques qui ont précédé ; de savoir que la durée moyenne de sa vie qui, au commencement du siècle, n'était que de 29 ans, arrive à 37 ans. Comment ne pas se réjouir en voyant disparaître, grâce à l'amélioration du régime, les maladies qui décimaient autrefois les populations ; en constatant la différence qui existe entre nos habitations aérées, à plusieurs pièces et la chaumière à pièce unique que nos ancêtres partageaient assez fréquemment avec les animaux de leur basse-cour. L'aisance a le même prix au bas de l'échelle qu'au sommet. L'ouvrier qui gagne au delà de ce qu'il faut pour pourvoir à ses nécessités physiques, a le temps et les moyens de songer à d'autres jouissances.

Mais si les salaires élevés contribuent à ces résultats, peuvent-ils en revendiquer l'honneur exclusif ? Une statistique assurée, irréfutable atteste que dans les grands centres manufacturiers les rôles accusent en moyenne vingt-huit journées de présence lorsque le salaire est de 6 francs. Le prix s'élève-il à 7, 8 ou 9 fr., tout aussitôt le rôle des journées descend à 23 et plus le taux s'accroît, plus le nombre des journées de travail diminue.

Un autre fait à constater. Les ouvriers de notre temps jouissent de plus de bien-être que leurs devanciers, ils ont plus de moyens de satisfaire leurs besoins; en sont-ils plus heureux ? Non : parce que leurs désirs vont plus vite que les jouissances, que les découvertes du progrès et qu'ils se font un besoin de chacun de leurs désirs.

La conclusion est que la prospérité matérielle ne constitue trop souvent pour l'ouvrier qu'un danger de plus, si sa moralité ne s'affermit pas parallèlement. « Le développement de l'art et du travail a pour conséquence immédiate » observe M. Leplay « un accroissement de richesse « qui lui-même engendre bientôt la corruption, s'il n'a « pour contrepoids une pratique plus assidue de la loi « morale. L'expérience s'accorde ici avec d'admirables « préceptes pour établir que l'accumulation de la richesse « et une application trop exclusive aux intérêts matériels « sont des causes certaines d'affaiblissement... Les succès « des hommes qui des derniers rangs de la société, s'é- « lèvent jusqu'aux rangs supérieurs, sont dus à l'empire « que ces hommes prennent sur eux-mêmes encore plus ' « qu'à la connaissance des vraies lois de la science et « des meilleures méthodes de travail. Les revers de ceux « qui traversent la vie en sens inverse résultent moins de « l'ignorance de ces lois et de ces méthodes que de l'oubli « des principes et de l'invasion des vices émanant de la « richesse. Réforme sociale... Nécessité de réformer les mœurs. (Ch. II.)

Est-il besoin de rappeler que la meilleure et la plus efficace expression de la loi morale est le décalogue de Moïse, complété par l'Évangile? En honorant le travail; en rappelant comment Dieu fait homme s'y est soumis; en émancipant l'esclave; en prescrivant au maître de traiter le serviteur en frère, de payer sans délai un gage rémunérateur; en enjoignant l'obéissance au serviteur; en déclarant une guerre sans trêve aux appétits désordonnés; par ses promesses et ses exemples, l'Église a posé les vraies bases de l'organisation du travail, a prévu les dangers de toutes sortes, pourvu aux défaillances. Les populations qui acceptent avec le plus de docilité ses enseignements, sont précisément celles qui jouissent au plus haut degré du bien être, de la stabilité et de l'harmonie.

On a imaginé diverses combinaisons destinées à augmenter le salaire fixe de l'ouvrier. Nous citerons parmi les principales :

1° Les primes, salaire supplémentaire qui correspond à un supplément de travail fourni.

2° Les gratifications si utiles au maintien des bonnes relations entre le patron et l'ouvrier.

3° La participation aux bénéfices. Ce système, traité de chimère irréalisable en France et en Angleterre, est pratiqué avec succès en Suisse. L'ouvrier reçoit un salaire fixe, réglé d'après le prix courant de la main-d'œuvre et pour la détermination duquel on tient compte de la somme qui doit s'y ajouter, à titre de distribution des bénéfices nets. Ces bénéfices nets sont ceux que laissent annuellement les opérations accomplies, déduction faite de toutes les dépenses, des pertes et d'un certain intérêt ajouté au capital de l'entreprise en raison des risques courus, d'une réserve destinée à amortir la valeur de l'outillage, du matériel, des constructions. La distribution en est faite annuellement aux ouvriers au prorata de leur paie. Les patrons conservent la complète direction des affaires et du personnel, les livrets ne sont soumis à aucune vérification de leur part, sauf dans certains cas particuliers prévus d'avance : encore, dans ces circonstances exceptionnelles, la vérification ne peut-elle être faite que par un ou deux délégués, choisis par les ouvriers, agréés par les patrons et prêtant serment de garder le secret sur les chiffres qu'ils auront vus.

4° C'est venir en aide à l'ouvrier que de lui permettre d'obtenir avec son salaire le plus de bien-être possible, de se procurer aux meilleures conditions la nourriture et le logement.

Certains patrons, surtout dans les années de crise, achètent en masse des denrées alimentaires qu'ils revendent ensuite au prix du gros et au-dessous. D'autres préfèrent pour leurs employés des pensions alimentaires, placées sous leur surveillance directe. Ces institutions offrent surtout de grands avantages aux ouvriers célibataires, étrangers, aux enfants. A ces pensions, sont parfois rattachés des sociétés coopératives de consommation, des fourneaux économiques distribuant à bas prix des aliments simples, mais nourrissants ; quelquefois même des vacheries spéciales dont les produits sont exclusivement réservés aux familles ouvrières.

5° De la nourriture, la sollicitude s'est étendue aux logements. Patrons, sociétés philantropiques, associations ouvrières de construction ont multiplié leurs efforts pour offrir aux familles ouvrières, à la place de ces maisons casernes que l'hygiène condamnait non moins que la morale, soit une maison isolée avec jardinet attenant, soit des groupes de deux ou quatre maisons avec entrées séparées. Ces habitations se louent à bas prix et le plus souvent le locataire a la faculté d'en devenir propriétaire, au bout d'un certain nombre d'années, à la condition de payer en sus du loyer, une série d'annuités très faibles.

6° Le salaire n'a pas seulement pour objet d'assurer dans le présent l'existence matérielle de l'ouvrier, il doit lui rendre possible une certaine épargne pour l'avenir et renfermer une sorte de prime d'assurance contre la misère provenant de la maladie ou de l'épuisement des forces. Sous les noms divers de caisse d'épargne, de caisse de secours aux infirmes, de caisse d'assurance on a ajouté au salaire ordinaire un *salaire assurance*, destiné à garantir de la misère la vieillesse de l'ouvrier et à fournir plus tard un petit capital à sa famille.

Toutes les institutions dont nous venons de parler se rencontrent en France ; mais elles s'épanouissent surtout en Suisse et ce pays leur doit d'avoir été jusqu'ici préservé du malaise social, dont souffre si profondément le reste de l'Europe.

PARAGRAPHE V

DES GRÈVES OU COALITIONS.

C'est le rapport de l'offre avec la demande qui règle le prix de cette marchandise appelée *travail de l'ouvrier*, comme il règle le prix de tous les autres services productifs. Le taux commun des salaires se détermine par la convention qui se fait habituellement entre le maître et l'ouvrier. Ce dernier désire gagner le plus possible ; et de son côté, le maître entend bien donner le moins qu'il peut. Les ouvriers sont disposés à se concerter pour élever les salaires, les maîtres pour les abaisser. Ces concerts s'appellent grèves ou coalitions.

Que faut-il penser des grèves en elles-mêmes et qu'elles sont les dispositions de la loi à l'endroit des coalitions ?

1° *Théoriquement*, ouvriers et patrons ont le droit de convenir entre eux : les premiers, du prix qu'ils exigeront pour le travail qui les fait vivre ; les seconds, du taux auquel ils demanderont ce travail et du prix de leurs produits. L'accord, rigoureusement réduit à ces termes, n'est qu'une forme de la libre concurrence, et il peut provoquer chez les intéressés de salutaires réflexions, aboutir à des résultats que ne détermineraient pas des efforts individuels.

2° Le moyen toutefois est si dangereux, la pente est si glissante ; la passion intervient si aisément dans ces irritants débats, qu'on les conçoit à peine dégagés de ces procédés qui en font autant de violations de la libre concurrence. Il n'y a de coalition possible qu'à la condition d'enlacer et de lier habilement les volontés individuelles, et de faire passer violemment sous le joug celles qui résistent. Les ouvriers engagés dans ce concert s'enchaînent d'abord entre eux pour enchaîner ensuite plus aisément ceux avec lesquels ils traitent.

3° En fait, les grèves entreprises jusqu'ici ont été nuisibles :

1° Aux ouvriers. Ils épuisent leurs ressources pendant ces jours de chômage volontaire, préparent des privations pour leurs familles, sèment les haines et s'excitent parfois au crime. Très souvent de nouveaux arrivés les remplacent aux ateliers et la grève aboutit à une expulsion. Les grèves n'ont pas peu contribué à attirer sur notre territoire les ouvriers de nationalité étrangère, au nombre d'un million. Que parle-t-on de subsides accordés par certaines sociétés aux grévistes? Ils ne sont et ils ne seront jamais qu'une compensation insuffisante. L'Angleterre est la terre des coalitions et les associations anglaises dites « *tradés unions* » disposent dans ce but de sommes considérables : or, « l'his-« toire des coalitions en Angleterre n'est qu'une série de « douloureuses déceptions pour les ouvriers. Les résultats « ont été presque invariablement les mêmes partout. Ou « les ouvriers ont été forcés de rentrer dans les ateliers « après des chômages plus ou moins longs, et cela aux « conditions que leur offraient les maîtres, ou ils sont « parvenus à amoindrir certaines industries, ou enfin ils « ont subi l'action des lois pour avoir troublé l'ordre, « attaqué les personnes ou détruit les propriétés. Dans les « cas très rares où ils ont imposé des tarifs et des condi-« tions aux maîtres, ils ont presque toujours été les premiers « à renoncer à ces tarifs et à ces conditions. » (*Théod. Fix hist. des class. ouvrières.*

2° Les grèves sont nuisibles au pays. Les capitaux restent improductifs ; l'agitation et le trouble se répandent. L'histoire a conservé le souvenir de la coalition des ouvriers mécaniciens qui s'étendait de Londres à Glasgow et se ramifiait jusqu'en Irlande. Le concert agressif des ouvriers détermina, par représailles, un concert défensif de la part des maîtres. L'industrie mécanique demeura ainsi engagée, pendant une année, dans une sorte de guerre civile qui n'aboutit qu'à l'épuisement et à l'anarchie.

3° Aux patrons qui, à la suite de ces cessations brusques et précipitées de travail, perdent l'intérêt de leurs capitaux, les occasions de bénéfices ; voient tomber en souffrance leurs relations commerciales et se trouvent parfois exposés à une ruine totale.

On ne peut donc que dissuader les classes ouvrières de recourir aux grèves. Des conférences où se débattront en présence de jurys mixtes les intérêts engagés suffiront à préparer les solutions désirables. Comment les patrons pourraient ils refuser amiablement une élévation de salaire, à laquelle ils ne tarderont pas à être contraints par la libre concurrence, si réellement le cours des marchandises, le prix des matières premières, les frais de production leur en donnent la facilité ?

4° L'article 419 du code pénal punit d'un mois à un an de prison et d'une amende de 500 à 1000 fr. tous ceux qui par des voies ou moyens frauduleux, par des suroffres aux prix demandés, par réunions ou coalitions ont opéré la hausse ou la baisse du prix des marchandises, papiers, effets publics au-dessus et au-dessous du taux de la concurrence naturelle.

La loi du 1 décembre 1849 punit, d'une amende et d'un emprisonnement qui peut aller jusqu'à cinq années, l'emploi de tout procédé d'intimidation et de contrainte, de tout moyen violent destiné à imposer un concert non encore réalisé ou à atteindre le but de la coalition.

S'agit-il d'un simple concert entre intéressés pour obtenir des conditions qu'ils estiment plus favorables, la loi n'a pas à intervenir. Ils défendent leurs intérêts, usent d'un droit et peuvent se réunir, délibérer, prendre des résolutions, choisir des commissaires et, par leur entremise, négocier avec les défenseurs des intérêts opposés. Il n'y a là qu'un exercice de la liberté d'offre, qu'un simple emploi de volonté collective.

On a blâmé cette tolérance de la loi ; on aurait voulu que le législateur prévoyant proscrivit des combinaisons si souvent inutiles, toujours sujettes à entraîner après elles de funestes conséquences. Des hommes ayant des intérêts, doivent avoir le droit de veiller d'un commun accord à la conservation de c s intérêts; il ne paraît ni bon ni utile de faire violence au droit. — Puis comment déterminer le point où la coalition commence et la distinguer de ces simples pourparlers qui engendrent des concerts de résolutions fortuits ? Enfin, il est à peu près impossible de défendre les coalitions des maîtres qui se dérobent aisément aux poursuites de la loi ; défendre absolument les coalitions d'ouvriers semblerait dès lors constituer un privilége en faveur des uns et provoquer les plaintes des autres.

S'il s'agit au contraire d'imposer à qui que ce soit la volonté commune et d'obtenir l'accord des volontés divergentes, à l'aide de menaces ou de contraintes, l'autorité a le droit et le devoir d'intervenir pour garantir la liberté de ceux qu'on violente ou pour protéger les établissements sur lesquels la coalition a jeté l'interdit.

ARTICLE VI

DE L'INTÉRÊT.

Le salaire est le loyer du capital actif, c'est-à-dire du travail. Il importe de traiter du loyer du travail passif, c'est-à-dire de l'intérêt du capital.

Le mot *intérêt* s'entend fréquemment du croît, du produit, du revenu de tout capital. La science désigne, du nom de fermage ou de rente du sol, le prix d'une terre donnée à bail ; du nom de revenu, le produit des capitaux engagés dans le commerce, dans l'agriculture, dans l'industrie ; du nom de loyer, le revenu d'une maison et du nom d'intérêt, le produit des espèces métalliques. Intérêt se dit, soit du profit que le capitaliste obtient de l'exploitation directe de son argent, soit de la prime qu'il reçoit pour en concéder l'usage pendant un certain laps de temps.

Entendu dans ce dernier sens, il donne naissance à des contrats qui relèvent de la morale et des lois, à des faits que l'économie politique a mission d'étudier pour en déduire les conséquences au profit de la société et des particuliers. Nous examinerons : 1° les raisons d'être de l'intérêt, 2° le taux de l'intérêt, 3° sa liberté absolue, 4° les bases qui serviraient à régler l'intérêt en dehors des prescriptions légales.

PARAGRAPHE PREMIER

EST-IL PERMIS DE PRÊTER A INTÉRÊT ?

La philosophie a longtemps condamné le prêt d'argent à intérêt. Aristote le déclare « exécrable, contre nature. « L'argent ne doit servir qu'à l'échange et l'intérêt qu'on

« en tire le multiplie lui-même, bien qu'essentiellement
« stérile. » Plutarque renvoie préteurs et emprunteurs à
l'exemple de la fourmi qui vit de son travail sans prêter
ni emprunter et il ajoute : « Si l'on voulait se contenter
« du nécessaire, il n'y aurait pas plus d'usuriers que de
« centaures.

Le socialisme moderne a repris pour son compte la thèse
des philosophes ; on en sait les motifs et le but. « Celui
« qui prête ne se prive pas du capital qu'il prête ; il le
« prête, au contraire, précisément parce que ce prêt ne
« constitue pas pour lui une privation ; il le prête, parce
« qu'il n'en a que faire pour lui-même ; il le prête, enfin,
« parce qu'il n'est ni dans ses intentions, ni dans sa puissance
« de le faire personnellement valoir ; parce qu'en le
« gardant entre ses mains, ce capital *stérile* de sa nature,
« resterait stérile. » La conclusion est la prohibition de tout
intérêt, prohibition qui s'étend à la rente de la terre aussi
bien qu'au loyer de l'argent.

Les diverses croyances religieuses ont été unanimes à
repousser le prêt à intérêt ; les livres sacrés de l'Inde, les
lois de Manou, de Confucius, de Zoroastre, de Pythagore
en font foi.

Le catholicisme, ainsi que l'attestent la tradition constante des conciles, à commencer par les plus anciens, celle
des Papes, des Pères et de l'Église romaine, mère et maitresse,
a toujours considéré le profit, en sus du capital, exigé précisément en vertu ou à raison du simple prêt, comme
contraire au droit naturel et divin. Vainement alléguerait-
on que ce profit n'est pas excessif, mais modéré ; qu'il n'est
pas grand, mais petit ; que celui de qui on l'exige, à raison du prêt seul, n'est pas pauvre, mais riche ; qu'il ne
laissera pas la somme prêtée oisive, mais qu'il l'emploiera
très utilement. L'essence du prêt consistant nécessairement
dans l'égalité entre ce qui est fourni et ce qui est rendu ;

cette égalité une fois rétablie par la restitution du capital, prétendre exiger de qui que ce soit quelque chose de plus, à raison du prêt, c'est s'opposer à la nature même du contrat. On ne saura jamais ce que ces doctrines ont apporté de secours et de défense aux populations pauvres et aux classes ouvrières du moyen âge.

« En maintenant ainsi avec fermeté les principes, l'Église catholique n'a jamais entendu nier que certains titres qui ne sont pas intrinsèques au prêt, ni intimement unis à sa nature, ne puissent quelquefois concourir avec lui et donner un droit juste et légitime d'exiger quelque chose en sus du capital. Elle ne nie pas davantage qu'il y ait plusieurs contrats, d'une nature entièrement différente de celle du prêt, par lesquels on peut placer et employer son argent, soit pour se procurer des revenus annuels, soit pour faire un commerce, un trafic licite, et en retirer un profit honnête. » Ainsi parle un des plus illustres pontifes dont s'honore le siége de Rome, Benoit XIV.

Parmi les titres en vertu desquels on peut tirer intérêt du prêt, nous citerons : le lucre cessant, le dommage naissant, les risques du capital, la peine conventionnelle, l'autorisation de la loi civile. On a beaucoup reproché à l'Église le désaccord de ses principes, en cette matière, avec les découvertes de la science et les nécessités de l'industrie moderne. Or, lorsque ses contradicteurs analysent les bases de l'intérêt, ils ne manquent point de citer parmi ses éléments les titres en vertu desquels, de l'aveu de la théologie catholique, on peut tirer intérêt du prêt.

Le protestantisme compte, à propos de l'intérêt, deux opinions bien contraires. Les uns avec Luther estiment que c'est être vo'eur et voleur, digne du gibet, que de prêter à intérêt, l'intérêt ne fût-il que de 5 ou 6 p. %. Les autres avec Calvin pensent que toute liberté doit être laissée au prêt à intérêt, parce que ce n'est pas de l'argent que provient le bénéfice, mais de l'emploi qu'on en fait.

Chez les Juifs, le prêt à intérêt était défendu de Juif à Juif, toléré vis-à-vis de l'étranger. Les lois de Solon destinées à un peuple essentiellement commerçant n'apportèrent à l'emploi de l'argent ni restriction ni limites. A Rome, la sévérité de la législation fut telle, qu'elle resta à l'état de lettre morte et nulle part les théories austères ne furent autant démenties par la pratique. Caton comparait le prêt à intérêt à l'homicide, ce qui ne l'empêchait pas de prêter à gros intérêts. Sénèque parle éloquemment de la nécessité de prêter gratuitement et il ruine la Bretagne par ses usures. Brutus vouait les usuriers aux dieux infernaux et il ne s'en effrayait pas trop, car si l'on en croit Cicéron, il prêtait lui-même au taux de 48 0/0. Les porteurs des plus grands noms de Rome, les Sylla, les Pompée prêtaient habituellement à 40 0/0 et les usuriers de profession prêtaient à un taux plus élevé. Horace fait mention d'un certain Folidius qui plaçait son argent à 60 0/0 et · retenait l'intérêt d'avance.

En France, la première défense écrite du prêt à intérêt se trouve dans les Capitulaires d'Aix-la-Chapelle et elle s'est maintenue dans nos lois jusqu'en 1789. Inutile d'observer qu'on recourut à toutes sortes de moyens pour l'éluder : lettres de change, constitutions de rente, prêts par billet, escompte, négociations d'argent sous toutes formes entre commerçants. Les souverains obligés de recourir à l'emprunt donnèrent eux-mêmes l'exemple de la violation de la loi.

En Italie, le prêt à intérêt ne cessa d'être pratiqué sur une large échelle et on ne saurait nier qu'il se trouve surtout en usage chez les peuples qui ont marqué par leurs progrès dans la richesse, dans le commerce et dans l'industrie. Les Florentins s'enrichirent en faisant le commerce d'argent avec toute l'Europe. Les banquiers Lombards traitèrent en plus d'une circonstance d'égal à égal avec leurs clients royaux.

A mesure que l'industrie et le commerce se développèrent, que les relations entre peuples se multiplièrent, on apprécia davantage l'utilité de l'argent, signe de la valeur. On voulut en faire un moyen de production, le considérer comme une *marchandise*. Le mot fut prononcé par l'École économiste et l'idée ne tarda pas à se traduire dans la loi. Le 12 octobre 1789, l'assemblée Constituante proclama la légitimité du prêt à intérêt en ces termes : « Tous particu- « liers, corps, communautés et gens de main-morte « pourront à l'avenir prêter l'argent à terme fixe avec « stipulation d'intérêts suivant le taux déterminé par la « loi ».

Que penser de cette grave mesure, et la raison, la morale n'auront-elles pas à désavouer ce que la loi autorise si expressément ? Nous ne le pensons pas, et dans les conditions actuelles du commerce, de l'industrie, l'autorisation de *louer* son argent avec stipulation d'un profit nous semble 1° juste en elle-même, 2° utile à l'emprunteur, 3° au prêteur, 4° à la société elle-même.

1° Juste en elle-même. L'argent monnayé, création de l'homme et non pas de la nature, est utilisé soit comme marchandise, soit comme signe de valeurs, toujours comme instrument de travail. Le capitaliste qui le loue pour cet usage rend service aux emprunteurs, il est donc en droit de recevoir un service en échange. Autrement pourquoi se priver de la possession de son capital ?

On parle de la stérilité de l'argent. L'argent n'est pas plus frappé d'infécondité que tout ce qui nous environne ; car il n'y a de productif pour l'homme que ce qui est fertilisé par le travail ou utilisé par des besoins qui paient pour recevoir satisfaction. Que produirait la terre sans la charrue, sinon des chardons et de l'ivraie ? Quel revenu donnerait une maison à son propriétaire, si la nécessité de se loger n'obligeait un voisin à la louer? L'argent devient productif par le besoin qu'en a l'emprunteur, de même que l'édifice devient productif par le besoin qu'éprouve le locataire de s'y loger. L'argent n'est stérile que lorsqu'on le tient oisif ou lorsqu'on le frappe de stérilité.

Mais, dit-on, la fécondité de l'argent est le fait de l'industrie de l'emprunteur, industrie à laquelle le prêteur reste étranger. Qu'importe? Le bailleur n'a pas de scrupules sur la légitimité du contrat, alors même que le locataire qui a loué sa maison ne l'occupe pas. Le prix que reçoit le bailleur de fonds représente la part de bénéfice due au concours que les fonds ont apporté à l'industrie du locataire. Il est aussi le paiement du transport que le bailleur lui a consenti pendant un certain temps, de la propriété d'une somme qu'il a dit lui être utile : paiement qui a sa légitimité dans la privation que s'impose le bailleur et dans l'avantage allégué par le locataire. *Usura propter usum.*

2° La loi qui autorise le prêt à intérêt est utile à l'emprunteur. Si l'argent n'a point de loyer, personne n'en loue et le négociant ne peut rien entreprendre. Je me trompe, quand je dis que personne n'en loue ; il faut toujours que les affaires de la société aillent ; l'usure s'établit, mais avec les désordres remarqués dans tous les temps. Sous l'empire des prohibitions de la loi, le prêteur s'indemnise à l'aide de pots de vin, d'épingles, de remises, des périls de la contravention. Combien de cas où un refus de prêt lui sera plus dommageable que l'usure la plus élevée!

3° Utile au prêteur. Cette loi l'encourage à l'épargne, lui ménage une place honorable sur le marché des capitaux qui sans elle se trouverait livré à des aventuriers sans foi ni loi. Elle le laisse libre de l'emploi de son capital. Deux frères ont reçu en héritage, l'un une terre de cent mille francs, l'autre la même valeur en espèces métalliques. Ne pouvant se livrer au commerce, ni à l'industrie, ce dernier n'aurait sans la loi, d'autre parti à prendre que de consommer le principal.

4° Utile à la société. On sait les avantages, pour la société, du commerce et du crédit. Or, pour que le commerce avec ses exigences et ses développements actuels puisse se bien faire, il faut que l'argent ait un prix. Nul capitaliste autrement ne voudrait s'en dessaisir.

Mais la loi civile qui permet l'intérêt du prêt, constitue-t-elle un titre légitime, même pour le for intérieur ? Consultée à diverses reprises, Rome a constamment déclaré qu'il ne fallait inquiéter : ni le prêtre enseignant que la loi civile, sans être accompagnée d'aucun autre titre extrinsèque, suffit à légitimer le prêt à intérêt ; ni ceux qui croient pouvoir tirer l'intérêt du prêt, sans avoir d'autre titre que la loi civile.

PARAGRAPHE II

DU TAUX DE L'INTÉRÊT

Les législations européennes ont successivement autorisé le prêt à intérêt ; mais elles ont substitué la limitation à la prohibition absolue, soit en fixant elles-mêmes le taux, soit en assignant un maximum qu'on ne peut dépasser sans commettre le délit d'usure. Usure ne se dit plus comme autrefois de tout profit perçu en vertu du prêt, mais de celui qui excède le taux légal.

En admettant le prêt à intérêt sous toutes les formes, la loi de 1789 réservait au législateur le droit d'en fixer ou d'en limiter en France le taux. L'article 1707 du Code civil, promulgué en 1804, disposait que l'intérêt conventionnel pourrait excéder le taux légal, toutes les fois que la loi ne le prohiberait pas. Ce ne fut qu'en 1807, qu'il fut statué définitivement sur ces matières.

On a prétendu que, de 1789 à cette époque, le commerce d'argent demeura absolument libre et les partisans des divers systèmes font appel aux faits pour démontrer : les uns, que grâce à cette liberté, le pays fut rongé par l'usure ; les autres, que le taux de l'intérêt demeura constamment abaissé. La vérité est que la Convention ne prononça jamais le principe de liberté absolue de l'intérêt et les mesures prises par elle furent des plus contradictoires. On la vit tour à tour interdire le commerce des métaux précieux pour assurer le cours des assignats et, contrainte par la force des événements, lever ses prohibitions de paiement en numéraire. Le loyer des capitaux retrouve alors sa liberté par voie de conséquence. Quelles conclusions, au reste, tirer d'événements empruntés à une époque si troublée ?

La loi de 1807 est ainsi conçue :

Art. I. — L'intérêt conventionnel ne pourra excéder, en matière civile 5 %, ni en matière de commerce 6 %, le tout sans retenue.

Art. II. — L'intérêt légal sera en matière civile, de 5 % et en matière de commerce, de 6 %, aussi sans retenue.

Art. III. — Lorsqu'il sera prouvé que le prêt conventionnel a été fait à un taux excédant, le prêteur sera condamné par le tribunal saisi de la contestation à restituer cet excédant s'il l'a reçu, ou à souffrir la réduction sur le capital de la créance, et pourra même être renvoyé devant le tribunal correctionnel, pour y être jugé conformément à l'article suivant.

Art. IV. — Tout individu qui sera prévenu de se livrer habituellement à l'usure sera traduit devant le tribunal correctionnel et en cas de conviction, condamné à une amende qui ne pourra excéder la moitié des capitaux qu'il a prêtés à usure. S'il résulte de la procédure qu'il y a eu escroquerie de la part du prêteur, il sera condamné, outre l'amende ci-dessus, à un emprisonnement qui ne pourra excéder deux ans.

Il avait été annoncé, au cours de la discussion de cette loi, que le taux légal serait révisé tous les six mois. On n'y a pas touché. Tout en érigeant l'usure en délit, la loi ne prononce que la restitution de l'excédant et s'abstient de toute pénalité ; l'amen le et la prison n'intervenant que dans le cas d'usure habituelle ou d'escroquerie. Est-ce oubli et défaillance ? N'est-ce pas sentiment des difficultés qu'il y avait à régler ces matières ?

Quant aux effets de la loi, ils sont aisés à constater. Elle n'a jamais amené la baisse de l'intérêt et cet intérêt est plus élevé en France qu'en Angleterre, en Hollande, en Belgique. Chaque fois qu'il s'est présenté des risques à courir, le prêteur a stipulé des intérêts excessifs, usuraires au point de vue de la loi non moins qu'au point de vue de la conscience. Pour déguiser ces prêts usuraires, on a eu recours tantôt à des ventes, tantôt à des donations simulées. La forme la plus simple, la plus usitée a été de porter sur le contrat de prêt ou sur les billets remis au prêteur, en échange de son argent, une somme supérieure à celle que l'emprunteur avait reçue.

La loi de 1807 en fixant un maximum au taux de l'intérêt a admis des exceptions et établi des catégories. Ainsi, les prêts sur nantissement, sur gage, les prêts de denrées, l'escompte, les commissions de banque ne sont pas soumis à ses règles. Chose singulière, les Gouvernements ont donné eux-mêmes l'exemple de la violation de la loi, ils ont emprunté à 7, à 8 % et il en a été de même des villes et des départements.

On cite entr'autres ce fait de tolérance. A la halle de Paris, il se fait un commerce d'argent que tout le monde connaît : On tient boutique de pièces de 5 francs. Avec cette pièce de 5 francs, un petit négociant achète des marchandises qu'il va vendre çà et là. A la fin de sa journée, il a gagné deux et trois francs avec sa pièce de cinq francs et il en paie l'intérêt à raison de 0,25 c., ce qui équivaut à un taux de 1800 %. On a voulu requérir au nom de la loi ; mais la justice a dû reculer devant la résistance qui se produisait au nom de la liberté.

Quoi qu'il en soit, nous pensons que l'intérêt conventionnel, lors même qu'il est fondé sur le dommage naissant, ou le lucre cessant, ou sur tout autre titre légitime, ne peut *généralement* dépasser le 5 % en matière civile, ni le 6 % en matière de commerce.

PARAGRAPHE III

DE LA LIBERTÉ ABSOLUE DU PRÊT

Le capital numéraire est l'expression de tout ce qui peut être échangé ; sa forme universelle lui donne une puissance sans bornes. Il est non-seulement *produit*, chose susceptible d'être vendue ; mais il est *outil, matière première*. A ce titre, il importe que son prix soit le moins élevé possible. La liberté absolue de l'intérêt conduirait-elle à ce résultat ? La question est posée de toutes parts et déjà résolue affirmativement par la loi en Belgique, en Angleterre depuis 1833, aux États-Unis.

En France, diverses propositions de lois ont été rejetées et le taux de 1807 maintenu en 1836 et en 1850. Le débat subsiste.

Les raisons données en faveur de la liberté absolue sont celles qui avaient été mises en avant pour obtenir le rapport des lois prohibitives de l'intérêt. La limitation a les mêmes effets nuisibles que la prohibition. Les peines portées contre l'usure la font naître ; c'est un risque dont le prêteur cherche à se couvrir en augmentant ses exigences — D'autre part, le nombre des prêteurs et la quantité des capitaux disponibles diminuent. — Enfin le commerce et l'industrie deviennent florissants là où les capitaux sont livrés à eux-mêmes. Il suffit de citer les anciennes républiques d'Italie, la Hollande, l'Angleterre.

Le principe de liberté absolue a aussi ses adversaires déclarés. Ils lui reprochent : — De n'être défendu que par les détenteurs d'argent, c'est-à-dire par ceux qui sont susceptibles d'en abuser — d'entraver la production par le prix élevé auquel arrivent vite et fatalement les capitaux — de travestir les faits — de sacrifier le petit commerce, les campagnes aux grands centres. Ici une juste pondération s'établira entre l'offre et la demande, là l'usure exercera une tyrannie odieuse — enfin, de méconnaitre l'œuvre de paix et de prospérité accomplie par la législation actuelle en France.

Les lois prohibitives de l'intérêt ont disparu ; celles qui le limitent passeront à leur tour. Puisse l'expérience ne pas coûter trop cher au pays, et à défaut de lois civiles, la conscience être toujours entendue !

PARAGRAPHE IV

DES BASES DE L'INTÉRÊT

Toute loi limitative de l'intérêt abolie et le capital devenu maître de lui-même, les économistes se demandent quelles seraient les bases de l'intérêt. Ils reconnaissent que trois éléments principaux concourent à le déterminer.

1° Le premier élément n'est autre que le loyer du capital, de ce moteur par excellence du commerce, de l'agriculture, de l'industrie. Il n'y a pas de valeur immuable : le loyer des capitaux variera sous l'action de l'offre et de la demande et cette action elle-même sera subordonnée aux vicissitudes de production, de consommation, de voirie.

2° Le second élément est le droit d'assurance et de risque, *periculum sortis,* comme disent les théologiens. Le risque dépend des circonstances, de la situation, du caractère des emprunteurs. « Celui qui prête son capital avec risque de le perdre, en tout ou en partie, a le droit d'exiger une prime d'assurance et c'est ce qui constitue la différence entre le bailleur de fonds mobiliers et le bailleur de fonds immobiliers ; entre le prêt civil et le prêt commercial ; entre l'obligation à long terme et l'obligation à courte échéance ; entre le contrat maritime et le contrat terrestre. »

3° Le troisième élément est le droit de commission. Les instruments de travail n'arrivent aux travailleurs que par des intermédiaires. Le capital numéraire, à titre d'instrument de travail, n'échappe pas plus qu'un autre à cette loi de la division du travail. Ce sont ces intermédiaires, c'est ce travail si difficile, si nécessaire dans les établissements de crédit qui se rémunère par un droit de commission.

––––––––––

CHAPITRE TROISIÈME.

DE LA CONSOMMATION.

On a coutume de comprendre sous ce nom les diverses
questions relatives à l'emploi de la richesse ; celles que
soulèvent les dépenses publiques et les ressources destinées à y faire face.

Des auteurs, tels que Turgot, Stuart Mill, Rossi, persuadés que ces questions se rattachaient au chapitre de la
distribution des richesses, ont négligé cette troisième classification. Conformément à la plupart des ouvrages didac-
tiques, nous croyons devoir consacrer à certains phénomènes
économiques un chapitre spécial dit *de la Consommation.*
Sans doute, toutes choses se tiennent et s'enchaînent dans
la science économique, comme dans toutes les sciences et
plus particulièrement, dans les sciences naturelles ; mais si
la nature n'admet pas aisément les divisions absolues, un
livre classique les provoque et procéder par catégories, par
analyse nous a paru servir les intérêts de nos lecteurs.

Certains puristes rejettent l'expression de *consommation*
comme vulgaire et entachée de matérialité. La difficulté
n'est pas de la rejeter, mais d'en trouver une autre. On en
a proposé trois : Utilisation, permutation, transformation.
Utilisation ne pouvait s'appliquer aux consommations improductives ; permutation n'exprime pas suffisamment
l'usage des choses ; transformation ne peut se dire que

des consommations reproductives. — Puis, consommation a donné naissance à consommateur, mot qu'on remplacerait difficilement. Enfin, chacun sait combien il y a d'inconvénients à changer une expression scientifique généralement acceptée.

Nous traiterons : Iº De la définition de la consommation et de ses divisions, — IIº de la loi de la consommation. — IIIº Des consommations privées, — IVº du luxe, — Vº des lois somptuaires, — VIº des consommations publiques.

ARTICLE PREMIER

DÉFINITION ET DIVISION DE LA CONSOMMATION.

On définit la consommation : L'emploi ou l'usage de l'*utilité* qui réside dans les produits.

« La consommation » « observe Mac Culloch » « d'après le « sens où le mot est employé dans la science économique, « est synonyme d'usage. » On dit : « *L'usage de l'uti-* « *lité.* » La consommation consiste à transformer, à altérer, à détruire non pas le produit, mais l'utilité de ce produit. Nous ne pouvons pas plus détruire la matière que la créer et l'importance de la consommation s'évalue moins par la quantité ou la dimension du produit, que par la somme d'utilités ou de valeurs qu'il renferme.

Les consommations se divisent :

1º en consommations privées et en consommations publiques, selon que l'utilisation se fait en faveur des individus ou dans l'intérêt de la communauté ;

2º en consommations reproductives, non reproductives, improductives. On appelle reproductives celles qui s'emploient à la production d'une richesse égale ou supérieure à la valeur consommée ; non reproductives, celles de pur entretien ; improductives ou stériles, celles qui sont absolument improductives, soit pour l'industrie, soit pour les particuliers ; tels sont certains objets de luxe qui couvrent la personne sans la vêtir, ou encore les consommations de gens qui ne produisent rien en compensation de ce qu'ils consomment. Nous adoptons cette nomenclature parce qu'elle est reçue de tous les auteurs ; mais cette qualification de non reproductives, appliquée aux consommations de pur entretien, ne nous semble point rigoureusement exacte.

3° On distingue les consommations immorales, nuisibles ;

4° Les consommations à crédit. Elles ont pour effet la cherté des produits, l'exploitation de l'acheteur, son insolvabilité, son découragement, son immoralité ; et seule une indispensable nécessité peut les autoriser.

5° Les consommations des absents. L'habitude qu'ont en France, nombre de grands propriétaires de vivre loin de leurs terres constitue une plaie véritable pour nos campagnes. La gestion de leurs biens est confiée à des intermédiaires dont les sentiments laissent trop souvent à désirer. Le revenu en est exporté au lieu d'être consacré, partie en amélioration du sol, partie en dépenses qui eussent alimenté la production du pays. Les maîtres de la terre parmi nous ont abdiqué le rôle d'autorités sociales, avant d'en être dépouillés.

En ce qui concerne le caractère reproductif des consommations, un économiste fait l'observation suivante : « Évidemment, il ne suffit pas pour prouver qu'on a employé productivement une certaine quantité de richesse, de dire qu'elle a été dépensée pour l'amélioration du sol, pour creuser un canal, etc. ; car cette richesse peut avoir été appliquée sans discernement, ou de telle façon qu'elle ne puisse être reproduite ; et d'un autre côté, il ne suffit pas, pour prouver qu'une certaine quantité de richesse a été employée d'une façon improductive, de dire qu'elle a été dépensée en équipages et en plaisirs ; car le désir de se livrer à ces dépenses peut avoir donné lieu primitivement à la production de la richesse, et le désir de se livrer à des dépenses du même genre peut donner lieu par suite à la production d'une quantité de richesse, encore plus considérable. Afin d'arriver à une conclusion exacte sur de pareilles questions, il faut examiner avec soin, non pas seulement les résultats immédiats, mais les résultats éloignés de la dépense ; affirmant qu'elle est productive, lorsqu'elle donne lieu par son action directe ou indirecte, à la reproduction d'une somme identique ou plus considérable de richesse et improductive lorsqu'elle n'est pas complétement remplacée ». Mac Culloch.

Quant aux consommations privées, les économistes sont unanimes à reconnaitre que les plus judicieuses et les plus désirables sont celles qui pourvoient à des besoins réels, qui sont lentes plutôt que rapides. On en jouit plus longtemps, on peut les revendre ; les excès y sont moins dangereux et les réformes plus compatibles avec l'amour-propre des familles.

Est-il besoin d'ajouter qu'en proclamant la béatitude des larmes, de la faim et de la soif de la justice ; qu'en recommandant l'esprit de douceur et de paix, la pureté de cœur, la pauvreté d'esprit, l'Évangile assigne à la consommation ses règles les plus sûres et les plus efficaces ? Fut-il jamais dans le monde producteurs plus énergiques, plus maitres d'eux-mêmes et de la matière que les ordres religieux ?

ARTICLE II

LOI DE LA CONSOMMATION.

On a dit : La consommation est une quantité fixe et déterminée. De là tous ces cris d'alarme contre les dangers d'une production croissante et ces efforts pour établir, par des mesures législatives, une balance entre la production et la consommation.

Nous pensons que la consommation est élastique comme les besoins, et les besoins vont se multipliant avec la facilité qu'ils trouvent à se satisfaire. De là ces principes déduits de l'observation des faits.

1° La consommation augmente en raison des facilités qu'elle rencontre ; c'est-à-dire, à mesure que le prix des choses diminue.

Le motif en est facile à comprendre. Le bas prix des services et des produits permet l'accession des classes pauvres, c'est-à-dire du plus grand nombre, à la possession des choses nécessaires, utiles à la vie physique, intellectuelle, morale. A tel prix, toutes les familles de la région useront de ce produit ; à tel autre prix, un tiers seulement se le procurera ; à un prix plus élevé, deux ou trois familles pourront supporter cette dépense. En dépensant une somme que je désignerai par le nombre 10, cette maison satisfait à tous ses besoins ; à 30 elle n'en satisfera plus qu'une partie ; au-dessus de 30, elle n'en satisfera aucun.

Une statistique constante, jamais démentie, atteste que l'on a vu progresser, soit en France, soit en Angleterre, la consommation toutes les fois que par d'intelligentes réformes les taxes qui renchérissaient certains produits étaient diminuées. C'est ce qu'établit en particulier la consommation de certaines denrées alimentaires autrefois à peine connues, (sucre, café) de certaines étoffes de coton, de soie.

La consommation du café s'élevait, de 1820 à 1824, en Angleterre, à environ 8 millions de livres. En 1825, les droits sont réduits de moitié ; aussitôt la consommation s'élève en 1827 à 17 millions de livres ; à 23 millions de livres, en 1830.

Les droits sur les laines sont supprimés en 1844 et tout aussitôt la consommation s'élève de 46 millions de livres à 97 millions.

La taxe des lettres était en Angleterre de 0,85 centimes en moyenne, et le nombre de lettres s'élevait en 1838 à 82,400,000, pour tout le Royaume-Uni. La taxe est fixée à 0,10 centimes en 1839 ; dès lors le nombre de lettres va toujours en augmentant. Il est de 168 millions en 1840 ; de 271 millions en 1845 ; de 347 millions en 1850 ; de 863 millions en 1870.

En France, le télégraphe a expédié 734,000 dépêches en 1861. Le prix des dépêches est réduit des deux tiers en 1862 ; aussi compte-t-on cette année-là 1,291,000 dépêches. On en expédie 1,943,000 en 1863.

A mesure que s'accroît le nombre et la facilité des voies de transports, on voit se multiplier le nombre des voyageurs.

2° La consommation n'est arrêtée que par la difficulté de satisfaire les besoins ; c'est-à-dire, par la cherté des produits et des services.

Les économistes attribuent cette cherté aux quatre causes suivantes : 1° infériorité de civilisation, 2° industrie en retard, 3° mauvais règlements administratifs, 4° excédant de population.

C'est avec le développement de la civilisation que croissent les besoins et les désirs, et ce sont les besoins, les désirs qui réalisent les progrès dont nous sommes les témoins. C'est par eux et pour eux que l'homme crée, combine, invente, fait des découvertes. De là peut-être l'infériorité des peuples du Midi sur ceux du nord.

Avec une industrie arriérée, la division du travail, les machines, le crédit font défaut ; les produits ne s'obtiennent qu'à grands frais et sont inaccessibles aux classes pauvres.

Les mauvais règlements administratifs en multipliant les formalités, les impôts, les pertes de temps, apportent un nouvel élément de cherté.

« On pourrait objecter qu'un excès de population « amène un excès de demandes capables d'activer et de « stimuler la production ; mais il faut considérer que la « demande, pour être réelle, doit venir d'une population « en état d'acheter ce qui lui est nécessaire avec son « revenu. » Garnier.

3º Quant à la balance entre la consommation et la production, elle s'établit d'elle-même. C'est un des grands principes de l'école des économistes. S'il est de toute évidence que la consommation ne saurait dépasser la production, il n'est guère moins évident, que la production ne saurait s'accroître constamment au delà des besoins de la consommation. Les baisses de prix, les méventes avertiront les intérêts privés, et les intérêts privés ralentiront la production, aviseront aux mesures à prendre, avec plus de sagesse et d'intelligence, que ne le feraient les pouvoirs publics.

De ce que la consommation est le but de la production, son excitant, son débouché, on ne pourrait dire qu'elle est sa cause efficiente et en conclure, comme quelques uns à un développement exagéré et au luxe, ainsi que nous le verrons plus tard en traitant des consommations privées.

Les auteurs abordent ici une question irritante de sa nature. Les intérêts du producteur et du consommateur sont souvent mis en face les uns des autres dans les discussions économiques ; auxquels convient-il de donner la préférence ? Adam Smith répond : « *Qu'on ne doit jamais s'occuper de l'intérêt du producteur qu'autant seulement qu'il le faut pour favoriser l'intérêt du consommateur.* » On eût aimé à voir le maître développer et justifier sa pensée au lieu de l'émettre comme un aphorisme. M. Joseph Garnier observe, non sans raison, que le consommateur c'est tout le monde ; son intérêt est l'intérêt général, l'intérêt du plus grand nombre, l'intérêt des plus pauvres, l'intérêt des producteurs eux-mêmes, qui producteurs, en un et plusieurs points, sont consommateurs partout ailleurs. Cette opinion ne nous paraît acceptable qu'à la condition de sauvegarder tous les droits de justice, et nous aurions préféré que, fidèles à leur culte pour la liberté, ces auteurs l'aient chargée du soin de donner satisfaction à tous les intérêts.

Frédéric Bastiat traduit en ces termes l'antagonisme naturel, nécessaire qui naît entre producteurs et consommateurs.

« Prenons un producteur quel qu'il soit. Quel est son
« intérêt immédiat ? Il consiste en deux choses : 1° que
« le plus petit nombre possible de personnes se livrent au
« même travail que lui ; 2° que le plus grand nombre
« possible de personnes recherchent le produit de ce genre
« de travail. C'est ce que l'économie politique exprime
« plus succinctement en ces termes : que l'offre soit très
« restreinte et la demande très étendue ; ou bien encore :
« concurrence limitée, débouchés illimités. — Quel est l'in-
« térêt immédiat du consommateur ? Que l'offre du pro-
« duit dont il s'agit soit étendue et la demande restreinte.

« Puisque ces deux intérêts se contredisent, l'un doit

« nécessairement coïncider avec l'intérêt social ou général,
« et l'autre lui être antipathique. Mais quel est celui que
« la législation doit favoriser comme étant l'expression du
« bien public, si tant est qu'elle doive en favoriser un ?
« Pour le savoir, il suffit de rechercher ce qui arriverait,
« si les désirs secrets des hommes étaient accomplis.. En
« tant que producteur, il faut bien en convenir, chacun
« fait des vœux anti-sociaux. Sommes-nous vignerons,
« nous ne serions pas fâchés qu'il gelât. Sommes-nous pro-
« priétaires de forges, nous désirons qu'il n'y ait sur le
« marché d'autre fer que celui que nous y apportons,
« quel que soit le besoin que le public en ait.

« Si les vœux du producteur étaient exaucés, le monde
« rétrograderait promptement vers la barbarie ; la voile
« proscrirait la vapeur, la rame proscrirait la voile, la
« laine exclurait le coton, le coton exclurait la soie et
« ainsi de suite, jusqu'à la disette de toutes choses.

« Que désire au contraire le consommateur ? Des sai-
« sons propices, des inventions fécondes qui réduisent le
« travail, le temps et la dépense. Il veut la diminution
« des taxes, la paix des peuples, la liberté des transactions.
« Consulter exclusivement l'intérêt immédiat de la pro-
« duction, c'est donc consulter un intérêt anti-social ;
« prendre au contraire exclusivement pour base l'intérêt
« immédiat de la consommation, ce serait prendre pour
« base l'intérêt général. » Sophismes économiques.

ARTICLE III

DES CONSOMMATIONS PRIVÉES.

Nous ne ferons que formuler brièvement la réponse à
certaines questions longuement discutées par les auteurs.

I. Quelles consommations peuvent être réputées plus avantageuses?

II. Vaut-il mieux consommer le plus ou le moins possible?

III. Quel est le moins nuisible à la société de l'avare ou du prodigue?

IV. Quelles règles la raison prescrit-elle aux consommations privées et quelle est leur influence?

V. De quelques consommations doublement improductives.

Seuls le luxe et les lois somptuaires fixeront plus longuement notre attention.

PARAGRAPHE PREMIER.

I. Énumérant les consommations les plus judicieuses, l'école économique joint aux consommations lentes, c'est-à-dire qui consistent en richesses durables, aux consommations destinées à satisfaire des besoins réels, les consommations *en commun*. Elles ont l'avantage de diminuer les frais généraux, de procurer plus de jouissances possibles ; mais elles supposent une gestion bien entendue et demandent l'esprit de support et de discipline.

Il était autrefois de mode de faire dans les familles de gros approvisionnements et les obstacles que rencontraient alors les échanges commerciaux légitimaient cette pratique. Sauf quelques cas exceptionnels, elle serait déraisonnable là où l'on peut, en tout temps, se procurer les choses nécessaires ou utiles à la vie. Qui ne sait que les meilleures provisions, c'est-à-dire les plus fraîches, les plus complètes, celles qui coûtent le moins à garder, qu'on court le moins risque de perdre, se trouvent chez les marchands ?

Certains objets doivent être invariablement rangés parmi les objets dits de consommation improductive. Tels sont les dentelles, les broderies, les joyaux et en général, tout ce qui sert à couvrir la personne sans la garantir en quoi que ce soit. Il en est de même du tabac et de tous ces stimulants dont le moindre mal est de n'être pas nuisibles.

On ne saurait considérer comme réellement improductif tout ce qui en général dépasse le strict nécessaire. Certaines occupations sociales doivent recourir à des moyens de représentation qui sont la condition de leur succès.

II. On a souvent discuté la question de savoir s'il valait mieux pour la société et pour l'individu consommer *le plus ou le moins possible*.

Au point de vue économique, c'est en consommant le moins possible que se forment cette épargne, ces capitaux dont bénéficient la société et les individus.

Il est démontré que toute consommation stérile est nuisible puisqu'elle constitue une perte de la force acquise.

L'intérêt social et individuel disparaîtrait, s'il devait résulter un dommage quelconque de cette moindre consommation, soit pour l'intelligence, soit pour la santé du travailleur.

On ne saurait trop souhaiter, même en dehors de toute considération de charité ou de politique, de voir les classes pauvres et ouvrières améliorer leur condition matérielle. Le travail en devient immédiatement plus avantageux. C'est au confortable dont ils sont pourvus que les ouvriers anglais doivent leur supériorité productive.

III. Quel est le plus utile à la société de l'avare ou du dissipateur ?

Nonobstant les apparences, l'avare qui avec un soin sordide amasse écus par écus, est plus utile à la société et doit être préféré au dissipateur qui répand avec profusion son capital autour de lui. Le capital improductif que l'avare laisse en mourant, rentre dans la circulation, devient une valeur dont la consommation va se renouveler sans cesse. Les valeurs du prodigue distribuées à la fainéantise et au vice se sont consommées au contraire, une fois pour toutes, et il ne reste rien de ce revenu qui devait alimenter les besoins du travail. Le dissipateur ne sait que détruire, tout juste, observe J. B. Say, ce que savent les bêtes. Il prodigue inutilement les fonds que la frugalité de ses ancêtres avaient destinés à l'entretien de l'industrie ; il livre à un usage profane les deniers d'une fondation pieuse en quelque sorte ; il doit être considéré comme un ennemi public.

Pour rendre cette vérité plus sensible, M. Joseph Garnier suppose deux valeurs capitales de cent mille francs chacune : l'une sous forme d'usine appartenant au dissipateur, et l'autre sous forme de café et de sucre appartenant à un négociant quelconque. L'usine est vendue par le dissipateur et achetée par le négociant. Pour cela, ce dernier retire ses fonds du commerce, ne rachète plus de denrées coloniales ; cent mille francs sont ainsi enlevés au commerce et remis au dissipateur qui les tranforme en objets consommables et les détruit sans retour. De deux capitaux, il n'en reste plus qu'un, l'usine ; l'autre a été détruit. On objecte qu'il a été distribué en de nombreuses mains. Erreur : il a été échangé contre des produits aussitôt consommés. Et même, en acceptant l'hypothèse de l'objection, un capital éparpillé n'est plus un instrument de travail, comme un lac évaporé n'est plus un lac.

IV. En dehors de ce qui vient d'être dit, il est très difficile de préciser les règles de la consommation privée. « Ceux qui achètent le superflu finissent par vendre le nécessaire » observait Franklin. Mais où finit le nécessaire, où commence le superflu ? Comment contenir l'énergie des besoins, résister aux attraits du plaisir ? Dans l'état de déchéance originelle, le corps de l'homme abonde en pentes malheureuses, en désirs déréglés ; de sa raison obscurcie ne jaillissent trop souvent que des lueurs fausses et incertaines ; sa volonté s'en va d'elle-même au mal qu'il condamne, s'éloigne du bien qu'il approuve. Comment être longtemps fort quand on est soi-même l'ennemi à combattre ?

A cette raison si troublée, à cette volonté si affaiblie, à toutes les impulsions violentes d'une nature dévoyée, on offre quatre appuis : L'hygiène — La nécessité de compter avec ses revenus — Le devoir de l'épargne — Une saine instruction.

Fragiles appuis, ou mieux simples toiles d'araignée que le premier coup de vent emporte !

Sans doute, l'hygiène nous indique quelles consommations portent atteinte à l'intelligence et à la santé. Mais avant d'en arriver là que de consommations stériles et dangereuses ! combien de ruines s'accumulent au milieu desquelles la raison et le corps restent saufs ?

Non, il ne faudrait jamais sans une nécessité rigoureuse, absolue, dépasser le montant de son revenu. On suppose, ici, comme acquis ce qui reste à acquérir : un sens calme qui ne se fait aucune illusion, la force de résister à ses appétits. Puis, combien d'excès le revenu ne peut-il pas autoriser ? Sans doute, l'avenir personnel, celui de la famille, commandent de faire chaque année une épargne proportionnée aux ressources dont on dispose ; mais la réalisation de cette épargne suppose l'empire sur soi-même plus qu'elle ne le donne et souffrance pour souffrance, l'homme préfère celle du lendemain à celle du présent.

Qui n'a expérimenté que l'instruction ne fait qu'exciter les appétits, ouvrir la voie aux désirs ? Jetée inconsidérément au sein de la société, elle multiplie ceux que l'économie politique désigne si justement sous le nom d'oisifs et de consommateurs improductifs. Jamais, il faut le reconnaître, l'instruction n'a été aussi répandue qu'en nos jours. Or, chaque année, le rapport adressé par le garde des sceaux au chef de l'État, atteste que la criminalité augmente en France et, dans cet accroissement de criminalité, les attentats les plus contraires à la nature, les attentats contre les ascendants ont une place marquée. Il en est de même des suicides qui atteignent et dépassent annuellement le nombre de six mille, alors qu'au siècle dernier on n'en comptait pas cent. Parmi ces désespérés de la vie, se trouvent des jeunes gens de l'un et de l'autre sexe, n'ayant pas vingt ans et adonnés aux hautes études.

C'est d'en haut, et d'en haut seulement, que peut venir le secours dont l'homme a besoin dans ce combat singulier. Seule, la foi chrétienne avec ses espérances, ses compensations, ses moyens surnaturels et ses pratiques lui donne la force de contraindre ses appétits, de les réduire en servitude. « Chose admirable » disait Montesquieu « la religion « chrétienne qui ne semble avoir d'autre objet que les « félicités de l'autre vie fait encore notre bonheur dans « celle-ci ». Cette parole se justifie partout et toujours ; nulle part sa vérité n'éclate mieux que lorsqu'il s'agit de l'empire à exercer sur soi-même.

V. Au nombre des consommations doublement improductives, il faut mettre 1° celles des malfaiteurs qui attentent par métier aux biens d'autrui, 2° les consommations des gens qui exercent une spoliation quelconque à l'abri d'abus tolérés ou de certains monopoles, 3° les consommations des pauvres quelle que soit d'ailleurs l'origine de leur pauvreté, s'ils vivent aux dépens d'autrui. La pauvreté diminue les forces productives d'une nation, soit en diminuant le nombre des travailleurs, soit parce que ce qui est consacré à l'entretien des pauvres aurait pu être épargné et amassé sous forme de capital productif. 4° Les consommations des hommes désœuvrés qui vivent sans rendre aucun service à la société. Ces conclusions de l'économie politique expliquent la triste situation faite à la faiblesse et à la pauvreté au sein des sociétés païennes ; heureusement l'économie évangélique est venue suppléer, par une intervention désintéressée et toute surnaturelle, à ce que la science avait d'incomplet et de trop rigoureux.

On pourrait ajouter aux consommations doublement improductives les consommations de luxe, mais elles feront l'objet de l'article suivant.

ARTICLE IV.

DU LUXE

Le mot français luxe vient du latin luxus. Il se prend habituellement pour indiquer un excès de dépense sans production équivalente, d'où l'appauvrissement. Une famille se livre au luxe lorsque, cédant à des penchants irrationnels, déréglés, elle se livre à des dépenses qui empêchent l'épargne, ou la compromettent lorsqu'elle est acquise. Au sein de la société, le goût du luxe n'est que la tendance à consommer improductivement plus de richesse qu'on n'en crée. L'accroissement régulier, simultané des besoins et des moyens de production ne constituant pas, à proprement parler, un progrès du luxe, on appliquerait à tort cette expression à l'abondance et au confort des Anglais.

Stenart et Adam Smith ont défini le luxe : « l'usage du superflu. » J.-B. Say l'appelle : « l'usage des choses coûteuses. » Selon l'observation de Bossuet, on définit les choses par ce qui domine en elles et nous définirons le luxe : *L'usage de choses improductives, excédant les moyens.*

Aucune question n'a été plus fréquemment débattue que celle du luxe, et des milliers de discours ou de volumes lui ont dû le jour, sans aucun résultat. On peut en donner cette double raison : 1° les premières notions de la science économique étaient peu connues, mal appréciées; 2° l'idée de luxe s'attachait trop exclusivement à la consommation du superflu, sans considérer que ce qui est superflu dans tel état de civilisation ou de société devient utile, nécessaire dans d'autres conditions ; que la valeur des choses varie selon les temps, les lieux et les mœurs ; que la signification des mots, elle-même, change, se déplace selon les circonstances ou avec les progrès de la production.

« Il n'existe guère, « dit Mac-Culloch » un seul article,
« parmi ceux regardés aujourd'hui comme indispensables
« à l'existence, ou une seule amélioration d'une nature
« quelconque, qui n'ait été dénoncé à son apparition
« comme une superfluité inutile, ou comme étant en quel-
« que sorte nuisible. Il est peu d'articles de vêtement
« considérés aujourd'hui comme plus essentiels que les
« chemises ; cependant la tradition nous a conservé des
« exemples d'individus mis au pilori, pour avoir osé se
« servir d'un objet de luxe si couteux et si inutile. L'usage
« habituel des cheminées n'exista pas en Angleterre jus-
« qu'au milieu du xvi° siècle, et les chroniques de Hol-
« linshed se plaignent amèrement du nombre considérable
« de cheminées élevées nouvellement, de la substitution
« aux paillasses, de matelas ou de literie en laine, et de la
« vaisselle de terre et d'étain à la vaisselle de bois. Dans
« un autre endroit, l'auteur se plaint qu'on n'emploie plus
« que le chêne pour les constructions au lieu du saule,
« comme on faisait jadis et il ajoute : Autrefois nos mai-
« sons étaient en saule, mais nos hommes étaient de
« chêne; mais aujourd'hui nos maisons sont de chêne,
« nos hommes ne sont pas seulement de saule, mais quel-

« ques-uns sont tout-à-fait de paille, ce qui est un triste
« changement. Un grand nombre de volumes sont remplis
« de plaintes sur le goût régnant pour le thé, le sucre, le
« café, les épices ou autres jouissances de luxe importés
« de l'étranger, et l'idée que leur consommation est pré-
« judiciable à l'accroissement de la richesse est encore
« très répandue. » (*Princ. d'écon. polit.*, p. 11.)

Le luxe est donc chose essentiellement relative.

En ce qui concerne le luxe nous citerons trois doctrines
opposées.

1° La première est la doctrine de ces pauvres volontaires
qui ont prêté l'oreille aux conseils de l'Évangile. Garder
un cœur libre au milieu des richesses, user de ce monde
comme n'en usant pas, posséder les biens de la vie sans
être par eux possédé et rivé à la terre, ne suffisait pas à
leur soif de perfection. Ils ont voulu se désapproprier de
ce qu'ils possédaient au point de ne pouvoir plus en disposer ni effectivement, ni mentalement; ne plus compter
désormais que sur ce qui était rigoureusement nécessaire
à l'entretien de leur existence et vivre dénué de tout le
reste. Tels sont les religieux, et c'est là, ce qui par le dehors
les distingue des membres de la société chrétienne. Loin
de posséder quoi que ce soit d'extérieur, le religieux,
observe la règle de saint Benoît, n'est plus réellement
propriétaire ni de son corps, ni de sa volonté. Il recourt
au vœu comme à une sanction de sa résolution, au rempart
destiné à l'environner et à le protéger.

Ce dépouillement que le religieux catholique s'impose et
pratique avec tant de vigueur, en fait-il une loi à autrui?
Non, et c'est ce qui le distingue des utopistes anciens et
modernes. Là où Dieu conseille, il n'ordonne pas ; il n'o-
blige pas là où il invite. Sans doute, le religieux admet une
certaine mesure d'obligation morale, car il lui semble
difficile de traiter comme simple futilité les conseils divins;

mais l'appel d'en haut ne lie pas l'âme ici, avec la rigueur d'un précepte. Bienheureux qui règle ses voies sur les avis du conseiller céleste : il mérite certainement, il recevra infailliblement une récompense plus belle, sans parler des profits nombreux qu'il s'assure en ce monde ; mais, qui ne les suit pas, ne commet en cela aucune faute et ne trouvera dès lors, pour cette seule omission, ni son juge plus sévère ni son compte plus chargé.

On a souvent discuté au point de vue économique les mobiles et les résultats de ce sacrifice des biens les plus précieux et les plus enviés du monde.

Non, ce n'est pas un instinct irréfléchi, une émotion passagère, superficielle qui détermine ces hommes de tout rang, de toute condition à venir se dépouiller et s'immoler eux-mêmes sur l'autel de quelqu'obscur monastère. Quand on recherche, dans les monuments de l'histoire, l'*origine humaine* et l'*explication naturelle* des vocations monastiques, on voit qu'elles naissent d'un sentiment, quelquefois précoce, mais toujours profond et raisonné de la solidarité humaine, de la considération de l'instabilité des choses terrestres, enfin du douloureux spectacle de la défaite constante du vrai et du bien dans le monde.

Il est impossible de méconnaître l'utilité économique des diverses familles religieuses.

La vertu, le dévouement, l'esprit de sacrifice et de charité dont elles ne cessent de donner les preuves, sont une protestation vivante contre l'égoïsme et entretiennent constamment au sein de la société l'exemple d'une morale supérieure. M. Henri Martin attribue aux trois vœux de pauvreté, d'obéissance et de chasteté la réhabilitation du travail libre, le rétablissement de la pureté des mœurs au foyer domestique, la reconnaissance des droits de l'autorité civile, en un mot l'origine de notre société. Ceux qui se liaient par ces trois vœux ont jeté les fondements de la chronologie, de la géographie, et jusqu'à un certain point de la critique historique. Nul n'a porté plus loin le culte désintéressé des lettres, des sciences, des arts, et c'est à un moine qu'est due cette parole : « Savoir c'est aimer ».

C'est à ces prétendus fainéants que les trois huitièmes des bourgs et des villes de notre pays doivent leur existence, comme l'attestent encore leurs noms. Pendant des siècles, ils ont constitué un grand service; où, le culte, la recherche scientifique, l'enseignement supérieur et primaire, l'assistance des pauvres, le soin des malades, la garde des voyageurs, le défrichement des déserts, l'entretien des voies publiques, la confection des ponts, en un mot tous les besoins étaient assurés sans défaillance et sans charges pour le budget des États.

C'est grâce à ces trois vœux constitutifs de l'état religieux qu'avec la moindre consommation et la plus grande protection possible, des milliers de personnes, hommes et femmes appartenant souvent aux premières classes de la société, exerçaient volontairement et gratuitement les moins attrayantes et les plus rebutantes fonctions sociales.

Ce célibat dont le mérite est si fréquemment méconnu aujourd'hui, n'offre-t-il pas le légitime moyen de réaliser cet équilibre entre la population et la production dont se préoccupent les économistes et qu'ils demandent à des voies injustes ou peu avouables.

Voltaire a dit en parlant des ordres religieux : « On ne « peut nier qu'il y ait eu dans le cloître de très grandes « vertus. Aujourd'hui encore, il n'est guère de monastère « qui ne renferme des âmes admirables faisant honneur à « la nature humaine. Trop d'écrivains se sont plu à re-« chercher les désordres et les vices dont furent souillés « quelquefois ces asiles de la piété. Il est certain que la « vie séculière a toujours été plus vicieuse et qu e les plus

« grands crimes n'ont pas été commis dans les monastères,
« mais ils ont été plus remarqués à cause de leur con-
« traste avec la règle. Nul état n'a toujours été pur... Il
« faut n'envisager ici que le bien général de la société et
« il en est résulté, pour le monde les plus grands services.
« Les moines ont existé moins pour eux-mêmes que pour
« les peuples au milieu desquels ils étaient appelés à
« vivre. »

2° Quelques philosophes dans les temps anciens et parmi les modernes ont proscrit rigoureusement l'usage du luxe, du superflu et voulu qu'on s'en tînt au strict nécessaire. C'est le régime de Diogène et du brouet noir. « Mon sen-« timent » observait Rousseau « est qu'il ne faut pas de « luxe du tout. Tout est source de mal au delà du néces-« saire physique. Le premier qui porta des sabots était « punissable, à moins d'avoir eu mal aux pieds ». Cette doctrine contredit la nature, empêche ses développements. Ses maîtres eux-mêmes s'en éloignent dans la pratique et elle ne comptera jamais beaucoup de prosélytes.

3° La troisième doctrine considère le luxe comme un moyen de production et affirme qu'il n'y a jamais trop de dépenses privées.

C'est un fait d'expérience que tout ce qui altère l'énergie, dérange le juste équilibre de l'âme humaine, est une cause de trouble et de déperdition pour l'individu. En provoquant, outre mesure, le développement du luxe, ces théories développent les besoins factices d'ostentation et de représentation ; excitent des envies malsaines chez les masses ; engendrent l'immoralité dans les affaires publiques et privées ; rendent effrénée la poursuite des gains anormaux et déterminent l'effondrement des fortunes publiques et individuelles.

On objecte que toute somme employée, quel que soit d'ailleurs son emploi, jette dans la société un égal mouvement d'affaires. C'est une erreur. Les caprices maladifs, les goûts immoraux n'ont d'autre résultat que d'exagérer certaines industries factices, au préjudice des autres et de détourner le travail et les capitaux de la production utile au grand nombre. Deux sommes de dix mille francs employées, l'une à l'entretien de chevaux de luxe, l'autre à des drainages donnent lieu à une somme égale de services, il est vrai : mais le service des chevaux de luxe une fois consommé ne laisse rien après lui; tandis que le drainage a réellement créé une force productive de la valeur de dix mille francs. Il n'est donc pas vrai de dire que le luxe imprime du mouvement et de l'activité aux affaires ; il tend à les réduire au contraire puisqu'il consomme sans retour, ni compensations.

Mais, observe-t-on encore, le luxe en faisant naître les besoins donne le goût du travail ? Il énerve au contraire les aptitudes, excite outre mesure le désir des richesses, rend indifférent sur les moyens de se les procurer. L'expérience démontre que le luxe se développe surtout chez ceux qui acquièrent sans travail, par le jeu ou l'intrigue.

Résumons en quelques formules, les données de la science et de l'expérience sur le luxe et les consommations privées.

1º Le luxe est une chose essentiellement relative, qui relève des circonstances de temps, de lieu, de personnes. La civilisation a fait naître des besoins dont la satisfaction eût semblé autrefois affaire de luxe et que les travailleurs modernes doivent chercher à satisfaire, parce qu'ils sont devenus une nécessité ou une convenance des temps et des professions.

2º Lorsque le luxe est le résultat de l'aisance et du travail, qu'il marche de pair avec la formation de l'épargne et du capital; qu'il s'en tient à ce qui sied à la condition, à l'état, aux relations; comme aussi à cette mesure de distraction et d'amusement destinés à l'allégement de cette vie humaine, dont *l'ennui fait trop souvent le fond:* il est légitime, alors même qu'il se manifeste par de grandes dépenses consacrées à l'habitation, aux meubles, aux vêtements, à la table, aux voyages, etc.. Il provoque la consommation en général, la consommation des beaux produits, des services artistiques en particulier.

3° Tout luxe qui s'exerce dans d'autres conditions, eût-il pour excuse les entrainements de la mode, les exer.. .. s et les excitations du pouvoir, est factice et condamn.. .. La richesse d'un pays ne peut s'augmenter, et elle ne s'augmente que par le travail et l'économie. Celui qui dépense chaque année ce qu'il produit, arrive à la fin de l'année sans posséder quoi que ce soit. Qu'il en soit ainsi de toute la nation, et ce sera un pays à l'état sauvage. L'existence de celui qui naîtra à la vie sera aussi pénible, aussi dénuée que celle du naufragé dans son île.

4° De tous les luxes, le plus légitime est celui qui accroît les jouissances intellectuelles et morales et permet de travailler à l'amélioration de ceux qui nous entourent.

5° Il ne faut pas rire de l'homme économe qui, sans enfouir son trésor dans la terre, à la façon de l'avare, travaille et se borne aux consommations nécessaires à l'entretien de ses forces. Il rend à la société les plus grands services par la formation d'un capital, la préparation d'un instrument de travail, de progrès, d'émancipation physique, intellectuelle. Rien ne brille en sa personne ; mais quelque part, l'industrie, la société bénéficieront de son travail et de ses privations. Au delà de ce qu'il nous est donné de voir, il faut tenir compte de ce qu'on ne voit pas.

6° Les dépenses que réclame la charité ne sont jamais improductives, et si avisé qu'on soit dans la gestion de ses affaires, on ne fera jamais un placement plus sûr et plus fécond pour soi et pour ses enfants, qu'en faisant de larges aumônes. Donner selon ses moyens, donner facilement, joyeusement, avec intelligence, est une obligation pour l'homme et pour le chrétien.

ARTICLE V

DES LOIS SOMPTUAIRES.

Le luxe étant un danger, un mal véritable, on conçoit qu'il a dû attirer de tout temps l'attention des législateurs. L'erreur a été de vouloir le combattre avec des lois somptuaires.

On appelle de ce nom les lois qui, sous prétexte d'intérêts religieux, moraux, politiques ou financiers, prétendent proscrire, limiter, ou imposer certaines consommations.

1° Elles sont irrationnelles. En pareille matière, les Gouvernements ne savent rien de plus que les particuliers, et la force dont ils disposent est impuissante contre les mœurs, les penchants, les habitudes. Ce sont les esprits qu'il faut changer, c'est aux âmes qu'il faut s'adresser et seuls les croyances, les exemples le feront efficacement.

2° Elles disparaissent promptement. Ainsi qu'il arrive des lois inutiles et nuisibles, elles tombent vite en désuétude ou sont éludées. Souvent même, le législateur donne l'exemple du mépris de ses ordonnances. C'est ainsi que César, après avoir envoyé ses soldats enlever sur le marché les mets proscrits par ses décrets somptuaires, dépensait dans un seul souper d'apparat cent millions de sestèrces, environ vingt-un millions de francs.

ARTICLE VI

DES CONSOMMATIONS PUBLIQUES.

Consommation publique est synonyme de dépense publique ou gouvernementale. On appelle de ce nom ce qui est dépensé dans l'intérêt de l'association communale, provinciale ou de l'État.

La qualité du consommateur ne change pas la nature des dépenses, si ce n'est qu'ici le capital avancé ne se retrouve pas matériellement dans les résultats obtenus ; il se traduit sous forme de sécurité, de justice, de services divers rendus par les dépositaires du pouvoir aux membres de l'association.

Pour traiter convenablement des consommations publiques, il importe tout d'abord de fixer les attributions de l'autorité centrale. L'erreur sur ce point, en France, date de loin.

PARAGRAPHE PREMIER

DE LA CENTRALISATION EN FRANCE.

Dès le xive siècle, abusant de l'autorité qu'une opinion peu judicieuse leur laissait dans les questions de réforme, les légistes importèrent parmi nous les idées de la décadence romaine, et familiarisèrent l'opinion avec l'intervention de l'État dans la vie intime des familles. Au lieu de s'identifier, comme en Angleterre, avec les intérêts de la nation, de conserver l'équilibre entre la vie publique et la vie privée, on les vit se liguer avec la royauté pour seconder ses envahissements, étendre son domaine, appuyer ses innovations les moins justifiées. Pour atteindre ce résultat, ils dénaturent les coutumes locales, en les codifiant ou en les remplaçant par des lois écrites.

Les derniers Valois acclimatèrent de plus en plus en France, avec les mauvaises mœurs de l'Italie, les entraves à l'initiative et aux libertés individuelles, la prépondérance des fonctionnaires de l'État dans la vie communale et provinciale. Ils créèrent à prix d'argent une multitude d'emplois de Justice et de Finance.

Conseillé par Sully, Henri IV s'efforça de réagir contre ces abus et de diminuer le nombre de « ces officiers de « toute espèce dont le barreau et les finances abondaient « et dont la licence aussi bien que l'excessive quantité « sont les certificats sans réplique des malheurs arrivés à « un État et les avant-coureurs de sa ruine. » (Sully, *Mémoires*, liv. IV).

Le gouvernement de Louis XIII, sous l'impulsion de Richelieu, revint à ces égarements et les exagéra encore. Louis XIV porta l'abus plus loin qu'aucun de ses prédécesseurs. Il réunit entre ses mains la direction des arts usuels à celle des arts libéraux, ne laissa aucun intérêt, aucune branche d'activité à l'abri de son influence, substitua partout l'action de l'État aux pouvoirs locaux, aux corporations, aux familles.

C'est au nom de la liberté que les ministres de Louis XVI et les trois Assemblées révolutionnaires désorganisent les ateliers, absorbent toute initiative individuelle, entreprennent de procurer le bien-être de la société et des particuliers, achèvent en un mot l'œuvre de centralisation en détruisant avec la liberté de tester, les libertés traditionnelles de la propriété et de la famille. Sollicitée de permettre aux ouvriers parisiens de se réunir pour conférer de leurs intérêts, l'Assemblée nationale répond le 14 juin 1791 qu' « il ne doit pas être permis aux citoyens de s'as-

« sembler pour leurs prétendus intérêts communs. C'est à
« la nation, c'est aux officiers publics en son nom, à four-
« nir des travaux à ceux qui en ont besoin et des secours
« aux infirmes. » La Convention ne garda aucune mesure.
On la vit successivement désorganiser tous les rouages du
commerce, charger le Pouvoir exécutif de l'achat des
grains, promulguer ses lois de maximum qu'elle étendit
des céréales à toutes les denrées alimentaires, se réserver
le droit exclusif de régler le battage, la conservation et les
transports des blés, la vente sur les divers marchés, etc.,
etc. Aux réclamations, à la résistance des intérêts compro-
mis, elle se hâta de répondre en recourant aux poursuites
les plus odieuses, à la peine de mort, jusqu'au jour où le
régime en vint à s'effondrer sous le poids du mépris public.
On retrouve cette disposition à envahir le domaine de l'activité individuelle chez tous les Gouvernements qui se sont
succédé au milieu de nous ; elle s'est incarnée surtout dans
une institution nouvelle, *la bureaucratie.*

Son origine est connue. Toutes les grandes individualités de l'ancien régime : ministres, intendants, subdélégués,
fermiers-généraux, chefs de services; tous ces fonctionnaires
qui exerçaient en réalité le Gouvernement, sous l'autorité
nominale du roi, des corps constitués et des gouverneurs
de province, avaient disparu avec la Monarchie. La Convention avait achevé de supprimer, de 1792 à 1793, tout ce
que les réformes des deux premières Assemblées avaient
épargné.

Cependant, au milieu des luttes des partis, en face de
l'Europe coalisée, en présence d'un peuple plié de longue
main à la servitude administrative, une concentration
énergique d'autorité était plus que jamais nécessaire. A
cette autorité, il fallait un personnel souple, intelligent,
capable, sans exciter les défiances des maîtres ombrageux
du jour, de rétablir l'ordre au milieu du cataclysme géné-

ral et de suppléer à l'instabilité du Pouvoir souverain.

Les commis, les agents secondaires de l'ancien régime fournirent les éléments de ce personnel. Élevés à des situations inespérées pour lesquelles, le plus souvent, ils n'étaient pas faits; héritiers directs des hauts fonctionnaires d'autrefois, ils eurent pour premier soin d'approprier au régime nouveau les anciennes habitudes gouvernementales et d'exagérer la centralisation pour augmenter leur influence.

Cette influence n'a fait que s'affermir et se développer depuis la Révolution, grâce à sa permanence et à son irresponsabilité. Tout en administrant avec plus de puissance réelle que n'en avaient les anciens gouvernants, la Bureaucratie laisse au Pouvoir souverain, à ses ministres les périls de l'autorité exécutive. Et tandis qu'en haut la Révolution renverse ceux qu'elle a élevés; qu'en bas le partage forcé disperse les familles, émiette les ateliers de travail, elle jouit en paix de ses conquêtes, prépare de nouveaux empiétements. Elle s'adapte à toutes les formes de la souveraineté, aux monarchies absolues comme aux républiques, aux gouvernements parlementaires; et, sous chacune d'elles, elle étend son empire en compliquant les affaires, en modifiant l'esprit des lois à l'aide d'arrêtés, de circulaires, de règlements, en opposant d'infranchissables obstacles aux réformes les plus fermement résolues, les mieux justifiées. « Grâce à l'appareil législatif que nous a « légué le passé, » a observé le comte de Morny, « on ne « peut pas remuer une pierre, creuser un puits, exploiter « une mine, élever une usine, s'associer, et, pour ainsi dire, « user et abuser de son bien sans la permission ou le con- « trôle du pouvoir central ; et de grands intérêts se « trouvent souvent retardés ou sacrifiés dans les degrés « inférieurs de l'échelle administrative. » (*Moniteur* du 30 août 1858).

La capacité des fonctionnaires de l'État ne saurait, le plus souvent, être contestée. On peut rendre à la Bureaucratie ce témoignage qu'elle a souvent amorti l'effet de nos crises politiques, en assurant le prompt rétablissement d'une nouvelle autorité. L'observation et l'expérience attestent néanmoins que les citoyens sont moins bien servis sous ce régime qu'ils ne le seraient en s'occupant eux-mêmes, sans intervention de l'État, avec une entière liberté, de leurs affaires. Les raisons en sont évidentes.

1° L'intérêt personnel est le vrai et le plus efficace mobile de l'homme. On sait de quelle initiative et de quelle énergie est capable celui qui lutte pour sa vie, la vie et le bien-être des siens. L'agent de la Bureaucratie, chargé des intérêts du public, ignore, vit étranger à ce sentiment. Il y a pour lui, objecte-t-on, la question d'honneur ; mais les hommes sont ainsi faits que l'honneur compte peu, lorsqu'il s'agit d'humbles services d'ordre privé, surtout lorsque la responsabilité fait défaut.

2° Ce n'est le plus souvent qu'avec répugnance que l'homme donne ses fatigues et ses sueurs. Seuls le dévouement et l'intérêt triomphent de ses répulsions et le déterminent à faire de son temps l'emploi le plus fructueux, et de là tous ces perfectionnements du travail européen. L'indolence naturelle du bureaucrate est sans contre-poids ; car, à laisser les affaires en souffrance, il trouve ses satisfactions, et les inconvénients n'en pèsent que sur le public.

3° Aux suspensions, aux vains retards viennent se joindre encore les rapports les plus difficultueux, et c'est sous des formes multiples que se manifestent chez les petits employés d'une Bureaucratie puissante la paresse, la morgue, l'avidité. « En principe » observe M. Leplay, « un fonctionnaire devrait ménager aux administrés le « meilleur accueil. Jouissant d'un sort heureux, exempt

« des soucis qu'entraînent les affaires privées, il devrait
« être le serviteur reconnaissant du public qui lui assure
« la considération et le bien-être. Quelques fonctionnaires,
« imbus du sentiment du devoir, envisagent ainsi leur si-
« tuation ; mais, en général, il en est autrement pour les
« agents de la *Bureaucratie européenne.* Ceux-ci, inter-
« vertissant les rôles, se persuadent aisément que le public,
« obligé de les rechercher, leur doit obéissance et respect.
« Ils ne lui permettent pas d'être pressé ou exigeant, et ils
« se plaisent, pour peu qu'il insiste, à lui faire sentir sa
« dépendance. Ces dispositions s'aggravent et prennent
« un caractère à la fois ridicule et odieux, lorsqu'on des-
« cend aux derniers degrés de la hiérarchie administrative.
« Elles deviennent intolérables à ces niveaux inférieurs
« où l'esprit de tyrannie n'a plus pour contre-poids les ha-
« bitudes d'une éducation libérale. »

4° Ces abus de la Bureaucratie préparent et excitent
l'esprit de révolte. Comprenant l'impossibilité de faire
résistance, les intéressés demandent, avec une résignation
rancunière, à la faveur et au privilége le moyen de lever
les obstacles qui leur sont opposés, ou ils rongent impa-
tiemment leur frein. Ainsi naît peu à peu, avec le temps,
dans les cœurs une sourde irritation contre l'ordre établi ;
ainsi aux époques critiques, prélude de nos agitations morales, voit-on des hommes calmes, étrangers à toute ambition personnelle, donner, sous l'impulsion de mécontente-
ments longuement amassés et presque à leur insu, leur
concours au désordre.

5° Ajoutons que ce régime pervertit les esprits en les
habituant à croire que l'État a qualité pour se charger de
fonctions qui, chez les peuples libres, n'appartiennent
qu'aux individus et aux familles.

En se combinant avec la destruction des professions de
famille, opérée par le partage forcé, il donne le goût des

fonctions publiques qui seules assurent l'influence, la satisfaction des appétits, et de là des charges d'éducation presque intolérables, la stérilité des foyers, les courses incessantes et les sollicitations sans trève, l'abaissement des caractères.

Au contact continu de cette bureaucratie, les facultés d'un peuple s'énervent, comme s'affaiblissent les aptitudes d'une race d'hommes pliée au joug d'une discipline qui l'empêche d'agir et de penser : une nation retombe dans une véritable enfance et devient incapable de ces viriles initiatives qui distinguent les peuples prospères. Nous n'en donnerons que cette seule preuve. En France, le public est habitué à se décharger absolument sur l'autorité, du soin de la paix publique. Que sous les coups de la surprise ou pour tout autre motif, cette autorité vienne à défaillir un instant, et nul ne se croira non-seulement obligé, mais même autorisé à tenter un effort. Il suffira de quelques hommes de proie pour imposer au pays les révolutions les plus contraires à ses traditions et à ses intérêts.

Deux moyens de réforme empruntés aux peuples qui ont su se préserver de ces désordres, s'offrent à nous.

Le premier consiste à laisser au fonctionnaire, dans le travail qui lui est propre, l'initiative, l'honneur et la responsabilité. Exposé à répondre de ses actes devant les tribunaux de droit commun, il voudra toujours agir en parfaite connaissance de cause, restreindra lui-même son autorité dans de justes limites et usera forcément de réserve et de circonspection.

Le deuxième consiste à enlever à la centralisation ce qu'elle a d'exagéré, à soustraire par conséquent à l'action de l'État tout ce que les particuliers, les familles, les associations peuvent accomplir.

PARAGRAPHE II.

DE HUIT DEVOIRS OU SERVICES QU'UNE BONNE CONSTITUTION SOCIALE
RÉSERVE A L'ÉTAT ET A SES AGENTS CHEZ LES PEUPLES MODÈLES.

Chez les peuples qui se sont fait le plus justement remarquer par leur entente et leur pratique de la liberté, la Constitution et la coutume, en dehors de l'obligation de donner l'exemple du bien, limitent aux huit attributions suivantes les droits et le devoir de la souveraineté.

1° Choisir des agents et des représentants dignes d'un pareil mandat ; les maintenir par le contrôle et l'exemple ; les armer d'une force suffisante pour accomplir leur mission.

2° Faire juger les contestations entre les particuliers et veiller à ce que la décision des juges soit exécutée, au besoin, par la force publique.

3° Entretenir de bons rapports avec les nations étrangères et donner l'exemple d'un respect scrupuleux pour le droit des gens.

4° Organiser avec les ressources de la paix une armée qui défende la frontière contre les agressions du dehors.

5° Organiser, en outre, une flotte militaire qui défende la frontière maritime et protége les nationaux sur toutes les mers.

6° Favoriser l'émigration jusqu'à ce que les colonies puissent pourvoir à ce soin et se suffire à elles-mêmes.

7° Procurer aux provinces les avantages qu'elles seraient dans l'impossibilité d'acquérir isolément : lignes télégraphiques, certains travaux publics, conservation des archives et des objets d'intérêt commun, services ayant pour but l'étude du territoire, la santé des populations.

8° Fonder tous ces services sur un bon régime financier.

PARAGRAPHE III.

DE QUELQUES DÉPENSES INUTILES OU DANGEREUSES AUXQUELLES SE LIVRENT LES GOUVERNEMENTS MODERNES.

C'est surtout lorsqu'il s'agit de consommations publiques qu'on est tenté de dire : que toute dépense, quels qu'en soient d'ailleurs la nature et l'objet, active la circulation et la production, *fait aller le commerce.*

Il y a dans ces sortes de dépenses, comme le remarque si judicieusement Frédéric Bastiat, ce que l'on voit et ce que l'on ne voit pas. Ce qu'on voit, ce sont les mouvements, les achats, les travaux que la dépense occasionne ; ce qu'on ne voit pas, ce sont les peines et les privations de ceux qui paient l'impôt, la suppression d'un débouché pour les industries vers lesquelles se dirigeaient les sommes prélevées par cet impôt. L'expérience et l'observation démontrent que toute dépense publique supprime une quantité équivalente de dépenses privées, d'épargne et de travaux.

Nous citerons entr'autres cinq cas principaux où le plus souvent l'immixtion de l'État reste inutile, quand elle n'est pas dangereuse : les fêtes publiques, les excès de monumentation, les gros traitements, les subventions fixes aux ouvriers sans salaire, l'enseignement.

1° *Fêtes publiques.* — L'ancienne Grèce avait ses Olympiades ; mais ces fêtes n'enlevaient que tous les quatre ans le peuple à ses labeurs agricoles ou industriels, et, sous une apparence religieuse, elles avaient pour but d'affermir les liens d'union entre les républiques de l'Élide, toujours si prêtes à en venir aux mains. Elles se passaient en luttes corporelles et en brillants concours de l'esprit. C'est aux fêtes de Jupiter Olympien qu'Hérodote lut son histoire de la guerre Médique.

Les fêtes publiques conservèrent assez longtemps, à Rome, ce caractère d'utilité ; mais lorsque vinrent les jours de décadence, le peuple ne vit plus dans ces solennités qu'une occasion de suspendre ses travaux, de recevoir des libéralités, de jouir des spectacles de la place publique. Les intrigants qui se disputaient, à l'aide de ses suffrages, l'autorité suprême, s'attachèrent à développer ces goûts et à les satisfaire avec profusion.

Il était réservé au christianisme de changer le but et la nature des fêtes publiques, en y faisant dominer l'élément religieux et en leur assignant une forme essentiellement spiritualiste. Les solennités catholiques ont puissamment contribué à assurer le triomphe des idées sur la force matérielle, à établir l'ordre, la paix, la civilisation, à adoucir en particulier les mœurs des hordes qui ont envahi le monde romain.

Les fêtes publiques données par le Gouvernement n'apparaissent en France qu'au xvᵉ siècle. L'avénement au trône, le sacre, le mariage du roi ou des princes, en étaient les principales occasions. Elles avaient une forme essentiellement militaire. Ce n'est qu'au milieu du siècle dernier qu'elles ont pris ce caractère de futilité qu'on leur voit aujourd'hui. Des danses, quelques joutes sur l'eau, des ascensions aérostatiques, des illuminations aux frais de l'État ou des communes, en composent tout le programme.

Elles ont pour résultat de provoquer à des dépenses inutiles sans exercer aucune influence sur la reprise du commerce et des affaires. Elles irritent, plus qu'elles ne les calment, les désirs des classes souffrantes. L'ouvrier n'y perd pas seulement sa journée ; il est entraîné à laisser dans les lieux publics le fruit du travail de plusieurs jours et trop souvent même les ressources du lendemain.

Nous ne méconnaissons pas que la célébration de certains anniversaires puisse avoir une raison d'être, politique ou autre; mais encore convient-il de faire un choix sérieux, éclairé ; puis, de recourir à certains moyens capables de rehausser l'intérêt de ces commémorations nationales et d'indemniser l'État de ses dépenses. Tels seraient, par exemple, des concours artistiques, des expositions scolaires, agricoles, industrielles.

2° *Les excès de monumentation.* — 1° On convient communément que certains travaux publics doivent être exécutés par l'État et ne peuvent l'être que par lui; ce sont ceux : 1° dont l'utilité est collective, à la portée de tout le monde ; 2° dont les services ne sauraient être évalués en argent; 3° dont les avantages trop divisés pour être appréciés par chaque consommateur, sont tels cependant que la possibilité d'en jouir constitue un vrai bienfait public ; par exemple : les travaux de défense et de sûreté, les tribunaux, les prisons, les bureaux d'administration générale, certains musées, les édifices du culte ou des cultes reconnus par l'État, etc., etc.

2° S'il s'agit de travaux dont l'utilité, quoique générale, n'est pas perçue par tous les membres de la société politique et susceptibles d'ailleurs de fournir un revenu suffisant pour les dépenses d'établissement et d'entretien, l'État doit s'abstenir et se borner à exercer son droit de contrôle et de surveillance, dans l'intérêt de la sûreté générale et de l'équitable application des tarifs.

3° La question des voies de communication a été controversée. « Il ne paraît pas » observe Adam Smith « que « leur établissement et leur entretien doivent être défrayés « par le revenu, dont la perception et l'application sont « attribuées au Pouvoir exécutif. La plus grande partie « peut aisément être régie de manière à fournir un revenu « particulier suffisant pour couvrir la dépense, sans grever « d'aucune charge le revenu commun de la société. » En fait, l'Angleterre a eu les meilleures routes du monde et les plus développées quand il n'y avait que des routes; elle a eu des canaux mieux conçus et mieux exploités que partout ailleurs; des ports de commerce plus nombreux, plus vastes, mieux pourvus d'entrepôts, de docks que ceux des autres nations; elle a le réseau de voies ferrées le plus complet, le plus serré, le plus surabondant qui se puisse imaginer et il n'en a pas coûté un penny aux contribuables; le budget de la Grande-Bretagne n'a concouru qu'à l'établissement de quelques lignes stratégiques. Tout a été payé à l'aide de droits prélevés sur ceux qui s'en servaient.

En France, certains auteurs admettent volontiers que les moyens de communication restent au rang des dépenses sociales, pourvu qu'ils soient judicieusement conçus. Les motifs qu'ils en donnent sont : 1° que les connaissances industrielles sont moins répandues en France qu'en Angleterre; 2° les capitaux se concentrent trop exclusivement dans la capitale; 3° les provinces ne savent encore que se traîner dans les ornières de la routine.

L'expérience a démontré en ces derniers temps que la construction et l'exploitation de voies ferrées par l'État étaient désastreuses à tous points de vue.

4° Tous les auteurs s'accordent à reconnaître que dans les cas ou le public doit en payer les frais, il ne convient pas que les travaux soient dirigés par l'administration ou ses agents. Le vrai moyen de les obtenir promptement et au meilleur marché est de les confier à des entrepreneurs responsables.

Sans rompre avec les abus, l'administration a paru s'éloigner, en ces derniers temps, des errements suivis jusque-là et vouloir au moins dans l'exécution des travaux publics, associer les efforts de l'industrie à ceux de l'État. L'intervention de celui-ci se restreindra de plus en plus. On finira par comprendre qu'elle n'a d'autres effets que : de violer les principes d'équité, d'éparpiller infructueusement les ressources du Trésor, de soumettre les travaux à une ruineuse lenteur, de paralyser l'esprit industriel du Pays, enfin de transformer les départements les plus riches, les cités les plus opulentes en solliciteurs faméliques.

Les circonstances au milieu desquelles nous écrivons et l'entraînement qui porte États, départements, communes à construire luxueusement et pour des siècles nous engagent à rappeler ici certaines maximes de la science économique.

1° Bien que l'utilité soit le but des travaux publics, il ne suffit pas qu'un travail soit utile, que ses futurs services soient en rapport avec les dépenses nécessaires à son exécution. L'opportunité, la situation financière de l'association qui l'exécute, ses engagements, ses ressources disponibles sont autant de circonstances dont il faut tenir compte, si l'on ne veut compromettre les services, risquer de voir l'entreprise exposée à des retards et à des interruptions.

2° Rechercher la perfection absolue sous le rapport de la solidité et de la durée, c'est engager un capital plus considérable sans accroissement d'utilité, que si l'on se contentait d'une construction plus simple, offrant d'ailleurs une sécurité convenable. L'accroissement d'utilité ne suffit pas toujours à compenser le surcroît de dépenses ; car, les besoins se modifient avec le temps, l'art de l'ingénieur progresse sans cesse, les habitudes se déplacent et telle construction qui semblait ne rien laisser d'abord à désirer, ne tarde pas à apparaître au-dessous des besoins et des découvertes de la science. C'est le grand reproche à adresser aux constructions romaines. Pourvu que leurs monuments s'en allassent à la postérité, peu importait aux Romains ce qu'ils coûtaient aux soldats, aux esclaves, aux peuples vaincus.

3° L'économie politique n'admet pas (excepté lorsqu'il s'agit d'œuvres d'art) que les travaux publics soient établis seulement pour satisfaire la vanité nationale ou pour recommander la mémoire d'un ingénieur. Elle estime les ouvrages en raison de leur utilité, compare les effets avantageux aux capitaux absorbés et ne voit rien au delà.

C'est donc un devoir rigoureux pour quiconque est chargé des intérêts de la communauté d'examiner : 1° si le besoin du travail à exécuter se fait réellement sentir, 2° de tenir compte des valeurs détruites, 3° du capital absorbé et qui fera défaut à certaines industries de la région, 4° des intérêts froissés par le déplacement, 5° des inconvénients auxquels donnera lieu l'agglomération ouvrière. 6° des dettes à contracter et des charges qui incomberont de ce chef à la communauté.

Ateliers nationaux. — L'autorité, dans les temps de trouble, se laisse volontiers entraîner à des dépenses inutiles, dans le désir de procurer de l'ouvrage à ceux qui en manquent, de contraindre au travail ceux qui s'y refusent et d'éviter des manifestations inquiétantes pour la paix publique. Qu'importent, dit-on, la nature et le résultat des dépenses, on alimente la production et la circulation ? En réalité, ces travaux s'exécutent improductivement aux dépens de labeurs productifs, qui seront délaissés ; avec des ressources enlevées à des industries qui seront appauvries d'autant. Inutile de rappeler les dangers de l'accumulation artificielle de la population ouvrière, et la démoralisation produite sur les hommes employés à de pareilles œuvres. L'expérience tentée en 1790, en 1830, en 1848 ne laisse rien à désirer.

PARAGRAPHE IV

FONCTIONNAIRES ET GROS TRAITEMENTS.

On a dit : « Les fonctionnaires publics sont les dispen-
« sateurs ou les instruments de la force sociale. Par leur
« entremise : la justice se rend, l'instruction se propage,
« la police est observée, l'impôt perçu, la fortune publique
« administrée, la richesse nationale accrue ; la sûreté, la
« dignité, la grandeur du pays sont maintenues et garan-
« ties » Vivien, études administratives.

Impossible de méconnaître la qualité productive du fonctionnaire, quoique Adam Smith l'ait fortement contestée.
Pour arriver à modifier, à déplacer, à transformer les éléments fournis par la nature ; de manière à leur conférer
une valeur, une utilité nouvelle et à les rendre applicables à
nos besoins, il faut surmonter des obstacles dont plusieurs
relèvent des passions humaines. C'est la mission du fonctionnaire ; il prend ainsi une part considérable à la production et à l'accumulation des utilités de création humaine
qui composent la richesse.

Ce ne peut être toutefois qu'à cette double condition :
1° qu'ils ne seront pas trop multipliés, 2° que les traitements seront en réelle proportion des services rendus.

Pour avoir négligé l'observance de ces conditions, la
France voit depuis bientôt un siècle le domaine de l'autorité s'étendre démesurément aux dépens de celui de l'activité libre ; le sentiment de la responsabilité, l'habitude des
efforts et de l'iniative personnels disparaître ; les traitements prendre une place de plus en plus considérable dans
les budgets.

On compte en France environ 650 mille fonctionnaires
ou employés publics rétribués. Ce n'est pas exagérer que

de porter au double le nombre des candidats qui aspirent
à remplacer les titulaires et c'est ainsi qu'au grand préjudice de la sécurité, on a multiplié cette partie de la population qui voulant à tout prix vivre des faveurs gouvernementales ou du produit des impôts, use pour y parvenir
de tous les moyens : corruptions, intrigues, sollicitations,
mendicité, émeutes, révolutions, contre-révolutions, etc. etc.

En vain prétend-on légitimer les salaires élevés par les
avantages qu'en retirent les contribuables, en tant que ven-
deurs et fournisseurs. « Le roi de la Grande-Bretagne »
disait Voltaire « a un million de livres à dépenser par an ; or,
ce million revient au peuple par la consommation ». Voltaire comptait dans les rangs de ce peuple consommateur ;
autrement, il eût compris que si le roi d'Angleterre recevait
gratuitement son million, il ne le donnait pas au même
titre et que si certains commerçants trouvaient à l'échange
royal certains avantages, il n'en était pas de même des contribuables. Il y a maigre utilité pour le marchand, à échanger ses produits contre une monnaie enlevée de ses coffres.

PARAGRAPHE V

DE L'ENSEIGNEMENT.

Une philosophie qui a pris naissance en Allemagne, certaines écoles politiques ou sociales ont résolu de poursuivre
la réalisation du progrès, en s'appuyant sur l'enseignement
de l'enfance. Exagérant l'importance de l'instruction primaire qui s'adresse au plus grand nombre, elles étendent
les programmes au delà des limites traditionnelles, at-
tendent de l'instituteur la réforme intellectuelle et morale
des populations, affirment qu'en s'emparant des écoles,
l'État aura le moyen d'élever une race d'hommes améliorée
et désormais supérieure en toutes choses.

La question est grave et il appartient à la science économique de l'examiner. Nous étudierons : 1° le rôle de l'instruction primaire et les éléments dont elle se compose ; 2° le monopole de l'État dans ses origines et ses effets ; 3° nous terminerons par l'examen de ces trois conditions imposées en France à l'enseignement primaire : (Obligation-Gratuité-Laïcité.

I

DU ROLE DE L'INSTRUCTION PRIMAIRE, DE SES ÉLÉMENTS ET DE L'INSTRUCTION PROFESSIONNELLE.

1° Nier l'utilité, l'importance de l'instruction serait nier l'évidence même et il est hors de doute qu'on ne saurait sans détriment pour l'avenir des jeunes générations, sans perte pour la partie productive de leur existence, négliger certaines connaissances élémentaires. Faut-il en conclure à l'espoir fondé de régénérer les sociétés modernes en perfectionnant l'état intellectuel de la jeunesse? La mission de l'instituteur est-elle un sacerdoce chargé de réagir sur l'intelligence et les intérêts civils des populations? Ce sont là autant d'exagérations, et les lettrés-législateurs qui les propagent n'arrivent à ces conclusions qu'à l'aide de principes arbitraires ou d'inductions déduites de faits mal observés. Ces théories peuvent se juger à leurs résultats. Au lieu de ramener la paix et le bien-être, elles ne servent qu'à accroître le malaise et l'antagonisme. Une expérience plus autorisée des faits démontre au contraire : *qu'on ne saurait fonder une société prospère sur un système d'enseignement quelle qu'en soit la perfection.*

C'est l'avis d'un écrivain habitué plus qu'aucun autre à emprunter ses démonstrations à la pure raison. « Ce n'est « pas dans les maisons publiques où l'on instruit l'enfance

« que l'on reçoit la principale éducation » observait Montesquieu. « C'est lorsqu'on entre dans le monde que l'éducation commence. » Et déjà de son temps, Senèque se plaignait des espérances exagérées que chacun fondait sur les développements de l'instruction: « *Litterarum intemperantiâ laboramus.* Deux sortes de personnes peuvent ici rendre un témoignage digne de créance : 1° celles qui cultivent avec supériorité les professions libérales, 2° celles qui, dirigeant avec profit les principales opérations des arts usuels, ont sous leurs ordres la masse de la population. Elles sont unanimes à affirmer que les idées justes, les saines pratiques auxquelles elles doivent leurs succès viennent d'abord des facultés providentielles dont elles ont été pourvues, puis, des développements que ces facultés ont rencontrés au sein de la famille, dans l'exercice de la profession, la pratique des devoirs publics, jamais dans l'enseignement scolaire. Une observation attentive de ce qui se passe autour de lui convaincra le lecteur de la vérité de ces assertions. Les statistiques officielles en constatant la multiplication toujours progressive des grands crimes, tels que : parricides, empoisonnements, attentats à la pudeur etc. et l'accroissement dans la proportion de 7 % du nombre des suicides, démontrent mieux que tous les raisonnements l'impuissance de l'instruction sur la moralité publique.

2° Mais quels seront les éléments de cette instruction primaire ? Elle doit s'adapter aux facultés imparfaites de l'enfant, tenir compte de ses aptitudes, de ses besoins, du milieu social où il est appelé à vivre.

.Les croyances religieuses constituent la base indispensable du programme à adopter. Elles assurent la prédominance de l'esprit sur la matière, le respect de la loi morale; rappellent la sainteté du devoir, l'autorité de la conscience; inspirent l'abnégation et le dévouement, toutes ces choses qui font l'honneur d'une civilisation et sans lesquelles l'instruction n'aboutirait qu'au néant. Viennent ensuite l'initiation aux affections de famille, l'amour du lieu natal et du pays, l'attachement aux traditions nationales, et aux rapports sociaux. Enfin, les mécanismes de la lecture, de l'écriture, du calcul, une certaine connaissance du monde physique ; des explications pratiques plutôt que des leçons sur l'agriculture, l'industrie, en évitant de disperser l'esprit de l'enfant sur des objets n'ayant entr'eux aucun rapport.

L'impuissance d'aller plus loin résulte : 1° de la nature du service scolaire, 2° de la résistance de l'enfant peu disposé à accepter un labeur dont la nécessité ne lui est pas démontrée, 3° des difficultés de trouver des instituteurs capables d'exercer les hautes fonctions rêvées pour eux, 4° des faiblesses de l'âge. Tous les jours en Angleterre et déjà fréquemment en France, la science médicale constate les déplorables effets de surcroit de travail et d'examens imposé à l'enfance.

L'expérience vient démontrer que les contrées où l'enseignement primaire se montre le plus fécond, sont celles où l'on n'a jamais tenté de l'élever au-dessus du rôle modeste que lui attribue la nature des choses.

II. *De l'enseignement professionnel.* — On a beaucoup parlé en ces derniers temps de l'enseignement professionnel.

Un véritable engouement se manifesta au siècle dernier, pour les sciences dont l'enseignement offre des avantages immédiatement pratiques. De l'instruction utilitaire à l'instruction professionnelle, il n'y avait qu'un pas, il fut vite franchi. Dès 1764, un auteur propose de créer sous le nom d'école de mœurs, de sciences, de belles-lettres une maison d'instruction commune à tous les enfants de 6 à 12 ans. A partir de 12 ans, ils entrent dans l'académie militaire, l'académie magistrale, l'académie des arts utiles ou agréables. Aujourd'hui encore, cet enseignement consiste à créer pour chaque branche d'industrie et de commerce, un enseignement si complet, qu'un jeune homme élevé dans une de ces écoles spéciales, aurait une éclatante supériorité sur tout contemporain ayant fait, selon la méthode usuelle dans un atelier correspondant, l'apprentissage de sa profession.

Cette idée a déjà reçu de nombreuses applications et elle doit son principal succès : à l'habitude qu'a aujourd'hui la jeunesse de s'écarter de la carrière paternelle, aux encouragements que les familles donnent à ce penchant ; enfin, à l'impossibilité où se trouvent les parents de diriger eux-mêmes l'apprentissage de leurs enfants, pressés comme ils le sont, de se retirer des affaires dès qu'ils y ont obtenu quelques succès.

Pour devenir méthodique et véritablement utile, cet enseignement demanderait des praticiens exercés, qui ont toujours fait et feront toujours défaut. Étrangers à tout ce qui concerne le métier proprement dit, les théoriciens auxquels on le confie n'ont point la connaissance des rapports sociaux, des faits techniques, des intérêts commerciaux et de là d'inévitables lacunes, des divagations inutiles et pour ne rien dire de plus, du temps perdu.

Seuls, quelques rares sujets pourvus de facultés éminentes sauront discerner la partie solide de la partie faible dans l'enseignement professoral. Ils ne chercheront pas à approfondir ce qui reste obscur dans l'esprit du maître et ils attendront leur arrivée à l'atelier, pour faire de leur bagage scientifique un judicieux usage. Incapable de se fortifier par l'influence prolongée des idées abstraites, le plus grand nombre des élèves restera privé du développement intellectuel qu'il eût trouvé dans la pratique de la profession. Plusieurs ne trouvent dans les écoles professionnelles qu'une occasion de dissipation, et les grades ou diplômes obtenus indûment ne servent qu'à consolider leur impuissance, soit en exaltant leur vanité, soit en les détournant des travaux patients et modestes qui auraient pu, dans une certaine mesure, réparer les défaillances de l'enseignement professionnel.

Bref, d'une utilité fort contestable pour les individualités éminentes, les écoles en question sont une cause de déclassement pour les intelligences ordinaires; elles portent atteinte d'une double manière à la situation économique des familles. Le seul résultat incontesté est de fournir aux sociétés par action qui pullulent en nos jours, des états-majors éblouissants de faconde.

Les Américains du nord, les Anglais, les Hollandais, les Allemands ont souvent discuté la fondation d'écoles professionnelles et ils n'ont jamais pu se résigner à voir dans cette institution un progrès substituant, comme on le prétend en France, la science à la routine. Ils estiment l'art des ateliers supérieur à la technologie des classes et s'obstinent à fonder le régime du travail sur l'apprentissage fourni dans l'atelier. C'est une erreur, selon eux, de prolonger l'enseignement scolaire aux dépens de cet apprentissage et il y a avantage pour tous, pour les familles comme pour les sociétés, à transformer le plus promptement possible l'écolier indocile en apprenti laborieux. Au sortir des écoles primaires ou secondaires, les jeunes gens prennent un service actif dans l'atelier et s'y exercent au travail. Des établissements annexés aux institutions manufacturières et commerciales leur offrent les compléments d'instruction, dont la pratique journalière démontre la nécessité. Ce système rend l'effort plus productif, met chacun à sa véritable place, dans la hiérarchie du travail et permet aux capacités naturelles d'arriver plus facilement qu'ailleurs aux situations élevées. Il procure à l'armée, à la magistrature, à l'administration publique un recrutement de premier ordre. Compléter ainsi l'éducation de l'atelier par des connaissances appropriées aux convenances spéciales de chaque profession, nous semble constituer le véritable enseignement professionnel.

On a désigné également de ce nom, celui que des personnes de bon vouloir s'en vont distribuer au milieu des populations engagées dans la pratique de la vie. Cet enseignement a pour premier objet les connaissances qui se rapportent au travail de la localité, il s'étend ensuite selon les aptitudes des auditeurs, à tout ce qui intéresse l'homme.

Il est à désirer que cette œuvre de dévouement se développe et s'introduise dans les moindres ramifications du corps social. Sans imposer de charges au trésor public, elle habituera les populations à comprendre et à respecter les supériorités intellectuelles et morales, assurera aux professeurs la considération publique, fournira aux ouvriers un complément d'éducation technique, une amélioration morale, un développement intellectuel, une agréable diversion au travail ; elle contribuera à rétablir, parmi des classes trop séparées, la hiérarchie qui a fait la stabilité des siècles passés. Des associations libres ont assumé ce généreux service dans les grandes villes. Nous citerons entr'autres les associations polytechnique et philotechnique de Paris, diverses corporations établies dans les centres manufacturiers de France, d'Allemagne, d'Angleterre. Dans plusieurs villes industrielles du Royaume-Uni, les ouvriers ont eux-mêmes constitué ces associations, en se soumettant à des contributions hebdomadaires ou mensuelles.

III. *Du monopole de l'État dans l'enseignement.* — On a affirmé l'accaparement de l'enseignement par l'État en Grèce et à Rome. Théoriquement l'État était tout, ne reculait devant aucune oppression ; les particuliers n'avaient aucun droit.

En fait, si l'on en excepte Sparte, dont la situation demeura toujours anormale, l'État n'intervenait que dans certains exercices, tels que les exercices gymnastiques, l'étude et la pratique de la musique, destinés à préparer la jeunesse aux fatigues de la guerre ou à figurer dans les cérémonies religieuses. Tout le reste de l'instruction et de l'éducation était laissé aux particuliers. — A Rome et dans les pays environnants, le père de famille était revêtu d'une autorité absolue. On ne connaissait pas les grades, ni les privilèges des gradués. Se bornant à fournir le champ destiné aux exercices dont nous venons de parler, l'État ne payait aucun salaire. Si l'on en croit Lucien, ce fut sous Marc-Antonin qu'un professeur reçut de l'empereur une première subvention. Ce n'est que plus tard que les constitutions impériales des III° et IV° siècles viennent fréquemment confirmer, étendre les priviléges des professeurs, leur assigner suivant leur position hiérarchique. douze, vingt-quatre, trente rations, à titre d'émoluments. Ils sont amovibles et à la disposition de l'empereur.

Vers la fin du IV° siècle, l'enseignement public est dans les Gaules, en pleine décadence. Les jeunes gens n'étudient plus, les professeurs n'ont plus d'élèves, la science languit et se perd. C'est précisément l'époque où se fondent la plupart des grands monastères des provinces méridionales, et chaque monastère devient une école de premier ordre. Là du moins, on médite, on discute, on enseigne. Aucune question importante, aucun intérêt pressant ne passe inaperçu. « L'esprit humain proscrit, « battu de la tourmente, se réfugie dans l'asile des églises « et des monastères ; il embrasse en suppliant les autels « pour vivre sous leur abri et à leur service, jusqu'à ce « que des temps meilleurs lui permettent de reparaître « dans le monde et de respirer en plein air. » (*Guizot. Civilisation.*)

Non contente de garder le dépôt des auteurs anciens, d'arracher à l'oubli ou à la destruction d'inestimables trésors, de publier de précieux manuscrits, l'Église s'efforce, même aux plus mauvais moments de notre histoire, de faire pénétrer les lumières de l'instruction et de l'éducation jusqu'aux degrés les plus infimes de la société, jusqu'aux enfants des dernières classes. Un instant, le tout-puissant empereur d'Occident lui prête un efficace appui ; mais après comme avant Charlemagne, l'Église est seule à propager l'instruction dans tous les rangs de la société, à l'exclusion, le plus souvent, du pouvoir temporel. Un concile tenu à Châlons en 813, prescrit à tous les évêques d'établir un centre d'enseignement à côté de leurs cathédrales, et l'obligation s'étend aux moines dans leurs couvents, aux curés dans leurs paroisses. Le sixième concile de Paris, en 829, où se réunissent les provinces de Sens, de Reims, de Tours et de Rouen, ordonne à chaque prélat de présenter ses élèves au synode provincial, afin qu'on puisse juger de son zèle à les instruire.

En créant et en multipliant les écoles, en fondant les Universités, en favorisant partout le mouvement scientifique à ce point qu'en 1789 un enfant sur 30 recevait l'instruction secondaire, l'Église évite la contrainte. De ceux qui sollicitent d'entrer dans les ordres, elle exige des preuves de science, des garanties de capacité ; quant aux autres, elle se borne à leur fournir toutes sortes de facilités et à répandre sur eux, à pleines mains, le bienfait d'une instruction gratuite et libérale.

Au Xe siècle son enseignement comprend la grammaire, la rhétorique, la dialectique, les mathématiques, la médecine, les sciences physiques, la musique, la philosophie, le droit et la théologie.

C'est au XIVe siècle et sous l'influence des légistes que, sans division d'intérêts, on voit s'accentuer entre les deux sociétés civile et religieuse les distinctions. Le pouvoir royal prend sérieusement ombrage de cette puissance qui survit aux ruines de la Féodalité, affirme hautement son indépendance de toute autorité terrestre, exerce de toutes parts une influence prépondérante à laquelle le trône lui même ne saurait se soustraire. Il multiplie les efforts pour substituer son action à celle du clergé, lui enlever l'une après l'autre toutes ses positions. Tantôt par des faveurs, tantôt à l'aide d'édits et d'arrêts, il cherche à faire rentrer les écoles et les Universités sous sa direction.

Le XVI⁰ siècle est surtout préoccupé de consolider les situations conquises et de donner aux progrès accomplis la sanction des principes. Les jurisconsultes revendiquent la direction exclusive de l'enseignement comme un droit et un devoir de la puissance publique. Ils oublient que l'État n'existant pas par lui-même, en dehors et indépendamment de la famille, n'a de droits ou mieux de pouvoirs que ceux qui lui sont délégués pour la protection des intérêts communs. Si étendus que puissent être ces pouvoirs, l'État n'en demeure pas moins un mandataire qui ne saurait, sans usurpation, se mettre au-dessus de ses commettants. Ces principes sont généralement admis au XVIII⁰ siècle tant par les soutiens de l'ancien régime que par les propagateurs des idées nouvelles. « La loi doit « régler la nature, l'ordre et la forme des études. » Cette maxime de J. J. Rousseau est la devise des politiques et des philosophes.» On en donne ces deux raisons. 1° « L'ins- « truction de la jeunesse fait les mœurs et la discipline des « États, et il est du devoir du Gouvernement de la façonner « par des lois conformes au principe de sa durée. » (Montesquieu. *Esp. des L*, liv. IV, t. II.) « L'éducation « publique se donne nécessairement dans des réunions et « des assemblées qui relèvent de l'autorité publique.

Un des premiers soins de la Constituante fut de poser

le principe de l'action supérieure de l'État sur l'enseignement. La Convention n'hésita point à prononcer l'absorption absolue. Par son décret du 15 septembre 1793, elle distingua trois degrés d'enseignement. Le premier comprenant les connaissances indispensables; le second, les connaissances supérieures; le troisième, les objets d'instruction dont l'étude n'est pas à la portée de tous.

La loi du 10 mai 1806 établit :

1° Qu'il sera formé sous le nom d'université un corps chargé exclusivement de l'instruction publique;

2° Que les membres de ce corps enseignant contracteront des obligations civiles, spéciales, temporaires.

En vertu du décret du 17 mars 1808, cette université fut dotée d'une juridiction propre, de revenus particuliers. On la pourvut d'un conseil chargé de prononcer en matière de discipline, de statuts, de comptabilité; d'examiner les livres classiques.

La charte de 1830 proclama la liberté d'enseignement; mais on s'en tint là et l'université demeura pour le Gouvernement le grand moyen d'absorber l'individu, de se substituer aux familles, d'endoctriner la jeunesse.

L'art. 3 de la Constitution du 4 novembre 1848 s'exprimait ainsi: « L'enseignement est libre. La liberté d'enseignement s'exerce selon les conditions de capacité et de moralité déterminées par les lois et sous la surveillance de l'État ». La loi du 15 mars 1850 exécuta une partie de ces promesses ; essaya de remplacer le gouvernement d'une corporation par l'action de la société et de convier les autorités religieuses, politiques, judiciaires, à la direction de l'instruction publique. Elle reconnaissait deux espèces d'écoles : celles fondées et entretenues par les communes, les départements, l'État sous le nom d'écoles publiques et celles qui étaient fondées par les particuliers, dites Écoles libres. La loi de 1875 autorisa la fondation d'universités libres, mais toutes ces libertés ont subi de notables, restrictions en 1878 et par les lois édictées en 1880, 1881 et 1882.

De cet exposé historique, il suit qu'il peut y avoir et qu'il y a eu en matière d'enseignement trois régimes.

1° Le premier en date et en mérite est celui de la liberté. L'État abandonne aux pères de famille et aux maitres choisis par eux le soin de l'éducation des enfants. Il n'intervient que pour réprimer les actes contraires à la justice, à la morale, à l'ordre public. C'est le régime anglais. La liberté y est absolue. Aucune autorisation, aucune déclaration préalable, aucune patente, aucun droit ne sont exigés pour l'établissement d'une école ou d'une maison d'éducation. Les professeurs et les cours ne sont soumis à aucune règle uniforme, à aucune juridiction. Tout est laissé au zèle et aux libéralités, soit des individus, soit des associations, qui s'efforcent d'y pourvoir par des souscriptions ou par des fondations. L'État fait depuis quelques années des sacrifices pour l'instruction primaire, mais sans distinction d'établissements, à la seule condition non pas de surveiller l'école, mais d'en connaitre la situation.

2° A l'opposé de ce régime, vient celui de l'accaparement de l'instruction par l'État. C'est le système tant prôné par les lettrés depuis deux siècles et inauguré en France par la Convention et le Consulat.

3° Entre ces deux systèmes, se place un régime mixte dans lequel l'État intervient dans l'enseignement, tantôt par des prescriptions, tantôt par des subventions qui imposent à ceux qui les reçoivent des charges plus ou moins lourdes; d'autrefois, en créant lui-même des établissements qui font une rude concurrence aux établissements privés.

Le régime auquel la France est actuellement soumise n'a rien de commun avec le premier. Grâce aux entraves sans nombre apportées par la loi et surtout dans la pratique à l'établissement des écoles libres, à la guerre faite aux associations religieuses, enfin à l'obligation pour les élèves des établissements libres de passer leurs examens devant les professeurs de l'État, il s'éloigne du système mixte pour donner la main au régime de l'accaparement par l'État. On ne saurait lutter trop énergiquement contre ce monopole, et le droit comme le devoir de tous, est de revendiquer la liberté. Nous laisserons un économiste désintéressé en donner les motifs.

1° «Ce n'est que par la liberté et la concurrence des ensei-
« gnements qu'on parvient à rendre de certaines idées et
« en définitive, les meilleures idées, véritablement prépon-
« dérantes et à mettre dans les intelligences une certaine
« unité. »

2° « Ce n'est que sous l'influence de la liberté, que l'en-
« seignement se distribue d'une manière judicieuse et qu'il
« se proportionne en tous lieux, à l'état plus ou moins
« avancé des populations. »

3° « Ce n'est également que sous l'influence de la.liberté,
« que l'enseignement suit le progrès naturel des choses,
« qu'il se tient constamment en rapport avec les besoins
« de toutes les professions qu'exerce la société. »

4° « Ce n'est enfin qu'au sein de la liberté, que l'ensei-
« gnement devient l'objet d'une véritable surveillance,
« qu'il attire les regards de tous ceux qui sont intéressés
« à le surveiller, que les familles ont les yeux ouverts sur
« les instituteurs, les instituteurs sur leur entourage et
« sur eux-mêmes, et que l'État qui n'a plus de police à
« faire dans un intérêt étroit et personnel, commence à la
« faire dans l'intérêt de l'ordre. » Ch. Dunoyer. De la liberté de travail. liv. IX. chap. IV.

L'expérience a démontré la justice de ces raisons. L'ac-caparement de l'instruction publique, par l'État, en France, a provoqué au sein du pays les déclassements et l'agitation, en faisant naître dans les familles des prétentions rarement satisfaites et des déceptions sans nombre. — Soumis à la bureaucratie, c'est-à-dire à des fonctionnaires irresponsables, l'enseignement a manqué de surveillance efficace, de direction dans la conduite privée et de là parmi nous, l'amoindrissement des influences morales, qui ailleurs, protégent l'étudiant — L'État payant avec le produit de l'impôt doit se montrer forcément économe, rétribuer également les capacités inégales arrivées au même degré de la hiérarchie, et de là pour des hommes éminents, un motif de quitter la carrière de l'enseignement, au grand détriment des sciences et des lettres, sans que les services auxquels ils se portent en retirent avantage.

La solidarité entre l'État et un corps enseignant est fâcheuse surtout, pour les sciences sociales. L'erreur s'appuyant sur le trésor public, revêt un caractère des plus dangereux ; la vérité loin de trouver un secours dans cet appui, voit croître devant elle les défiances, les obstacles. C'est une nouvelle cause d'antagonisme au sein de la société. — Si on veut se rendre exactement compte du tort qui résulte pour les sciences, les lettres et les arts du patronage inconsidéré de l'État, on n'a qu'à comparer la pénurie, l'indigence de nos grandes institutions scientifiques avec les ressources prodiguées annuellement aux institutions analogues de l'Amérique, de l'Écosse, de l'Angleterre. Vainement rejetterait-on sur la race notre parcimonie. Il faut s'en prendre à cette immixtion gouvernementale si propre à décourager toute initiative généreuse. Aujourd'hui comme autrefois, les richesses qui alimentent le luxe et la débauche, s'en iraient aux fondations de bien public ; si celles-ci étaient arrachées au patronage énervant de l'État et de sa bureaucratie.

Les objections à cette thèse ne font pas défaut :

1° Il faut, dit-on, imprimer à l'enseignement un caractère vraiment national. Mais, les pères de famille ou les hommes de leur choix ne vivent-ils pas au milieu de la nation, s'imprégnant de son esprit, se ressentant de ses besoins? On croit apparemment, remarque Frédéric Bastiat, que si l'on nous laissait diriger comme nous l'entendrions l'éducation de nos enfants, nous les élèverions dans les principes et les idées des Chinois. L'éducation donnée par les pères de famille ou sous leur direction est l'éducation nationale par excellence, parce qu'elle dérive de la nation.

2° Il importe de donner à l'éducation une direction conforme à l'esprit du Gouvernement, aux lois et aux institutions du pays.

Ce sont là de grandes choses et de gros mots qui n'ont rien de commun avec ce qui, en tout lieu, constitue le fond de l'instruction donnée à la jeunesse. Puis, quelle variété d'enseignements avec des constitutions qui changent tous les vingt ans, sinon plus souvent! Enfin les écoles privées peuvent faire ce que feraient raisonnablement, en pareille matière, les écoles de l'État et avec plus d'autorité.

3° N'aura-t-on pas à redouter l'immoralité et de graves désordres dans ces écoles libres?

Les parents sont suffisamment intéressés dans la question pour se montrer aussi scrupuleux, aussi réservés que tout Gouvernement. L'immoralité qu'on accepte pour soi, on la répudie quand il s'agit de sa famille. Toute école répréhensible sera vite désertée. En admettant que le danger soit aussi réel qu'il est imaginaire, il faudrait en conclure à un droit de surveillance pour l'État, mais non à l'institution d'Universités privilégiées et moins encore à l'accaparement absolu de l'enseignement par l'État.

4° Mais, ajoute-t-on encore, l'État peut seul propager les connaissances qui ne sont ordinairement cultivées que par quelques érudits et très peu rémunératrices de leur nature.

La pratique des autres peuples a depuis longtemps réfuté cette objection. Là où l'État s'abstient, les dons et les legs des particuliers pourvoient à ces services d'intérêt public. Les Universités libres se chargeraient avec empressement de ces sortes d'études, moyennant quelques subventions.

Ce sont là des armes de guerre, inventées après coup et qui laissent subsister sans les entamer les conclusions de l'École économique. La vraie situation, seule digne des sciences et des lettres, des corps enseignants et des élèves, est celle qui les place sous le régime de la liberté, sous l'autorité de corporations libres, jalouses de conserver leur indépendance, stimulées par la concurrence de leurs rivales à se garantir de l'erreur et du relâchement, qui leur feraient perdre la confiance du public.

IV. Nous ne terminerons pas cette intéressante question de l'enseignement, sans dire un mot des trois conditions qui lui sont assignées par ceux qui exagèrent son rôle social : l'obligation, la gratuité, la laïcité.

1° *De l'obligation*. — L'obligation existe en Prusse, depuis 1819. L'intervention gouvernementale contraint les familles à envoyer les enfants à l'école publique, à moins de justifier d'une éducation suffisante, sous peine de remontrances aux parents, d'amende, de la prison, de travaux au profit de la commune, d'exclusion des secours publics etc.

Elle existe en Amérique, mais le vice en est corrigé par la condition temporaire du personnel, par le principe de la souveraineté communale, par l'esprit religieux qui tempère et féconde toutes les institutions de la race anglo-saxonne.

La loi du 28 mars 1882 l'a établie au milieu de nous. « L'instruction primaire est obligatoire pour les enfants des deux sexes agés de six ans révolus à treize ans révolus. Art. 4. Quatre absences d'une demi-journée dans le même mois de la part d'un enfant, méritent au père ou tuteur une admonestation de la Commission scolaire. En cas de récidive dans l'année, la Commission municipale scolaire ordonne l'inscription pendant quinze jours ou un mois, à la porte de la mairie, des nom, prénoms, qualités de la personne responsable. Une nouvelle récidive est déférée par la Commission ou par l'inspecteur primaire au juge de paix qui peut prononcer l'amende et la prison. Art. 12, 13, 14.

Inutile, erronée, dangereuse, telle est cette loi du 28 mars 1882.

Inutile. — Les libres initiatives, l'intérêt des familles, la présence d'industries, exigeant des ouvriers pourvus du bagage scolaire et assurant à leur travail un salaire exceptionnel, serviront mieux que toutes les lois au développement rapide de l'instruction ; à quoi bon l'obligation ?

Erronée. — Partant de ce faux principe que les enfants appartiennent à l'État avant d'appartenir à la famille, elle · viole le plus sacré des droits, la plus imprescriptible des libertés, la liberté du foyer domestique, le droit que possèdent les parents sur le fruit de leur sang et de leurs sueurs. L'État ne tient cette autorité supérieure qu'il s'arroge ni de l'auteur de la nature, ni d'aucune délégation humaine. Cette loi méconnaît les obstacles qu'apportent à son exécution, les lieux, la misère, les répulsions légitimes que peuvent inspirer le maître et son enseignement. Ici encore, surgissent des droits imprescriptibles devant lesquels tout précepte fait de main d'homme est radicalement nul.

. *Dangereuse.* — Elle affermit l'action pernicieuse exercée par l'État sur les intérêts privés, multiplie les fonctions publiques. Avec notre régime communal subordonné aux bureaucraties du département et du pouvoir central, l'exécution aura nécessairement un caractère oppressif et tracassier.

On objecte : Il y va de l'intérêt de l'État. — L'intérêt
ne saurait être la mesure du droit; autrement on verra
s'évanouir toute liberté individuelle. Sous prétexte qu'il y
va de son intérêt, l'État pourra s'immiscer dans nos
affaires personnelles, réviser notre budget, imposer la
vertu, décider des aptitudes de chacun. S'il oblige aujour-
d'hui à telle école, à tel maître, à telle instruction; ne
pourrait-il pas demain obliger à tel habillement, à telle
nourriture, à tel mariage?

2° *Gratuité.* — Un service payé par l'impôt est-il vraiment gratuit? — Cette gratuité contredit le principe qui
oblige chacun à pourvoir, par sa propre initiative, à ses
besoins privés. — S'il convient que le riche paie volontairement pour le pauvre, il n'est pas juste de lui en imposer
l'obligation ; il n'est ni juste ni convenable que le pauvre
paie pour le riche. — Elle est désastreuse pour les finances
publiques et provoque aux plus fâcheuses conséquences.
Sur cette pente, la logique entraine : il faut aller plus loin.
Après l'instruction gratuite viennent l'habillement et la
nourriture gratuits, et déjà le cas se produit en nombre
d'endroits. Elle paralyse le zèle des maîtres qui sûrs
d'avoir des élèves ne feront point d'efforts pour les attirer.
Elle diminuera, c'est un fait constaté par l'observation, si
singulier qu'il puisse paraître, plus qu'elle n'accroîtra la
fréquentation scolaire. *Ultroneæ vilescunt.* Non moins que
l'obligation, c'est l'absorption de tous et de toutes choses
par l'État.

3° *Laïcité.* — La laïcité de l'enseignement ne consiste
pas seulement dans l'exclusion de l'école, des personnes,
mais encore des choses religieuses. Point de Dieu, point de
culte à l'école ; le divorce est absolu entre les croyances et
l'enseignement.

Rousseau a été le premier à proposer la suppression
complète de Dieu et de la religion dans la formation de

l'enfant. C'était la conséquence logique de son système. Pour lui, l'enfant naît pur, droit, sans instincts vicieux, et ce qu'il y a en lui de désordonné provient d'une éducation contraire à sa nature. Il ne faudrait voir en l'homme que ce qu'il y a en réalité: des sensations d'abord, des images ensuite, enfin des idées et des notions générales.

Jusqu'à douze ans, l'enfant ne perçoit que les rapports matériels des choses ; raison de cultiver les sens, de suivre leurs impulsions et de s'abstenir de conceptions inintelligibles qui ne serviraient qu'à fausser son esprit. A douze ans environ, l'enfant a traversé la sphère des sensations, il commence à entrevoir les rapports moraux. C'est l'heure de lui montrer la différence entre le juste et l'injuste, le bien et le mal ; mais avec discrétion et en secondant, sans les prévenir, les révélations de la nature. A vingt-quatre ans, on peut l'entretenir d'une cause première et lui-même, en pleine possession de l'ordre moral, s'élève naturellement des choses créées au Créateur.

Les tenants de la laïcité, à l'encontre du philosophe de Genève, considèrent l'enfant comme apte à toutes choses, surchargent les programmes d'enseignement et n'en excluent que les dogmes. La loi du 28 juin 1833, méconnaissant la connexion nécessaire entre l'Eglise et l'école, se taisait sur ce point important. Elle avait été heureusement amendée, par celle du 15 mars 1850, qui mettait l'instruction morale et religieuse au premier rang, soumettait les écoles à la surveillance du clergé, lui assurait une place considérable dans les conseils de l'instruction. La loi du 28 mars 1882 expulse des édifices scolaires l'instruction religieuse. L'instituteur doit s'interdire toute controverse, se garder de tout enseignement catéchétique, garder la neutralité la plus absolue.

Ce système est condamné :

1º Par la nature de l'enfant. Son âme ne se scinde pas

et repousse le dualisme auquel on veut la soumettre.

2° Par la nature des choses à enseigner. La religion est moins une science à part, que la science mère et maîtresse, embrassant toutes les autres et les dominant de toute la hauteur de Dieu. Elle a ses données qu'elle leur fournit, ses lumières dont elle les éclaire, sa langue qu'elle leur apprend. Qu'il s'agisse d'histoire, d'études littéraires, de sciences naturelles ; on vient se heurter à des aspects religieux. Impossible de s'abstenir, il faut être croyant ou athée, et en supposant l'impartialité la plus complète, la seule abstention est une atteinte à la foi de l'enfant.

3° Ce système enfin est condamné par l'expérience. En Allemagne, en Angleterre, l'enseignement demeure essentiellement religieux et tout établissement scolaire est *confessionnel.* L'Amérique a essayé l'école neutre, et les rapports officiels des inspecteurs attestent que les résultats en sont déplorables. Les écoles neutres sont frappées de stérilité, les enfants les désertent, les sympathies du public leur font défaut.

La Révolution française chassa l'ordre religieux de l'école, mais cinq ans plus tard, les Conseils départementaux, effrayés des conséquences, réclamaient avec énergie l'instruction religieuse « comme base de l'instruction nationale. » — Point d'instruction sans éducation, sans morale et sans religion » disait à la Tribune un homme d'État, Portalis. « Les professeurs ont enseigné « dans le désert parce qu'on a proclamé imprudemment « qu'il ne fallait jamais parler de religion dans les écoles. « Les enfants vivent sans idée de la Divinité, sans notion « du juste et de l'injuste. De là, des mœurs farouches et « barbares et bientôt un peuple féroce. Toute la France « appelle la religion au secours de la morale et de la so- « ciété. »

On objecte la liberté de conscience. Ce qui importe à

la liberté de conscience, c'est qu'aucun enfant ne soit contraint de recevoir un enseignement qui répugne à sa conscience et à la foi de sa famille ; c'est que la volonté des
libres penseurs qui n'acceptent pour leurs enfants aucun
enseignement de religion positive, soit respectée. Quand à
exiger que l'on ne parle ni de Dieu, ni de croyances posi-
tives, c'est sacrifier aux idées d'une infime minorité, les
salutaires effets de ces croyances dans l'éducation morale
des enfants.

Après avoir parcouru en tous sens le monde civilisé,
étudié ses divers systèmes scolaires, M. Leplay n'hésite
pas à conclure que si malgré les efforts de l'État, l'enseignement primaire se montre impuissant ou corrupteur en
certains districts, c'est parce que le sentiment religieux
s'efface de plus en plus, qu'on a voulu faire de l'instituteur
un fonctionnaire relevant exclusivement de la commune,
du département, de l'état et que la communauté d'efforts
qui devait régner entre le prêtre et lui est depuis longtemps détruite.

Nous pourrions terminer ici ces éléments d'économie
politique, nous croyons devoir ajouter quelques mots sur
les ressources destinées à faire face aux consommations
publiques et traiter de l'impôt, de l'emprunt et du budget.

CHAPITRE QUATRIÈME

ÉCONOMIE POLITIQUE

Bien que l'impôt, l'emprunt, la confection du budget relèvent de la science financière plus que de l'économie politique, nous croyons devoir en traiter dans un dernier chapitre. Les programmes officiels nous en font une obligation. Puis, on ne saurait nier l'influence exercée par la solution des questions qu'ils font naître sur la prospérité publique.

ARTICLE PREMIER

DE L'IMPÔT.

L'impôt est un prélèvement sur la fortune des citoyens, destiné à pourvoir aux dépenses d'intérêt général.

On appelle ce prélèvement *Impôt*, du latin *impositum*, parce qu'il est imposé par la loi; ou *Contribution*, parce qu'il représente la part pour laquelle chaque citoyen contribue aux dépenses du pays.

Nous traiterons :

I. De l'origine de l'impôt, de sa raison d'être.
II. De sa moralité.
III. Des diverses espèces d'impôts.
IV. De quelques impôts en particulier ou des impôts directs.
V. Des impôts indirects.
VI. De l'impôt progressif.

PARAGRAPHE PREMIER

ORIGINE DE L'IMPOT ET DE SA RAISON D'ÊTRE.

Le Gouvernement, c'est-à-dire ceux qui représentent l'organisation civile et politique d'un pays, doit pourvoir aux intérêts, aux besoins de ce pays. Il lui faut maintenir : la justice à l'aide de tribunaux ; le respect pour les personnes et les propriétés à l'aide de la légalité ; défendre les intérêts moraux par la police ; garder les frontières avec le secours d'armées permanentes. C'est un devoir pour ceux qui bénéficient de ces services et tous, sans exception, en bénéficient, de subvenir aux dépenses qui en résultent. Telle est l'origine de l'impôt : l'indiquer suffit à expliquer sa raison d'être.

On retrouve la pratique de l'impôt chez tous les peuples, bien que sous des formes appropriées à leur degré de civilisation. Au début des sociétés, il consiste en services personnels. Devant l'envahisseur, tous doivent courir en armes aux frontières ; en temps de paix, les bras s'unissent pour construire des citalelles, des temples, ouvrir des routes, construire des édifices publics, cultiver le champ du prêtre, du magistrat, du chef dépositaire de la puissance publique.

A mesure que la production s'accroît, l'impôt s'étend des personnes aux choses et c'est à l'aide de dîmes prélevées sur les récoltes, les troupeaux, qu'on pourvoit aux dépenses collectives.

Le monnayage des métaux à peine établi, l'impôt se paie en numéraire et soit facilité de le percevoir, soit augmentation réelle des besoins, les diverses espèces de taxe se multiplient de façon à permettre de réaliser des réserves en vue de l'avenir. C'est à peine si l'on imaginerait un mode d'impôt qui n'ait été essayé dans le passé. Athènes et Rome pratiquèrent successivement toutes nos taxes, celles en particulier sur le capital, sur le revenu, sur les chevaux, les chiens ; une seule exceptée, l'impôt du timbre. Jamais société ne fut aussi diversement pressurée que la société romaine, et les historiens sont unanimes à voir là une des causes de sa ruine.

On sait quelles difficultés rencontrèrent pendant les siècles qui suivirent la chute de l'empire romain la circulation métallique et le commerce : il fallut revenir aux corvées et aux prestations en nature. La noblesse française fut en particulier chargée de la défense du territoire, c'est-à-dire de l'impôt du sang, ce qui explique certaines exemptions ou privilèges contre lesquelles on se serait moins élevé, si on en eût mieux connu l'origine.

Avec l'essor rendu au travail, aux diverses industries ; avec l'accroissement de la circulation monétaire, revinrent les impôts de plus en plus nombreux et de plus en plus productifs. Y a-t-il lieu de s'en étonner ? Aucunement. Les besoins croissants de l'ordre social appellent de nouvelles dépenses de la part de l'État, auxquelles il faut parer par la création de nouvelles ressources, c'est-à-dire, de nouveaux impôts. Aujourd'hui chaque Français paie en moyenne 109 fr. d'impôt.

Il n'est pas rare d'entendre des publicistes affirmer que

l'impôt ne saurait être une cause d'appauvrissement pour le pays qui le supporte, puisque l'argent perçu sous forme de taxes est rendu sous forme de dépenses.

Il est hors de doute que, consenti envers l'État dans des conditions normales, l'impôt ne constitue pas un obstacle à la prospérité publique ; puisque les causes qui le motivent ont pour résultat d'augmenter le bien-être au sein du pays. La France et l'Angleterre paient, à l'heure présente, quatre fois autant de contributions que dans la première moitié du XVIIe siècle et cependant, grâce au progrès accompli, le fardeau est moins lourd à porter.

Pour ne rien exagérer, convenons que l'impôt prélève sur les populations des richesses qui, laissées entre leurs mains, augmenteraient leur bien-être, constitueraient une épargne dont l'emploi serait reproductif et imprimerait au travail un surcroît d'activité. A ce point de vue, l'impôt peut être considéré comme un mal, mal nécessaire, mais mal et obstacle réels à l'amélioration du sort d'un grand nombre. De là pour les pouvoirs publics, un devoir de circonspection dans l'établissement de l'impôt.

Tous les auteurs sont unanimes à rappeler aux Gouvernements le principe d'économie qui les oblige, comme les particuliers : l'obligation, où ils sont, de laisser aux peuples la totalité des ressources dont il leur est possible de se passer. Mais quelles taxes préférer ? A quels signes reconnaître l'impôt qui, à produit égal, nuit le moins à l'intérêt public ? Les économistes, et Adam Smith le premier, ont assigné les règles suivantes.

PARAGRAPHE II

DE LA MORALITÉ DE L'IMPOT, OU RÈGLES DONT DOIVENT S'INSPIRER LES GOUVERNEMENTS.

I°. L'impôt est le paiement à l'État des avantages, c'est-à-dire de la sécurité, de la protection et des autres services rendus par lui aux citoyens ; il n'est légitime qu'autant qu'il y a équivalence entre le sacrifice et le service.

II°. L'impôt doit être proportionnel, c'est-à-dire réparti en raison des avantages que chacun retire de l'ordre social, ou si l'on aime mieux, eu égard au chiffre total de son revenu particulier. L'équité prescrit l'équivalence entre le sacrifice et le service ; d'autre part, l'expérience atteste combien sont nuisibles à la paix publique, au développement social, les immunités des uns au détriment des autres.

III°. Les taxes doivent être clairement, nettement déterminées et, soit qu'il s'agisse de la somme à acquitter, soit qu'il s'agisse de la forme ou de l'époque du paiement, rien ne doit être laissé à l'arbitraire des agents du fisc et susceptible de contestation.

IV°. Il est de l'intérêt des gouvernants de tenir compte des convenances des contribuables, quand il s'agit de fixer l'époque ou les formes de l'acquittement de l'impôt.

V°. Entre les divers impôts, ceux-là doivent être préférés qui sont le moins onéreux à percevoir. Les difficultés, les frais de perception entraînent inévitablement un accroissement de charges pour les redevables.

VI°. Les taxes diverses doivent être déterminées de façon que ceux qu'elles atteignent ne puissent les éluder. C'est le moyen de prévenir entre les agents de l'État et les populations ces luttes de ruse, de mensonge, de violences si dommageables à leur moralité. L'habitude de désobéir aux lois, de dérober à l'État ce qui lui est dû, fraie aisément le chemin aux indélicatesses de la vie privée.

VII°. Il faut s'appliquer à rendre chaque jour la forme de l'impôt plus juste et plus douce ; mais il y a danger à vouloir supprimer ceux qu'un long usage a consacrés et convertis en habitude, pour leur en substituer de nouveaux, dont la nature d'un pays longtemps observée, n'avait pas donné l'idée.

VIII°. Plus les impôts sont diversifiés et moins ils pèsent. En gymnastique, on a constaté qu'un homme porte aisément, réparti sur tout son corps, le poids qui réuni en un seul volume, l'accablerait. Cette observation s'applique à l'impôt.

Telles sont les règles auxquelles ont généralement obéi les divers Gouvernements. Il est de mode aujourd'hui de le mettre en doute et de les accuser d'oppression, de tyrannie. « Ils n'ont songé qu'à accabler les peuples, à les « pressurer, à décharger le riche au détriment du pauvre ». C'est ignorer ou défigurer à plaisir l'histoire. On peut leur reprocher une politique follement belliqueuse, follement somptueuse, souvent imprévoyante ; mais le fisc faisait comme il pouvait, le moins mal qu'il pouvait, cherchant à obtenir le plus d'argent avec le moins de souffrance possible, parce que toute souffrance épargnée était une ressource pour de nouveaux impôts.

L'exemption accordée autrefois aux nobles et au clergé était loin d'être une injustice. Les premières contributions avaient pour but d'entretenir les gens de guerre ; les nobles servant en personne, entretenant à leurs frais un certain nombre d'hommes d'armes, devaient en être exemptés. Ils payaient l'impôt en nature. Il est à remarquer que le privilège ne couvrait qu'une seule de leurs terres. Quant au clergé, la terre était son salaire. Sans entrer dans d'autres considérations, elle pouvait être considérée comme naturellement exempte de charges.

PARAGRAPHE III

DES DIVERSES ESPÈCES D'IMPOTS.

On a coutume de distinguer deux sortes d'impôts : l'impôt direct et l'impôt indirect.

L'impôt direct est celui qui s'adresse *directement* aux personnes, en vertu de rôles nominatifs arrêtés annuellement, pour leur demander une part du revenu de leur bien ou des profits de leur travail. Il est dur, forcé, mais certain et le premier par la date de son origine. Tant par famille et par troupeau, dans l'État nomade ; tant par terre et par famille dans l'État agricole, voilà ce qui se retrouve dans les sociétés les plus primitives et les moins avancées.

L'impôt indirect qui atteint tous les objets de consommation, aliments, objets de luxe, vêtements, matières premières, se confond avec leur prix et vient s'y ajouter. On l'appelle indirect soit pour le distinguer du premier, soit parce qu'il n'arrive aux personnes que par l'intermédiaire des choses, soit enfin parce que ceux qui le paient tout d'abord, ne font le plus souvent qu'une avance remboursée par le consommateur.

Cet impôt se confondant avec le prix de la marchandise exposée sur le marché, s'acquitte successivement, insensiblement sans y penser. Il est libre en ce que le consommateur s'arrête de lui-même, lorsqu'il ne peut plus faire face aux acquisitions et ne paie ainsi de contributions que ce qu'il veut en payer, en proportion de la jouissance perçue. Il est souverainement juste, car celui qui consomme davantage paie, en plus grande proportion, ce que les objets consommés ont coûté à la protection sociale. Cependant, il est difficile à percevoir à cause de la diversité, des transformations des objets qu'il atteint ; il nuit à la production en frappant les matières premières et en élevant le prix des marchandises ; enfin, en diminuant la consommation par suite de l'enchérissement, il arrive lui-même à moins produire.

En présence des inconvénients qu'offrent l'impôt direct et l'impôt indirect, les Gouvernements ont imaginé de varier à l'infini leurs perceptions, de recourir à des taxes qui participent de la nature de l'un de l'autre. Découvrir l'argent là où il se trouve, saisir le plus efficace moyen de le demander et de l'obtenir, *emporter la plume sans cris de la part du dépouillé,* tel est leur objectif. C'est ainsi que les deux principales catégories d'impôts se sont diversifiées à l'infini.

PARAGRAPHE IV

DES IMPÔTS DIRECTS.

Au nombre des taxes classées sous ce titre, nous mentionnerons : 1° *Impôts sur les personnes.* La cote personnelle ou de capitation s'adresse à tous sans distinction, comme sujets du même État et pour une quotité exactement pareille. Sa modicité rend inattentif à son défaut de proportionnalité. La personne du riche a plus que celle du pauvre besoin de sécurité. La taxe personnelle comprend la valeur de trois journées de travail, est due par chaque habitant jouissant de ses droits et non réputé indigent ; son montant s'élève à 17 millions.

2° *Impôts sur la terre.* L'impôt territorial ou foncier a pour base les qualités naturelles et les contenances des exploitations rurales ; il atteint en France le quart du revenu et ne laisse rien en de certaines années. Bien que répondant à toutes les exigences de la proportionnalité en lui-même ; il doit tenir compte des dépenses auxquelles est soumise l'agriculture pour multiplier les substances, et son exagération tournerait au préjudice de la production et de l'intérêt social. En 1884, l'impôt foncier, en y comprenant le principal et les centimes des bâtiments de culture, s'élève à 288 millions. — *3° Impôt sur les maisons.* Cet impôt est de deux sortes. L'un atteint les terrains bâtis et rentre dans la catégorie de l'impôt foncier. L'autre s'adresse à la valeur locative de la construction et est en définitive payé par celui qui occupe les lieux, propriétaire ou locataire. Il est proportionnel et facile à percevoir. Son montant en 1884 est de 101 millions. On compte dans toute l'étendue du territoire français 8,851,737 maisons.

4° Impôt des portes et fenêtres. C'est l'un des plus nuisibles. Il contraint le pauvre à n'aérer sa maison que le moins possible et à sacrifier sa santé au désir d'avoir moins à payer. Cet impôt s'élève en 1884, à 70,983,984 francs.

5° Impôt sur l'exercice des professions. Il se nomme licence ou patente. La licence s'adresse spécialement à certaines professions soumises à une autorisation qui peut être refusée et retirée. Elle constitue un moyen de police et une source de revenu public. La patente s'étend à tous les états, métiers, professions, et quiconque veut embrasser l'un de ces états en devient passible. La patente se règle d'après la valeur locative des ateliers qu'occupe le patenté, l'étendue du lieu où il réside. Le défaut de cette taxe est de n'être pas proportionnelle ; elle est forcément inégale de classes à classes et dans la même classe, de personne à personne. Elle pèse lourdement sur les plus humbles professions : cet inconvénient est en partie atténué par la part que le consommateur prend au paiement de la patente. Le premier soin du patenté est de se faire rembourser par l'acheteur de ses produits, l'avance faite par lui au fisc.

6° *Impôt sur les transmissions par succession ou donations.* C'est le plus direct des impôts, car on ne peut en rejeter sur qui que ce soit la moindre partie. C'est le plus justifié : lorsqu'on devient riche ou aisé, on ne doit pas avoir de répugnance à payer ce qui ne constitue qu'une diminution de la richesse ou de l'aisance qui survient. Moins la succession est naturelle, plus la donation est l'œuvre des conventions sociales, plus celui qui en bénéficie doit à la société, c'est-à-dire au fisc qui la représente. Le devoir de l'État est, en pareille occurrence, de laisser au redevable tous les délais nécessaires, pour que le paiement de l'impôt ne soit qu'un retard d'entrée en jouissance. Une conduite opposée déterminerait des emprunts onéreux, l'aliénation de tout ou partie des avantages du bénéficiaire, une détérioration certaine de leur valeur. Nous estimons injuste et vraiment nuisible l'habitude en France, de régler ce qui est dû à l'État, d'après la valeur vénale des biens et sans tenir compte des dettes et charges qui en atténuent le produit et le prix réels. On ne déduit pas les intérêts des créances hypothécaires, du revenu net des propriétés immobilières, soit qu'il s'agisse d'asseoir l'impôt foncier, soit qu'il s'agisse de percevoir le droit de succession. On ne déduit pas le capital de ces créances, lorsqu'il s'agit de percevoir le droit de vente. D'autre part on perçoit le droit de succession, le droit de cession et tous les droits qui frappent la propriété mobilière, lorsque les créances hypothécaires changent de mains.

7° *Impôt par transmission à titre onéreux.* Ces droits ne sont qu'une variation de l'impôt foncier. On profite de l'instant où la propriété change de possesseur, où l'acheteur en réunit la valeur dans ses mains et va l'offrir au vendeur pour leur demander, à l'un ou à l'autre, une part de cette valeur. C'est celui qui a le plus d'intérêt ou de désir de traiter, qui supporte la charge. Trop excessive elle empêcherait les transactions, nuirait à la facilité des mutations et à l'un des plus grands intérêts de la société.

8° *Impôt du timbre et d'enregistrement.* La loi exige que les actes et les transactions, dont elle garantit l'exécution, soient transcrits sur un papier revêtu d'une marque ou timbre qui ne s'appose que moyennant un droit. Le timbre est fixe ou proportionnel selon qu'il varie ou ne varie pas. Lorsqu'il s'agit d'effets de commerce, il s'étend de 0,15 centimes à 10 francs, selon le chiffre des sommes souscrites. Le timbre est exigé très fréquemment pour les journaux imprimés, annonces, affiches, etc. Cet impôt est aisément accepté; il importe cependant d'en user modérément pour ne pas nuire aux transactions. Il a produit en 1881, 726 millions.

9° *Impôt sur le revenu.* S'il était possible de connaître exactement ce que chacun retire de son travail, de ses capitaux mobiliers ou immobiliers, on arriverait aisément à établir, selon les besoins de l'État, le plus équitable, le plus assuré des impôts. C'est cet impôt unique que Vauban rêvait d'établir sous le nom de Dîme royale. Il ne laissait subsister que les aides ou taxes sur les consommations, certains droits établis sur les services publics et fixait entre le dixième et le vingtième, les termes extrêmes de cet impôt assis sur tous les revenus.

Plusieurs États européens en ont essayé sans grand succès. Les difficultés de perception sont et resteront insurmontables. Seul, le cadastre indique la valeur des terres; mais le cadastre est long, coûteux à établir, et, à chaque instant, il cesse d'être vrai. En dehors du cadastre, le revenu des propriétés immobilières, comme celui des capitaux mobiliers, le gain du travail individuel sont ignorés, insaisissables. Les rentes sur l'État, les créances hypothécaires sont, il est vrai, accessibles; mais convient-il d'atteindre certains capitaux, en exemptant les autres? Les diverses bases assignées à cet impôt deviendraient promptement des moyens de vexation.

10° *Prestations en nature.* C'est l'impôt destiné à l'entretien des chemins. Un bon système de voies de communication facilite les transports de toute espèce, économise le temps, étend les relations et profite à tous. En 1882, cet impôt produisait 61 millions et demi, dans lesquels les acquittements en nature entraient pour une proportion de 58 pour 100. Les contribuables persuadés que le travail d'un prestataire représente une valeur supérieure à celle de l'estimation administrative, se libèrent de plus en plus en argent.

PARAGRAPHE V

DES IMPÔTS INDIRECTS.

On a souvent imaginé pour améliorer le sort des classes pauvres, aux dépens des classes riches, de diminuer l'impôt indirect et d'augmenter l'impôt direct. La première Révolution crut qu'avec un impôt foncier plus également réparti, avec l'impôt personnel et mobilier gradué sur le luxe des logements, avec les portes et fenêtres, l'enregistrement, on pourrait faire face à tous les besoins. Les impôts sur les boissons, le sel, furent abolis. On brûla les barrières, on envoya à l'échafaud les agents de la vieille finance et parmi eux Lavoisier.

Qu'advint-il ? Les impôts conservés furent insuffisants, même en y ajoutant du sang et le papier-monnaie. Après avoir épuisé tous les moyens, les cautionnements, les ventes de biens nationaux ; vendu la Louisiane aux Américains 80 millions ; levé des contributions de guerre, Napoléon, sur l'avis des conseils départementaux, dut rétablir d'abord l'impôt sur les boissons, ensuite celui du sel, et ce n'est qu'après ce double rétablissement, qu'on put remettre en équilibre le budget.

L'expérience s'est renouvelée depuis, et l'histoire de la suppression des impôts indirects en France peut se résumer en ces deux mots : la banqueroute et l'obligation de les rétablir.

C'est pour venir en aide au peuple des villes, (car c'est toujours celui-là qui est préféré), qu'on désire la suppression ou la réduction de l'impôt indirect ; mais l'État loin de diminuer, ne faisant qu'augmenter ses dépenses, par quelles taxes serait-il remplacé?

On dit : Le luxe. Or, les impôts du luxe qui ne rendent en Angleterre, le pays des grandes fortunes, que 30,000,000, n'en rendraient pas dix en France.

La propriété. La propriété en France est aux mains du pauvre, puisque sur douze millions de cotes foncières, on en compte 13,000 seulement au-dessus de 1,000 francs et 5 millions au-dessous de 5 francs ; c'est donc le pauvre qui serait atteint. Puis, l'agriculture supporte les deux tiers de l'impôt ; on ne saurait accroître ses charges sans nuire à la production des céréales, à l'éducation du bétail ; c'est-à-dire sans atteindre des objets autrement essentiels que le vin ou les liqueurs.

Une aggravation des patentes ruinerait le commerce dont le concours est indispensable à l'ouvrier ; une augmentation sur les sucres porterait un coup mortel à notre marine, déjà si affaiblie, etc., etc.

Bref, diminuer l'impôt indirect pour augmenter l'impôt direct, n'est pas un moyen aussi assuré qu'on le suppose d'améliorer le sort des classes pauvres, et toutes choses sont dans un tel équilibre, qu'on ne saurait y toucher qu'avec d'extrêmes précautions. Le sentiment public ne s'y trompe pas, et laissées à leurs propres impulsions, les populations n'hésitent pas à préférer l'impôt indirect à l'impôt direct.

Dans nombre de grandes villes, à Paris notamment, on substitue une partie des produits de l'octroi, aux plus basses cotes mobilières. Au temps de Louis XIV, Rouen et sa banlieue étaient connus pour leur prospérité singulière ; cette prospérité était communément attribuée à la conversion des tailles en impôts sur les consommations, et Vauban proposait au roi cette pratique, comme modèle à suivre.

Les impôts indirects se subdivisent en trois catégories distinctes. Ils atteignent la production intérieure avant qu'elle n'arrive à la consommation, et ils s'appellent excise, contribution indirecte, droits réunis ; ils se perçoivent à la frontière sur les objets importés ou exportés, et ils se nomment douane ; enfin, ils sont le résultat de monopoles, de régies et de prohibitions, et ils prennent le nom de régies.

1° *Excise ou contributions indirectes.* Nous l'avons dit, ces droits se confondent dans le prix de tout ce qui s'achète, se paient au fur et à mesure de la consommation, sans le vouloir et presque sans le savoir. D'autre part, ils offrent à la fraude de nombreuses chances de succès et ils entraînent de grands frais de perception. Pour l'économiste, la difficulté est encore ailleurs, elle est dans le défaut de proportionnalité. La taxe indirecte élève la valeur vénale des produits, et c'est en définitive, le consommateur qui en acquitte le montant. Plus l'objet dont la taxe élève le prix est indispensable, moins la taxe se proportionne aux facultés de ceux qui la paient, et plus elle pèse sur les familles pauvres. On ne saurait nier, par exemple, que, bien que payant tous à l'État la même somme à l'occasion du sel dont nous avons besoin, l'impôt du sel ne soit plus onéreux pour les familles nécessiteuses qui en consomment davantage.

Le remède à cet inconvénient serait de frapper de taxes

tous les objets de consommation, en ayant soin d'élever la taxe à mesure qu'ils deviennent moins nécessaires. Malheureusement, l'expérience établit que l'impôt indirect n'est fructueux qu'à la condition de s'étendre aux produits de première et universelle nécessité.

2° *Douanes.* — Nous ne parlons ici que de l'impôt connu sous ce nom, et les questions relevant de la liberté de commerce ont été traitées ailleurs.

Les droits de douanes s'appliquent aux marchandises qui passent d'un État dans un autre. Ils s'acquittent à la frontière, et accroissent aux dépens des consommateurs la valeur vénale des objets qu'ils atteignent. Ils ne sont vraiment proportionnels qu'autant qu'ils s'adressent à des sortes de produits, dont chacun n'use qu'en proportion de son revenu ; alors, mais alors seulement, reste sauf le principe qui veut qu'on ne contribue aux besoins de l'État que dans la mesure même de ses forces contributives.

Les difficultés de perception sont graves et les frais dépassent le plus souvent le quart du montant brut des recettes. Il importe que les tarifs de douanes ne soient pas exagérés et se maintiennent à un taux qui décourage la contrebande. La morale et le Trésor y trouveront leur compte.

Les droits sur l'exportation ont été diminués depuis quelque temps, et c'est une perte pour le Trésor. Vainement objecte-t-on que l'augmentation de droits accroîtrait le prix des marchandises exportées et en ralentirait le débit. La raison est la même pour les contributions qui s'adressent à la production intérieure ; et on ne comprend pas cette préférence accordée à la consommation étrangère.

3°. *Impôts de consommation sous forme de monopole et de régies.* — Le principe de l'impôt indirect est d'atteindre les consommations les plus générales, les plus faciles à saisir ou les moins intéressantes. Eu égard à ce dernier caractère notamment, et toujours en quête de moyens plus assurés, les Gouvernements se sont réservé certaines industries, chargées de pourvoir à ces consommations inutiles ou faciles à éviter. Telles sont les fabrications du tabac, des poudres à feu, des cartes à jouer. En Angleterre, la culture du tabac est prohibée, le produit vient de l'étranger et est grevé à l'entrée de droits considérables, au profit de l'État. En France, l'État n'autorise qu'un nombre restreint de cultures, se réserve la récolte, la fabrication et le débit.

Tout monopole au profit du fisc nous paraît répréhensible. Cependant, si l'on considère la nature des produits soumis au monopole, les besoins qu'ils ont coutume de satisfaire, la moindre impulsion que les arts industriels trouveraient à la concurrence, enfin, l'intérêt attaché à la perception entière d'un impôt qui rend en France 140 millions, la critique ici désarme et avoue que le public se trouverait mal d'un changement, qui n'amoindrirait ses charges sur des objets en partie de luxe, que pour les grossir sur des objets d'utilité première ou de nécessité.

PARAGRAPHE VI.

DE L'IMPÔT PROGRESSIF.

Chacun ne doit à l'État qu'une subvention proportionnée à la protection qu'il en reçoit; il ne doit donc concourir à l'impôt qu'en raison de ce qu'il gagne ou de ce qu'il possède.

L'école révolutionnaire, au lieu de proportionner l'impôt à l'étendue du revenu et de suivre constamment la proportion, a imaginé de la doubler, de la tripler à mesure que le revenu est plus grand. C'est l'impôt *progressif*, dont le mécanisme est d'ailleurs fort simple. Il consiste à taxer les revenus à des taux qui diffèrent et s'élèvent à mesure que ces revenus deviennent plus considérables. Celui qui a mille francs de revenu paiera le dixième; celui qui a dix mille francs paiera non pas le dixième, ce qui serait l'impôt proportionnel, mais le cinquième, c'est-à-dire la taxe progressive; celui qui a cent mille francs ne paiera ni le dixième, ce qui ne serait que proportionnel, ni le cinquième, ce qui ne serait pas suffisamment progressif, mais le tiers. A mesure que les fortunes croîtront, elles seront appelées à subvenir aux dépenses publiques, dans des proportions qui s'élèveront plus vite que les fortunes elles-mêmes.

L'impôt progressif offre cet aspect séduisant qu'il semble épargner les classes inférieures et rejeter les charges de l'État sur les riches. C'est par là surtout qu'il flatte les instincts de la multitude et sourit aux démocrates peu habitués à la réflexion. En réalité il aboutit : à la spoliation, à l'arbitraire; il est impraticable et illusoire.

1º Si une compagnie d'actionnaires vote une contribution extraordinaire de 10 francs par action, chacun la paie à raison de dix francs, qu'il ait cent actions ou qu'il en ait mille. La société est une compagnie, où chacun a plus ou moins d'actions; et s'il est juste qu'il paie en raison du nombre de celles qu'il possède, il ne l'est pas moins qu'il paie suivant la quotité imposée à toutes.

2º La proportionnalité, voilà la règle. Une fois sorti de cette règle, il n'y a plus que confusion et l'on ne sait ni où, ni comment s'arrêter. Aujourd'hui, l'impôt progressif prélèvera chez l'un le dixième du revenu, chez l'autre le cinquième, chez celui-ci le tiers : mais demain, que fera-t-il en face de besoins croissants, de nécessités imprévues ?

Plus de principes, mais un arbitraire relevant du goût, des mœurs, des habitudes des maîtres du jour.

3º Le résultat le plus immédiat de l'impôt progressif est

de porter un coup mortel aux forces productives du pays, en paralysant le goût de l'épargne et l'activité de l'industrie. A quoi bon devenir riche, si la richesse est l'ennemie qu'il s'agit de dépouiller ?

4° Aucun impôt ne sera plus difficile à recouvrer. Les fortunes acquises se dénatureront ; les nouvelles fortunes ne se réaliseront, en apparence du moins, qu'à un chiffre déterminé ; les capitaux émigreront à l'étranger, au grand détriment du travail de la région et des industries locales. Plus la loi est injuste, plus les moyens, de l'éluder sont acceptables et recherchés.

ARTICLE II.

DE L'EMPRUNT.

« Les affaires d'argent doivent être claires comme le jour. » Casimir Périer.

Dans des moments de gêne, les nations font appel au crédit public. Après : 1° un coup d'œil historique sur les rapports des Gouvernements avec le crédit dans l'antiquité et dans les temps modernes, nous examinerons : 2° ce qu'il faut penser des emprunts d'État, 3° les modes successifs et les divers emprunts de la France, 4° les obligations qui incombent à l'État emprunteur.

PARAGRAPHE PREMIER

DU CRÉDIT PUBLIC DANS L'ANTIQUITÉ.

Crédit public se dit de la confiance que les capitalistes et les particuliers accordent au Gouvernement, lorsqu'il emprunte pour les besoins de l'État.

La puissance et l'usage du crédit étaient à peu près ignorés de l'antiquité. Le savoir financier de l'époque consistait à économiser, en temps de paix, les ressources qu'une guerre prochaine allait épuiser. Après avoir conquis l'Asie, Cyrus, au rapport de Pline, rassembla 34 mille livres d'or. Le trésor qu'Alexandre trouva à Hecbatane s'élevait, si l'on en croit Strabon, à 380 mille talents, c'est-à-dire, à près d'un milliard de notre monnaie. Au milieu de ses coûteuses débauches, Tibère avait pu recueillir 2 milliards, 700 millions de sesterces, que Caligula dépensa en moins d'une année. Les événements allaient quelquefois plus vite que la prévoyance, et alors il ne restait d'autres ressources que de faire appel aux fournisseurs ou de recourir à des prélèvements extraordinaires sur le pays.

Aristote raconte qu'à Clazomène, ordre fut donné à une époque de disette, aux citoyens de livrer leur récolte d'huile pour l'échanger contre du blé. Désireuse de prêter secours aux Samiens, Sparte prescrit que les hommes et les animaux jeûneraient un jour entier et que l'épargne provenant de ce jeûne serait versée dans les caisses publiques.

On trouve cependant çà et là dans l'antiquité des vestiges d'emprunt de la part de l'État. Cicéron parle des emprunts que faisaient habituellement les villes des provinces romaines de l'Asie, afin de pourvoir à leur dépenses extraordinaires ; mais il ne dit rien des conditions. On mentionne divers emprunts en Grèce, hypothéqués sur l'impôt. Rome contracta des emprunts au cours de la guerre punique, si l'on en croit Tite-Live.

Cette absence de crédit explique les difficultés financières sous lesquelles succombaient les anciens Gouvernements, et aussi, mais sans les justifier, les crimes et les exactions auxquels ils se livraient parfois pour échapper à ces difficultés.

L'époque actuelle sait les inépuisables ressources du

17.

crédit et en fait largement usage. En 1850, le capital de la dette des États européens, pris en masse, s'élevait à 47 milliards, soit à 174 fr. 50 par habitant. Le remboursement de ce capital exigerait sept fois un quart le revenu annuel de tous les États d'Europe. La somme affectée au service des intérêts atteint 1 milliard 764 millions, soit 26 fr. 50 p. % des dépenses ordinaires et 6 fr. 60 par tête d'habitant. — (*de Reden. Année d'économ. polit.* 1851.)

Tous les Gouvernements ont recours à l'emprunt, et c'est ainsi que l'intérêt de la dette publique absorbe en France plus du quart du revenu général, les deux tiers en Espagne et en Portugal, les deux cinquièmes en Hollande, les trois huitièmes en Autriche, le quart en Prusse, le cinquième en Russie. La hardiesse de l'Angleterre à emprunter, lorsqu'il s'agit du salut public, n'est pas moins admirable que cette audace que rien n'épouvante, que cet esprit de résolution qui ne s'arrête que devant le succès. On évalue à 50 milliards la somme des impôts perçus et des emprunts contractés par le Gouvernement anglais, de l'année 1789 à l'année 1815. Les emprunts comptent dans ce total pour 26 milliards. (Pebrer. *Hist. finan. de l'Empire britannique*).

Le chiffre total des emprunts de l'Europe dépasse cent milliards.

PARAGRAPHE II

QUE FAUT-IL PENSER DES EMPRUNTS D'ÉTAT ?

Hume, Adam Smith, en Angleterre, ont condamné sans réserve, sans exception, les emprunts d'État. Ils les qualifient d'encouragement à l'inertie. Le rentier de l'État, sûr du lendemain, se croit dispensé de toute initiative. Tout emprunt de la part d'un gouvernement, engage les générations futures, dispose de la fortune à venir, et comment en dispose-t-il? Il emploie inutilement à la guerre les fonds destinés à alimenter la production, à faire progresser l'agriculture, à développer le commerce, à fonder des institutions de crédit, de prévoyance, de secours.

« Lorsque l'arc » observe Malthus « est trop tendu d'un « côté, il est rare et difficile qu'on ne le tende pas trop de « l'autre côté. » Aussi, avec leurs détracteurs de parti pris, les emprunts d'État devaient avoir des défenseurs enthousiastes. Les uns affirment que les dettes publiques augmentent les richesses sociales de tout le montant de leur capital et les assimilent à des mines d'or. (Pinto. *Traité de la circ.* — Melon, *Essai sur le com.*). Les autres y voient, au plus, des dettes de la main droite à la main gauche, un nouvel encouragement à l'industrie. « Un État, qui ne doit qu'à lui-même, ne s'appauvrit pas, » disait Voltaire; et Condorcet ne rejetait cette opinion que parce qu'une partie des intérêts pouvait être payée à l'étranger. L'opinion au XVIII⁰ siècle était si bien disposée en faveur des emprunts d'État, qu'il suffit à Necker de les substituer aux impôts dans son *compte-rendu*, pour passer d'emblée grand ministre, financier de premier ordre. Ces illusions ont été soutenues de notre temps par plusieurs financiers du second Empire, et un ministre de Napoléon III, présidant le conseil général de la Nièvre, n'hésitait pas à déclarer que plus un État emprunte, plus il est riche. La pratique des emprunts est un excitant à l'économie, à la prévoyance des particuliers, a-t-on dit encore; c'est le moyen de rallier les capitalistes au Gouvernement, de les rendre solidaires de sa destinée.

Ni toujours, ni jamais, tel est le sentiment que nous formulerons. Pour les peuples comme pour les individus, l'économie est la source de l'indépendance et de la liberté. La vraie sauvegarde des États modernes se trouve dans l'aisance publique, les satisfactions que procure au grand nombre sa situation présente. Or, qui dit emprunt, dit impôt destiné à payer des intérêts, obstacle à la constitution de la propriété, à l'expansion du bien-être. Mieux vaut laisser les capitaux s'en aller librement aux industries les plus lucratives que de vouloir les fixer au sol par des emprunts. Nous estimons donc avec Riccardo : 1° qu'il importe de surmonter les difficultés à mesure qu'elles se présentent et de se libérer des dépenses anciennes, dont le fardeau ne se fait réellement sentir que lorsqu'il est devenu intolérable ; 2° que l'erreur est grande d'emprunter pour exécuter des travaux publics. S'il s'agit de travaux utiles au développement de la fortune publique, mieux vaut en laisser l'exécution à l'industrie privée plus active, plus habile, plus économe que l'État. S'il s'agit de travaux relevant exclusivement de l'État, ils peuvent et doivent être exécutés avec les ressources de l'impôt.

Deux circonstances nous paraissent devoir être exceptées de ces conclusions. Un pays vient de subir une crise révolutionnaire ou de soutenir une guerre malheureuse. Il s'agit de payer une lourde rançon et de relever l'ordre politique, financier, administratif. Que faire? On ne saurait recourir à l'impôt, puisque les taxes déjà existantes ne peuvent s'acquitter. En établir de nouvelles serait, selon la juste expression de Turgot, *vouloir faucher plus que l'herbe*, et le souvenir des années 1815, 1830, 1848, 1871, atteste que ces hypothèses ne sont point chimériques. L'État a non-seulement alors le droit, mais le devoir de s'adresser à l'emprunt. Aux plaintes des générations futures, on répondrait avec l'Hector d'Homère : « *Il n'y a qu'un augure souverain, c'est de sauver la Patrie.* »

PARAGRAPHE III

MODES SUCCESSIFS DES EMPRUNTS PUBLICS. — DETTE FLOTTANTE. — DETTE CONSOLIDÉE. — CONVERSION. — AMORTISSEMENT. — DES DIVERS EMPRUNTS DE LA FRANCE.

Primitivement, les États empruntèrent en offrant pour tout gage leur garantie personnlle. Dans la suite, ils donnèrent une branche quelconque des revenus publics.

On distingue : 1° l'*emprunt par anticipation*. Le revenu désigné était affecté au service de la dette pendant un certain nombre d'années. C'est à cette façon d'emprunter que recourut si souvent François Ier, et il est inutile d'ajouter que les délais étaient ordinairement prorogés.

2° *L'emprunt avec fonds à perpétuité*. Le prêt était indéfini, sans terme; l'intérêt seul était garanti.

3° *L'emprunt sur annuités à termes*. Pendant un certain nombre d'années, le service des intérêts comprenait annuellement le remboursement d'une partie du capital. C'est ce que les Anglais appellent « annuités terminables. »

4° *L'emprunt sur annuités viagères*. Le service d'intérêts et de remboursement s'étendait à plusieurs existences. Tantôt ces annuités viagères se créaient en faveur de vies séparées, et la mort de chaque rentier dégrevait le trésor public de ce qui lui revenait. Tantôt elles étaient créées sur des lots de plusieurs existences réunies, et les survivants bénéficiaient des rentes des décédés. En 1364, un mémoire, présenté au roi par le Parlement de Bordeaux, atteste que la dette de la France s'élevait alors à 2 milliards 400 millions de livres tournois, dont le huitième résultait d'emprunts stipulés en rentes viagères.

5° *L'emprunt avec primes*. Il consiste à attacher des primes à quelques titres, en s'engageant à les rembourser par séries tirées au sort, afin de conserver l'attrait du hasard. Tels sont la plupart des emprunts contractés par la ville de Paris.

6° *Dette flottante.* On désigne de ce nom la partie de la dette publique qui se compose d'emprunts momentanés, remboursables dans des termes rapprochés. Les bons du Trésor, les fonds versés par les communes, les établissements publics et les particuliers dans les caisses du Trésor, les cautionnements et le compte courant de la caisse des dépôts comprenant les fonds des caisses d'épargne, composent les ressources affectées à la dette flottante.

7° *Dette consolidée.* On appelle ainsi tous les emprunts inscrits au Grand livre. Cette expression a été employée pour la première fois en 1814.

On ne connaît plus guère aujourd'hui que les emprunts sous forme de *dettes perpétuelles.* L'État n'a à s'occuper que du service de l'intérêt, sans avoir à craindre des remboursements forcés, au milieu de circonstances difficiles, sous le coup d'événements fâcheux. Le rentier ou propriétaire d'intérêt qui veut rentrer en possession de son capital, le peut aisément, en cédant son titre de rente à quelqu'un qui le rembourse au taux courant, et se substitue à sa place.

La science économique blâme cette pratique universelle, invétérée des Gouvernements emprunteurs, de se contenter d'un *capital nominal* qu'ils reçoivent et comptent comme réellement payé. C'est ainsi que l'État français a donné cinq francs de rente, représentant l'intérêt d'un capital de cent francs, bien qu'il n'ait reçu que 51 fr. 23, en 1815, — 75 fr. 25 en 1849, — 84 fr. en 1871. Mieux vaudrait emprunter à 6 fr., à 7 fr. et à 8 % et ne s'engager que pour la somme réellement remise. L'intérêt serait à peu de chose près le même ; mais l'État, conservant la faculté de remboursement, ne serait tenu qu'à ce qu'il aurait reçu, lorsque viendrait l'heure de rembourser. Ce n'est pas exagérer, que d'évaluer à un milliard 100 millions, la différence entre les sommes mises à la charge du trésor public et celles qu'il a réellement reçues. En dehors de la routine, toujours si puissante sur l'administration française, on ne voit d'autre raison de cette pratique erronée, que le désir de ne point violer la légalité relativement à l'usure. Le moyen est pharisaïque, il faut en convenir.

On appelle conversion l'acte par lequel l'État emprunteur impose à ses créanciers une diminution d'intérêt, en leur laissant le choix entre cette diminution d'intérêt et le remboursement du capital. Comme tous les débiteurs, l'État a le droit de se libérer ; il a partant le droit de restreindre l'intérêt, en offrant aux créanciers auxquels cette restriction ne convient pas, la faculté de recouvrer leur capital. Ces conditions, au reste, ont été prévues et formellement exprimées, lors de l'émission de l'emprunt.

On appelle *amortissement* le remboursement partiel de de la dette nationale ; *caisse d'amortissement,* une institution chargée de poursuivre graduellement l'abolition de cette dette. En réalité, cette caisse ne paraît établie, que pour mettre à la disposition du pouvoir une quantité de numéraire, dont il peut se servir et dont il s'est trop souvent servi, pour des dépenses nouvelles ou pour payer les intérêts de nouvelles dettes. Il n'y a pour un État, comme pour un particulier, d'autre moyen de se libérer que d'appliquer ses revenus à liquider ses emprunts. Si le Trésor veut réellement alléger le fardeau de sa dette, pourquoi ne pas acheter lui-même des rentes au prorata des fonds disponibles, au lieu de charger de ce soin une administration supplémentaire qui ne peut que multiplier les frais ?

Les plus anciennes dettes de la France remontent à Charles V ; un règlement de Sully atteste que les rentes en étaient payées encore du temps d'Henri IV. François Ier

emprunta pour soutenir ses guerres et payer sa rançon ; de ces divers emprunts sortit la vénalité des charges, un des plus graves abus qu'ait relevé l'histoire. Le gouvernement de Henri IV n'emprunta pas, amortit au contraire une partie de la dette existante, mais recourut pour atteindre ce but à des réductions forcées, arbitraires.

A la mort de Mazarin, la dette publique montait en rentes perpétuelles à **27** millions **500** mille livres et en capital à **500** millions. — Colbert résista longtemps aux sollicitations d'emprunts ; obligé de céder, il fit appel aux fonds non-seulement de la France, mais de l'étranger et parvint, après avoir dû payer le denier 18 aux prêteurs, à réduire l'intérêt à 5 %. A la mort de Louis XIV, la dette nationale s'élevait à 1,900,000 livres. « Dette immense, « mais qui n'aurait point été un fardeau impossible à sou- « tenir, s'il y avait eu alors un commerce florissant, un « papier de crédit établi et des compagnies solides qui « eussent répondu de ce papier comme en Suède, en An- « gleterre, à Venise et en Hollande. » (*Voltaire. Louis XIV.*)

On sait les désastres financiers du règne de Louis XV. Cependant, Necker parlant de la dette publique, devant l'assemblée nationale, l'évalue à 161 millions 466 mille livres de rentes.

Le Gouvernement révolutionnaire l'augmenta tout d'abord de 47 millions ; mais la banqueroute des deux tiers, l'annulation des rentes des émigrés, des établissements de main-morte, de celles qui étaient échangées contre les domaines nationaux la réduisirent bientôt à 42 millions. La Convention ordonna que toutes les créances de l'État seraient inscrites sur un même registre, dit *Grand livre*, et que des certificats d'inscriptions de même nature, de même forme, remplaceraient tous les titres divers en usage : contrats, quittances de finances, etc. etc.

Le premier Empire ayant pourvu à ses dépenses de

guerre par des contributions levées sur les pays ennemis, n'accrut cette dette que de 23 millions en intérêts et de 460 millions en capital. La Restauration apporta à la gestion des finances du pays une rare habileté et une bonne foi inaltérable. Obligée d'acquitter un arriéré considérable, de faire face aux frais de deux invasions, de payer l'indemnité aux émigrés, elle éleva la dette publique, de 63 millions 610,000 livres à 164 millions de rentes.

Le Gouvernement de juillet y ajouta une somme de près de 45,000,000, ce qui élevait le capital de la dette, en 1848, à cinq milliards 200 millions.

Pendant les trois années que dura la République de 1848, la dette de la France fut plus augmentée que pendant les 25 ans qui s'écoulent de 1823 à 1848.

Le second Empire, tant pour les besoins de ses expéditions militaires que pour subvenir aux dépenses de travaux publics, emprunta, au mjlieu des applaudissements. du pays, 5 milliards, 845 millions.

Le chiffre des emprunts publics depuis 1870 s'élève à 9 milliards, 955 millions; dont cinq milliards ont été payés à la Prusse comme rançon de guerre.

La dette publique figure dans le budget de 1884 pour un chiffre total de 1350 millions, représentant, en rentes perpétuelles, bons du Trésor, annuités diverses, rentes viagères, un capital de 33 milliards. Nous ne parlons pas de garanties ruineuses fournies en France, en Algérie, en Tunisie, bien quelles soient destinées à accroître la dette publique ; ni des milliards empruntés par les départements, les municipalités, la ville de Paris en particulier.

Jusqu'ici les types des rentes françaises étaient le 3 % perpétuel, le 5 % devenu, en vertu de la conversion, le 4 ½ %. On a créé en 1878, la rente 3 % amortissable. L'emprunt divisé en 175 séries est remboursable au capital nominal, à l'aide de tirages en 75 ans.

PARAGRAPHE IV

OBLIGATIONS DE L'ÉTAT EMPRUNTEUR.

Quelques états, accablés par les charges que leur léguait le passé, ont cru pouvoir s'en affranchir en déchirant leurs contrats et en décrétant la banqueroute. Il s'est trouvé des hommes revêtus d'un mandat législatif pour ériger en doctrine ces détestables pratiques. « La meilleure ma- « nière de régler ses comptes, est de brûler ses registres », disait Danton.

Nous estimons cette manière de se libérer, déshonorante et nuisible pour l'État, comme pour les particuliers. 1° Déshonorante, car on ne contracte pas avec tel ou tel ministre, avec telle ou telle forme de pouvoir, mais avec l'État, qui ne change pas et qui a le devoir d'observer ses engagements. 2° Nuisible, les affaires publiques ne suivent pas d'autres règles que les affaires privées, et comme le remarquait Franklin : « Si celui qui paie mal a jamais de « nouvelles occasions d'emprunter, il lui en coûte cher « pour sa négligence et son injustice. » On ne commande pas aux capitaux, ils ne se livrent qu'à celui qui les mérite, ils ne vont que là où se trouve la sécurité.

Pourquoi l'Angleterre, trouve-t-elle toujours, aisément et aux meilleures conditions, nonobstant sa lourde dette, les sommes dont elle a besoin ? Elle le doit au respect scrupuleux avec lequel elle n'a cessé de traiter les intérêts de ses créanciers. « L'avenir » disait un ministre anglais et son langage exprimait la pensée du Gouvernement, comme celle de la nation, « L'avenir pour un peuple, c'est « le présent. Si je fais banqueroute aujourd'hui, comment « pourrais-je espérer du crédit demain ? » — En France, les divers emprunts à 5 °/₀ ont varié de 56 fr. à 100 fr. ; il est facile d'apprécier, par ces cours si éloignés, le degré de confiance qu'inspiraient les gouvernements aux capitalistes et au pays lui-même. C'était donc avec raison que Turgot posait à Louis XVI cette condition de son entrée au ministère : *qu'il n'y aurait* pas de banqueroute.

ARTICLE III

DU BUDGET.

> « Il ne s'ensuit pas de ce qu'une chose est à notre
> « portée, de ce qu'elle est aisée à exécuter,
> « qu'elle soit juste et convenable ; souvent
> « cette facilité ne fait que rendre l'injustice
> « d'autant plus choquante. »
>
> MIRABEAU.

L'État doit pourvoir aux intérêts et à l'amortissement de la dette nationale, exécuter pour l'utilité commune certaines dépenses : comment se maintenir à la hauteur de ses devoirs, si les citoyens ne lui viennent en aide par les impôts? Mais il importe de ne pas payer au delà du nécessaire, de veiller à ce que le produit des contributions publiques soit exclusivement consacré à des dépenses utiles. C'est l'affaire des représentants du pays, et ils exercent leur contrôle, au moyen du budget.

Le budget touche à tout, et son équilibre importe aux plus graves intérêts moraux, matériels d'un pays ; l'avenir en dépend. Laissant de côté les questions purement politiques ou administratives, nous estimons utile de dire quelques mots de son origine, de sa forme et de ses développements progressifs en France.

PARAGRAPHE I

ORIGINE DU BUDGET. — CONTROLE EXERCÉE PAR LES CHAMBRES ET
LA COUR DES COMPTES. — UN ABUS.

Budget vient du français *Bougette*, vieux mot servant autrefois à désigner une bourse de cuir. Les Anglais en ont fait budget et ont appelé de ce nom le sac de cuir dans lequel on apportait, au Parlement, l'exposé des recettes, des dépenses et les diverses pièces de comptabilité publique. Peu à peu, l'appellation s'en alla du contenant au contenu, et le compte-rendu des recettes et des dépenses publiques se nomma le budget de l'État. C'est avec cette signification qu'il nous revint en France, et on le trouve mentionné pour la première fois dans les arrêtés des Consuls, 4 thermidor an X et 17 germinal an XI.

Le budget n'est donc autre chose que l'exposé des recettes et des dépenses prévues provisoirement par le pouvoir exécutif, contrôlé et légalisé par le pouvoir législatif. Par extension, on a désigné ensuite de ce nom les comptes des diverses administrations publiques et aussi, mais improprement, les comptes des particuliers.

Le caractère du budget est d'être essentiellement provisoire. On détermine d'avance et par prévision les dépenses et les recettes d'une année, en les évaluant approximativement, d'après celles des années précédentes. Il est rare toutefois que ces prévisions se réalisent. Les recettes varient en plus ou en moins selon que les affaires sont plus ou moins actives, les impôts plus ou moins productifs ; les dépenses d'autre part peuvent excéder les évaluations, à cause de besoins subits et imprévus. Il y a lieu de revenir sur ce qui avait été déterminé par prévision, et c'est ce qui a lieu après la clôture définitive de l'exercice.

Il importe que cet apurement de compte ne soit pas différé. Aux termes de la loi du 15 mai 1818, le projet de loi, concernant le règlement définitif des budgets, doit être déposé dans les deux premiers mois de l'année qui suit la clôture de l'exercice, et il est statué par les chambres avant la présentation de la loi annuelle du budget.

C'est aux assemblées délibérantes qu'appartient le contrôle du budget. A elles d'en surveiller l'exécution après en avoir arrêté les bases, et le budget emprunte à ce contrôle, aux discussions solennelles qui en sont la conséquence, un caractère particulier d'autorité. Il devient une véritable loi, dite loi de finances, loi dont l'intérêt est suffisamment exprimé en disant qu'elle a pour objet l'entretien de tous les services publics.

Quelle qu'en soit l'importance, il convient de ne pas l'exagérer, et ce serait un grave abus de vouloir en faire un moyen de paralyser, de supprimer tout un organisme administratif, un ensemble de décrets et d'ordonnances en vigueur. La discussion du budget ainsi pratiquée, deviendrait un champ-clos où s'exerceraient les plus injustes représailles, où, sous l'empire des passions du moment, la législation existante se bouleverserait au détriment de la paix et de l'intérêt publics. L'autorité qui a fait la loi peut l'abolir ou la modifier ; mais cette abrogation totale ou partielle doit se faire dans des conditions prévues, régulières, suivant les formes et avec les garanties exigées par la Constitution, non pas insidieusement, par voie budgétaire. A plus forte raison, doit-il en être ainsi pour les lois qui sont le résultat ou la conséquence de traités diplomatiques.

Sous l'ancien régime, la forme et l'assiette si variées de l'impôt, la perception abandonnée aux mains de traitants, rendaient presqu'impossible l'établissement d'un budget. Sous l'Empire, bien que l'administration des finances eût pris une forme plus régulière et que l'impôt eût reçu une assiette plus égale, le tableau annuel des revenus et des charges ne se publiait que d'une manière inexacte. C'était un simulacre de budget. Le concours des Chambres se bornait à homologuer les actes de la volonté souveraine, et celle-ci restait maîtresse de modifier à son gré les fixations législatives. On taisait les frais de régie, d'exploitation et de perception. Deux cents millions et tous les tributs de la conquête étaient laissés à la disposition exclusive du maître.

L'emploi réel d'un budget n'a commencé en France qu'après 1815, avec la pratique du régime constitutionnel. La Charte de 1814 en posa le principe, en exigeant le consentement des deux chambres et la sanction royale pour l'établissement des impôts. A ses interprètes, revient l'honneur d'avoir créé les finances de la France moderne. Les premiers, ils ont défini ce qu'on appelle l'exercice, c'est-à-dire, la période d'exécution d'un budget ; ils l'ont enfermé dans des limites précises, ils ont empêché les exercices successifs d'empiéter les uns sur les autres. En réunissant dans une même loi de finances les dispositions qui assurent l'exécution de tous les services, en faisant rentrer dans ce résumé de la fortune publique les produits bruts des revenus avec les frais de perception, les fonds spéciaux de toute nature, ainsi que les moyens et les crédits extraordinaires, ils ont introduit la clarté dans notre comptabilité française.

A côté du contrôle exercé sur le budget par les chambres, il y en a un autre exercé par une haute magistrature, dite *Cour des comptes.* Cette institution remonte aux premiers temps de notre histoire. Depuis le treizième siècle, on voit ses attributions grandir et se développper, son action s'étendre et se généraliser.

Avant 1789, on comptait treize chambres des comptes

disséminées à la surface du royaume, sans lien entr'elles, ayant chacune leur circonscription et ne relevant d'aucune juridiction supérieure, sauf le cas d'évocation au Conseil du roi. Elles furent supprimées par la loi du 17 septembre 1791 et remplacées par un bureau de comptabilité nationale, dont les membres furent pris d'abord au sein de la législature, puis au dehors.

La loi du 16 septembre 1807 constitua la Cour des comptes telle qu'elle existe aujourd'hui. Ses membres sont au nombre de quatre-vingt-quatorze et se divisent en référendaires de 1re, de 2e et de 3e classe, avec premier président, trois présidents ordinaires, procureur général et greffier en chef.

L'extrait suivant indiquera la nature des travaux réservés à la Cour des comptes. « Voilà un comptable dont il « s'agit de juger les opérations. Ce comptable a fait des « recettes; pourquoi a-t-il reçu ? Les contribuables, dont « les deniers ont été versés dans les caisses publiques, « étaient-ils, en effet, débiteurs du Trésor? Oui, si on re- « présente un acte légitime et régulier en vertu duquel « l'impôt a été perçu.

« Le comptable a-t-il dépensé pour payer les dettes du « Trésor? Comment a-t-il dépensé? A-t-il appliqué au « service payé les crédits de l'exercice auquel ce service « appartient, et parmi les crédits de cet exercice, celui qui « lui est spécialement affecté? L'administrateur a-t-il eu « raison légale d'ordonner le paiement que le comptable « a effectué? Est-ce bien une dette de l'État qu'il fallait « éteindre, une dette légitime, une dette régulière, une « dette exigible? Le paiement a-t-il été fait avec sûreté ? « La Cour pose et résout ces questions, à l'occasion des « fonds de recette et de dépense qui sont décrits dans les « comptes, dont la vérification lui est confiée et c'est ainsi « qu'elle est appelée, non à juger, mais à apprécier cha-

« cun des actes des administrateurs eux-mêmes, ministres
« ou délégués. Si l'on se représente que ces faits occa-
« sionnent un mouvement annuel de plus de six milliards,
« on concevra ce qu'il faut de travail opiniâtre pour véri-
« fier les millions de pièces qui les justifient, ce qu'il faut
« d'attention soutenue pour généraliser les résultats de
« cette vérification. »

L'ordonnance du 8 novembre 1817, celle du 8 juin 1821
prescrivaient de ne laisser aucune opération de la comptabilité publique, en dehors du contrôle de la Cour des
comptes ; mais la crainte d'un contrôle trop minutieux et
trop pressant fit bientôt imaginer certaines exceptions. Une
ordonnance de 1823 réserva à une commission spéciale
l'examen : 1° des dépenses faites sur les crédits affectés aux
intérêts de la dette flottante, 2° des frais de services de négociations et d'émissions du Trésor public, 3° des décomptes
d'émoluments des trésoriers-payeurs généraux et receveurs
particuliers des finances.

En principe, la commission, composée de membres
nommés par le Gouvernement, devait constater le résultat
de sa vérification par un procès-verbal, dont copie était
adressée à la Cour des comptes, avec faculté pour celle-ci
de s'emparer de ce qu'elle y trouverait d'important et de
le reproduire dans son rapport public.

En fait, la commission se vit le plus souvent refuser les
documents qui lui auraient permis d'exercer son mandat,
et les procès-verbaux dressés par elle furent envoyés par
ordre des premiers présidents au greffe, sans que la Cour
en ait été saisie.

Le décret du 31 décembre 1881 a réorganisé la commission. Elle se compose de sept membres dont trois sont élus
par la Cour des comptes, trois par le Conseil d'État ; le
septième, inspecteur général des finances, est à la nomina-
tion du ministre. Ce conseil chargé du plus délicat des

contrôles compte quatre membres sur sept relevant de ceux dont il doit contrôler la gestion. Ses procès-verbaux doivent être transmis par le ministre des Finances à la Cour des comptes, avec tous les autres documents nécessaires, et servir de base à la déclaration générale sur la situation définitive de l'exercice expiré.

L'expérience démontre que dans un système financier, lorsque le contrôle fait défaut sur un point, la fissure s'élargit vite et devient promptement brèche. Par cette brèche, s'échappe un torrent qui ne tarde pas à emporter les finances ; il est donc à désirer qu'on restitue à la Cour des comptes l'examen des trois chapitres soustraits à son contrôle, et le droit entier de juridiction sur les comptables et les ordonnateurs.

Le budget français et mieux encore le budget autrichien sont cités comme de vrais modèles par l'ordre, la régularité et la bonne disposition des matières. La raison en est facile à comprendre : ils datent, le dernier surtout, d'époques où les méthodes de comptabilité commerciale avaient atteint la perfection.

PARAGRAPHE II

FORME ET STATISTIQUE DES BUDGETS FRANÇAIS. — DE TROIS PRATIQUES FACHEUSES.

Jusqu'en 1819, les recettes et les dépenses étaient comprises dans un même acte législatif. Pour la première fois, à cette époque, on les divisa en deux lois distinctes et de là, les deux grandes divisions du budget français. Le budget des dépenses et celui des recettes se partagent ensuite en recettes ordinaires et ressources extraordinaires ; en services ordinaires et en travaux extraordinaires. Viennent enfin les divers ministères avec leur budget subdivisé en chapitres et sections de chapitres. Avec tous ses développements, le budget général, tel qu'il est présenté aux Assemblées, forme un volume in-4°, comprenant jusqu'à 637 chapitres.

Le budget est voté par chapitre et la loi du 16 septembre 1871 interdit les virements. On appelle de ce nom le transport des ressources d'un chapitre à un autre chapitre.

Le grand principe, qui doit précéder à la confection d'un budget, est de ne prévoir que les recettes vraiment certaines et de tenir compte de toutes les dépenses simplement probables. La règle posée par les financiers de la Restauration et suivie constamment jusqu'à notre époque était d'adopter comme base d'évaluation des recettes, les résultats connus de l'exercice antérieur à la préparation du budget. C'est ainsi que pour déterminer les prévisions de recettes du budget 1883, on devait s'arrêter au chiffre des recettes effectuées en 1881. L'Empire négligea pendant quelques années cette sage pratique, mais dès 1864, il était rappelé à son observance par le déficit constant de ses budgets et les plaintes du Corps législatif.

Une pratique fâcheuse dans l'élaboration d'un budget est celle qui permet à chaque député de demander, par voie d'amendements ou de propositions particulières, des augmentations de dépenses ou des suppressions d'impôts. Les membres d'un parlement sont nécessairement enclins à abuser, dans un intérêt électoral, de cette prérogative. C'est ainsi qu'en 1876 les demandes de crédits nouveaux s'élevèrent à 837, 157, 144 francs. Les propositions de diminutions d'impôts atteignirent un chiffre non moins élevé. En Angleterre, où le régime parlementaire n'est pas une vaine apparence, l'initiative des demandes de subsides appartient exclusivement au pouvoir exécutif, et la Chambre ne peut voter d'autres crédits que ceux que la Couronne a réclamés.

Une deuxième pratique, non moins funeste, est le vote prématuré de dépenses qui ne donnent pas lieu à des ouvertures de crédit immédiates. Il est hors de doute que dans les assemblées même les plus sages, les députés auront un extrême penchant à voter des mesures dispendieuses, mais populaires, chaque fois que le soin de découvrir les ressources correspondantes devra échoir à leurs successeurs. On ne peut donc que blâmer le vote immédiat de mesures, entraînant des dépenses, dont la réalisation et même l'inscription au budget sont ajournées à plusieurs années.

L'exagération des crédits supplémentaires n'est pas moins condamnable. On appelle de ce nom tout crédit nouveau sollicité au cours de l'exercice d'un budget et quelquefois, même avant que l'exercice ne soit commencé. Il est facile de concevoir le désordre que cette pratique jette dans un budget déjà si difficilement équilibré. Étudiés isolément, en dehors de toute préoccupation d'ensemble, sans examen des voies et moyens, ces crédits sont aisément acceptés avec cette déclaration banale : « Il y sera pourvu sur les fonds généraux du budget.

Pour qu'une dépense soit votée, il ne suffit pas de constater son utilité, il faut créer une ressource destinée à y faire face. « Aucune dépense ne pourra être ordonnée ni liquidée, « sans qu'un crédit préalable ait été ouvert par une loi... « Toute dépense non créditée ou portion de dépense dé- « passant le crédit sera laissée à la charge du ministre « contrevenant. » Art. 9 de la loi du 15 mars 1850. — Règlement du 31 mai 1862 sur la comptabilité publique.

Chez les nations modernes, où la population augmente et où l'aisance s'accroît par l'épargne, par les inventions de la science et les progrès industriels, il est naturel, que chaque année, les budgets voient grossir leurs chiffres. En France, la population s'accroît de cent mille âmes tous les ans; ce sont cent mille consommateurs nouveaux qui font hausser de 7 à 8 millions de francs le rendement des impôts. L'épargne capitalise annuellement 2 milliards qui augmentent le produit des taxes de 25 à 30 millions. Enfin, les progrès industriels, les découvertes de la science viennent augmenter chaque année la productivité du travail national, développer les transports, multiplier les transactions et accroître les droits dont ils sont grevés. La plus value totale varie annuellement entre 70 et 120 millions de francs.

Le budget européen le plus considérable est celui de l'Angleterre, si surtout on tient compte des divers services d'intérêt local et de ceux que rendent les grandes compagnies, chargées de pourvoir à un intérêt public. Il serait égalé sinon surpassé par le budget général de l'Union américaine, si l'on pouvait réunir en un exposé toutes les recettes et dépenses d'utilité publique, opérées tant par l'administration centrale que par les administrations des États ou des villes et par les innombrables compagnies chargées d'un service public. Viennent ensuite les budgets de la France, de la Prusse, de l'Italie, de la Belgique, de l'Autriche et enfin de la Russie et de la Turquie.

Le tableau de nos derniers budgets indiquera le mouvement progressif des revenus et des dépenses au sein du pays.

Restauration.

	Francs.	Francs.
Son dernier budget s'élevait à................		990,000,000

Monarchie de juillet.

	Francs.	Francs.
Le dernier budget était de....................		1,433,000,000

Empire.

	Francs.	Francs.
Le budget ordinaire s'élevait à	1,650,000,000	1,768,823,721
Budget extraordinaire..	118,823,721	
La guerre de 1870 imposa au pays une dette dont la rente s'élève à	511,000,000	
En 1871, le budget français s'élève à:...........		2,161,000,000

Année 1879.

Recettes 2,965,551,890f,84
Dépenses............ 2,869,344,705f,89

Année 1880.

Recettes 2,956,923,947f,62
Dépenses............ 2,826,610,020f,53

Année 1881.

Recettes 2,999,766,125f,86
Dépenses............ 2,887,858,686f,57

Année 1882.

Recettes 3,050,595,751
Dépenses............ 3,097,992,046f,87

Année 1883.

Recettes 3,044,655,092
Dépenses ordinaires ... 3,044,366,806 } 3,573.512,806
Dépenses extraordinaires 529,146,000 }

Année 1884.

Recettes ordinaires.... 3,103,700,843
Dépenses ordinaires... 3,103,444,103

Les chiffres indiqués ne concernent que les dépenses ordinaires. On évalue à 5 ou 600 millions la somme des services extraordinaires. Si l'on joint à cet exposé des recettes et des dépenses de l'État, les budgets des communes, qui s'élèvent à 200 millions, ceux des départements qui s'élèvent à 800 millions, celui de la ville de Paris qui est de 500 millions; enfin, si l'on tient compte, pour les communes et les départements, des services extraordinaires, on arrive pour les dépenses publiques en France à la somme presque fabuleuse de 6 milliards.

En examinant de près ces budgets, on relèvera des contributions oppressives, des dépenses sans caractère apparent d'utilité. A qui s'en prendre ? A l'État d'abord, toujours trop enclin, quelle que soit sa forme, à absorber toutes les fonctions sociales et à se faire payer cher des services qu'il rend mal.

Une large part de responsabilité revient à l'esprit public français, toujours disposé à faire de l'État une Providence revêtue de tous les droits, chargée de tous les devoirs, pourvue de la mission de satisfaire et d'aller au devant de tous les besoins. Le moyen pour l'État de donner beaucoup et de ne rien prendre ?

L'abaissement des budgets s'obtiendra avec la paix sociale le jour où rompant avec cette sorte de socialisme, l'opinion se bornera à demander à l'État d'être et de n'être que le représentant de la loi, armé de la force pour faire régner la justice et la sécurité.

FIN.

TABLE DES MATIÈRES

CHAPITRE PREMIER

DE LA PRODUCTION.

ARTICLE I

ARTICLE II

DE LA TERRE.

ARTICLE III.

DES MATIÈRES PREMIÈRES.

ARTICLE IV.

LE TRAVAIL.

Division de l'article.

ARTICLE V.

DE LA PROPRIÉTÉ.

ARTICLE VI.

DE L'ÉPARGNE.

ARTICLE VII.

LE CAPITAL

CHAPITRE DEUXIÈME

DE LA CIRCULATION.

ARTICLE I

ARTICLE II

DE L'ÉCHANGE.

ARTICLE V

DU SALAIRE.

ARTICLE VI.

DE L'INTÉRÊT.

CHAPITRE TROISIÈME.

DE LA CONSOMMATION.

ARTICLE I.

ARTICLE II.

ARTICLE III.

DES CONSOMMATIONS PRIVÉES

ARTICLE IV.

DU LUXE.

ARTICLE V.

DES LOIS SOMPTUAIRES.

ARTICLE VI.

DES CONSOMMATIONS PUBLIQUES.

CHAPITRE QUATRIÈME.

Bien que les matières qui font l'objet de ce chapitre appartiennent à la science financière plus qu'à l'économie politique, le programme imposé pour les épreuves du baccalauréat nous a fait considérer leur adjonction comme indispensable.

ARTICLE I.

DE L'IMPOT.

ARTICLE II.

DE L'EMPRUNT.

ARTICLE III.

DU BUDGET.

FIN DE LA TABLE.

www.ingramcontent.com/pod-product-compliance
Lightning Source LLC
LaVergne TN
LVHW020605060726
842526LV00003B/603